序

农业机械化是农业现代化的重要标志。进入21世纪特别是2004年以来，在党中央、国务院的高度重视下，以《中华人民共和国农业机械化促进法》颁布和农机购置补贴政策正式实施为标志，我国农业机械化迈入了持续快速发展的“黄金时代”。10年来，农机装备总量增长之快前所未有，全国农机总动力连续迈上7亿、8亿、9亿、10亿千瓦4个大台阶，2014年年末达10.8亿千瓦；农机化作业水平增长之快前所未有，2014年全国主要农作物耕种收综合机械化水平达61.6%，比2004年提高了27个百分点，我国农业生产方式实现了由人畜力为主向机械化作业为主的历史性跨越。

10年来，农业机械化的持续快速发展，显著增强了农业综合生产能力，在全国耕地面积逐年缩减、农村劳动力大量转移的情况下，为我国实现粮食连年增产、把13亿中国人的饭碗牢牢端在自己手中发挥了重要作用。

10年来，农业机械化的持续快速发展，把亿万农民从繁重的体力劳动中解放出来，有力推动了农村富余劳动力转移到二、三产业，全国农民工现已突破2.7亿人。高效农机的快种快收，进一步解除了外出农民的后顾之忧，成千上万有理想抱负和一技之长的农民就此扎根城镇，改变了自己的人生轨迹。

10年来，农业机械化的持续快速发展，有力地推动了农机制造产业的发展提升。巨大的市场需求推动农机企业技术进步和产品换代，一批国产大型、多功能、智能化农业装备相继问世，农机产品结构不断优化，产业集中度显著提升，产业规模不断壮大。我国农机工业总产值由2004年的700多亿元增长到2014年的4 000多亿元，同期农机国际贸易额由101亿美元增加到455亿美元，我国已成为世界农机制造第一大国。

10年来，我国农业机械化事业的发展成就巨大，贡献突出，取得的经验弥足珍贵。

一是必须坚持农民群众在发展农业机械化中的主体地位，尊重农民群众的选择和创造。农民是农业生产经营的主体。任何新技术的推广应用，都要以增加农民的利益、调动农民参与的积极性为前提。10年来，各地充分尊重农民的自主权，围绕增产增收，通过做给农民看、带领农民干，开展农机化新技术的示范推广；充分尊重农民的首创精神，鼓励农民大胆探索农机化技术服务的新形式，并及时进行总结推广，极大地调动了农民的积极性和主动性，为农机化发展注入了源源不断的内生动力。

二是必须坚持市场化的改革方向，理顺政府和市场的关系。市场是实现资源要素优化配置的体制基础。10年来，农业机械化的快速发展，正是得益于我国农机行业市场化改革的持续深化和市场机制的不断完善。农机产销企业按照市场需求不断地调整产品结构，生产销售农民所需要的农业机械。农机大户和各类农机服务组织根据市场需求，不断地探索开展跨区作业、代耕代种等农机专业化、社会化服务，推广农机化新技术，提高机具的使用效益。与此同时，为调动和发挥各市场主体共同发展农机化事业的积极性、创造性，各级政府加大了对农机化发展的扶持力度，出台了农机购置补贴和作业补助等一系列政策，2004 年以来，仅中央财政农机购置补贴资金投入就达1 400多亿元，带动其他方面投资上万亿元，起到了“四两拨千斤”的作用。

三是必须坚持农机农艺融合、机械化与信息化融合，不断推进技术创新和机制创新。推进农业机械化，涉及机械研发制造、土地环境、品种选育、农艺栽培、加工和生产经营组织方式等多个方面。10 年来，农机工业、农业农机化管理以及科研、推广部门紧密合作，造用配合，机艺融合，不断强化技术集成，促进作物品种、栽培模式与农机作业相互适应、有机融合；积极应用现代信息化技术，提高机械的智能化水平，有效促进了关键技术的突破和先进适用技术的大规模推广应用。

四是必须坚持因地制宜、分类指导、重点突破，有选择地发展农业机械化。我国地域广阔，各地自然条件、资源禀赋、农业耕作方式差别很大，发展农业机械化必然要因地施策。10 年来，各地根据自然条件和社会经济发展水平差异，围绕重点作物、重点环节的机械化发展分类施策，重点突破，以点带面，示范推广，稳步推进，以单项突破带动全程、全面发展，逐步形成了各具特色、行之有效的农机化发展路径，构建起多层次、分步骤，重点突出、特色分明的农业机械化发展格局，推动了我国农业机械化事业持续健康发展。

毫无疑问，2004 年以来我国农机化发展的辉煌成就和宝贵经验已在我国农业发展史上留下了浓墨重彩的一笔。为了更好地总结和借鉴历史，用历史的经验和智慧继续推动农业机械化科学发展，受农业部农业机械化管理司委托，中国农业机械化协会组织行业有关单位和专家，历时近一年时间，编撰了《中国农业机械化发展报告（2004—2014）》一书。尤为重要的是，本书付梓之际，正值各级农业主管部门深入学习党的十八届五中全会精神，精心谋划“十三五”农业和农村工作的重要时期，相信本书的出版，将对各级农业主管部门和农机化系统干部职工回望历史、总结经验、谋划未来，更好发挥农机化技术及装备在提高农业科技进步贡献率、拓展现代农业发展空间、延伸农业产业链条、促进农业生产经营方式变革和农业可持续发展中的作用提供有益的参考。

农业部副部长 张桃林

2015年12月17日

中国农业机械化发展报告

ZHONGGUO NONGYE JIXIEHUA FAZHAN BAOGAO

（2004—2014）

中国农业机械化协会

中 国 农 业 出 版 社

《中国农业机械化发展报告（2004—2014）》

编 辑 委 员 会

主　　任：张桃林

副 主 任：李伟国　马世青　陈巧敏

委　　员：刘　敏　刘　宪　刘恒新　胡乐鸣　杨　林
朱　明　姚春生　王家忠　李斯华　刘云泽
范学民　宋建武　韩鲁佳　陈　志　毛　洪
李树君　梁启荣

主　　编：李伟国

执行主编：马世青　刘　敏　陈巧敏

副 主 编：杨　林　曹光乔　陈海燕

编写组人员：（按姓氏笔画排序）

马姝岑　马腾飞　王玉狮　王扬光　王聪玲　毛振强　方宪法
邓志红　曲桂宝　刘　清　李研豪　李贵元　杨炳南　杨敏丽
吴　萍　吴军旗　吴海华　汪　波　宋　英　张华光　张　萌
张跃峰　张　鹏　陈海燕　赵　野　党东民　梅成建　曹光乔
曹洪玮　韩　雪　温　芳　路玉彬　薛新宇

前　言

2004年是我国农业和农业机械化发展历史上具有重要意义的一年。这一年，党中央、国务院印发21世纪以来第一个指导“三农”工作的中央1号文件，并以此为起点，迄今已连续12年出台中央1号文件推动“三农”事业发展；这一年，《中华人民共和国农业机械化促进法》正式颁发实施，标志着我国农业机械化进入依法促进的新阶段；这一年，中央财政正式设立农机购置补贴专项，12年来，中央财政累计安排补贴资金1 400多亿元，有力推动了农业机械化和农机工业的持续快速发展。可以说，正是以2004年为起点，我国农业机械化发展进入了新的历史时期。

为了全面系统地总结梳理2004年以来我国农业机械化发展所取得的巨大成就和基本经验，受农业部农业机械化管理司委托，由中国农业机械化协会牵头，农业部南京农业机械化研究所、农业部农业机械试验鉴定总站、农业部农业机械化技术开发推广总站、中国农业大学、中国农业机械工业协会、中国农业机械流通协会、中国农业机械化科学研究院、福田雷沃国际重工股份有限公司等单位参与，共同编撰了《中国农业机械化发展报告（2004—2014）》一书。全书共分8章，以客观的笔触描述了2004年以来我国农机化法律法规制度建设、农机化作业水平、农机化科技创新与推广、农机工业、农机流通、农机应用与服务、农机化管理与安全生产、农机化新领域拓展与新技术应用等方面的发展情况，是对我国农机行业十年发展历程的第一次全面系统总结。

本书编撰单位构成突破了传统的部门限制，整合农机科研、制造、流通、使用、管理等领域的专家力量，形成了“大农机、大协作”的格局。全书以产业发展全生命周期视角谋篇布局，各章节之间既相互联系又相互独立，逻辑清楚，脉络清晰，既注重反映农机化发展的客观现实，又注重探究发展规律，总结发展经验，力求为读者提供更多的借鉴和启示。

由于本书涉及内容多，时间跨度长，资料数据庞杂，受编者水平所限，书中难免有许多疏漏之处，敬请读者批评指正。

编　者

2015 年 12 月

目　录

综　　述

农业机械是发展现代农业的重要物质基础，农业机械化是农业现代化的重要标志。新中国成立60多年来，党和国家高度重视农业机械化，投入大量人力、物力、财力，取得了重大成就。1949—2003年，我国农作物耕种收综合机械化水平稳步发展，由不到1.0%增长至33.0%，耕整地、播种、收获机械化水平分别达到46.8%、26.7%和19.0%。农机装备水平快速提升，农机总动力由1949年的8.01万千瓦增加到2003年的6.04亿千瓦，农用拖拉机保有量由1949年的117台增加到2003年的1 494万台[①]。1996年开始的全国小麦跨区域机械化收获，标志着农机作业向市场化、社会化服务发展。农机作业领域由粮食作物向经济作物、设施农业、养殖业和农产品加工业发展；由产中向产前、产后延伸，农机产品不断丰富，技术含量和附加值逐步提高，农业机械化技术国际交流与合作不断加强。

2004年以来，在党中央国务院的高度重视下，连续发布的11个中央1号文件，不断强化对农业机械化的支持力度，农业机械化取得了巨大发展，增强了农业综合生产能力，促进了我国粮食连续增产与农民持续增收，推动了农业机械化工业快速发展，为我国“四化同步”发展提供了有力支撑。

一、发展成就

2004—2014年，我国农机装备保有量、农机作业水平、农机社会化服务实现了前所未有的快速发展，农业机械化法律法规及扶持政策体系逐步确立与完善。全国农作物耕种收综合机械化水平增加近27个百分点，超过1978—2004年增量的总和，种植业生产由以人畜力作业方式为主进入了以机械作业为主的新阶段。

① 数据来源：历年《农业机械化统计年报》，农业部农业机械化管理司。

(一) 农机装备数量与质量稳步增长，作业水平快速提升

全国农机装备保有量不断增长，农机总动力先后跨过了7亿、8亿、9亿、10亿千瓦4个大台阶（图1），达到10.8亿千瓦。拖拉机保有量达到2 335万台，其中大中型拖拉机572万台，是2004年的5.6倍；联合收获机保有量达到142万，是2004年的3.5倍；排灌机械保有量达到2 296万台（套），较2004年增长37.5%；农用运输机械保有量达到1 341万台，较2004年增长49.2%；谷物烘干机达到5.4万套，是2004年的6.2倍。农机装备结构不断优化，拖拉机配套农具比由1∶1.6提高到1∶1.7，大中型拖拉机与小型拖拉机之比由1∶13.2提高到1∶3.1，玉米联合收获机中自走式收获机占比达到70.8%。

我国农作物耕种收综合机械化水不断提高，达到61.6%。小麦田间生产环节已经实现全程机械化，玉米收获机械化水平达到57.8%，比2004年增长55.3个百分点；水稻种植机械化水平达到37.3%，比2004年增长31.0个百分点；在此期间经济作物机械化发展成效明显，大豆、花生、棉花耕种收综合机械化水平分别达到64.7%、50.0%和72.1%。此外，我国渔业、畜牧业、林果业、农产品初加工业等机械化也从无到有，不断突破，取得良好发展[①]。

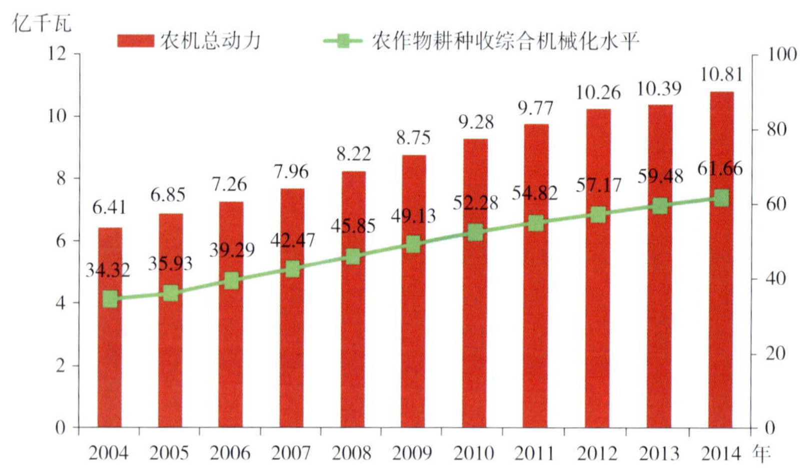

图0-1　2004—2014我国农机总动力和农作物耕种收综合机械化水平变化情况

(二) 农业机械化科技水平持续提高，新领域不断拓展

我国农机自主研发能力显著提高，设施种植养殖装备、主要农作物机械化关键技术、机械化生产集成技术与模式等关键机具及技术不断取得突破，制定30多项农业工程技术标准和评价指标体系。农机科研成果转化率稳步提升。省、市、县三级农业机械化技术推广机构数量逐年增加，推广机构人员不断充实，2014年较2004年增加1 111人。

机械化秸秆还田、化肥深施、高效节水灌溉、深松整地及保护性耕作等增产增效、资源节约、环境友好型农业机械化技术与装

① 数据来源：历年《农业机械化统计年报》，农业部农业机械化管理司。

备应用范围不断扩大。新技术应用领域不断拓宽，精准农业、农用航空、农产品初加工等技术与装备从少到多，发展迅速。大田蔬菜生产突破多项耕、种、管、收机械化技术，多种国产农机装备满足蔬菜生产急需；养殖机械化水平持续提高，形成了品类丰富的系列化饲料生产装备，为我国肉、蛋、奶等农产品有效供应提供了保障。果茶桑田间管理机械化需求日益凸显，效益显著，规范化种植逐渐受到重视；薄弱环节机械的国产化稳步推进。农产品收获后处理技术与装备的研发、推广力度进一步增强。农用航空快速发展，机型日益丰富，作业范围和面积不断增加。农机行政管理与农机作业社会化服务信息化、农机产品自动化和智能化水平逐步提升。围绕农机装备技术升级，主要农作物生产薄弱环节、空白领域引进消化吸收了大马力拖拉机（马力为非法定计量单位，1 马力≈0.735 千瓦，下同）、多功能农机装备等国外先进技术与产品。

（三）农机社会化服务组织快速增加，农机化公共服务体系基本形成

我国农机作业服务组织、农机中介服务组织、农机维修组织和销售组织不断壮大，农机社会化服务能力不断增强，农机维修销售水平逐年上升。截至 2014 年，农机作业服务组织达到 17.5 万个，其中农机合作社达到 4.9 万个，农机合作社组织管理和利益分配机制不断创新，带地入社、机械折股、按股分红等多种经营管理模式不断涌现；农机中介组织6 962个，农机维修厂及维修点 18.9 万个，农机销售企业 1.2 万个，增长 127.0%[①]。我国已经形成了以农机户为基础，农机服务组织为主体，农机中介服务为纽带，农机作业、维修、中介、租赁服务为主要内容的农机社会化服务体系[②]。

我国制订了《中华人民共和国农业机械化促进法》（以下简称《促进法》）《农业机械安全监督管理条例》（以下简称《条例》）《农业机械试验鉴定办法》等法律法规和部委规章，各省（自治区、直辖市）也制定了《农业机械管理条例》《农业机械安全监理规定》等地方法规，涵盖了技术推广、试验鉴定、标准化建设、质量监督、安全监理、农机维修等各个领域，构建了农业机械化公共服务规章制度框架，形成了以农业机械化技术推广、农业机械试验鉴定、农业机械安全监理等为主体的公共服务体系。

（四）农机工业迅速发展，农机流通业不断壮大

农机工业及流通业处于黄金发展阶段，涌现出民族品牌农机企业，世界著名农机企业纷纷落户我国。截至 2014 年，全国农机企业达到8 000余家，其中2 000万产值以上规模的农机企业达到2 207家，规模以上农机企业主营业务收入达到3 952.28亿元。农业机械化发展尤其是农机购置补贴政策的实施，激发了农民购买农机的热情，激活了农机市场，农机流通业也取得了长足发展，农机经销机构达到95 587家，比 2004 增长 20.4%。由中国农业机械流通协会、中国农业机械化协会、中国农业机械工业协会共同主办的“中国国际农业机械展览会”已成为“亚洲第一、世界知名”农

① 数据来源：历年《农业机械化统计年报》，农业部农业机械化管理司；《中国统计年鉴》，中国国家统计局。

② 数据来源：历年《农业机械化统计年报》，农业部农业机械化管理司。

机展览盛会，农机国际贸易总额由2004年的71.9亿美元增加到2014年454.9亿美元，农机产品的出口贸易得到了大幅度的增长。

二、发展贡献

我国农业机械化发展引领了耕作制度改良，提高了农民素质，推动了农业规模化，加速了农业现代化进程，为实现粮食产量“十一连增”、农民收入“十一连快”做出了重要贡献。

（一）推动农村经济社会发展

农业机械化技术广泛应用，能够显著改善农业生产条件，保持农田生态环境，提高农民生活质量，实现农业可持续发展。2014年，全国农机化经营服务总收入达到5 360亿元，占农业总产值的9.8%，其中农机化作业收入达到4 468亿元，与2004年比翻了一番。农机经营服务总利润达到2 106亿元，农机化服务总收入达到392亿元，其中田间作业收入341亿元、修理服务收入18亿元，带动全国农机总投入1 009.7亿元①，推动农村地区经济发展。全国土地流转速度明显加快，逐渐向新型农业经营主体集中，呈现出规模化、标准化、专业化、社会化生产趋势。2004—2014年，大量农业劳动力转移到二、三产业，农业从业人员比例由46.9%降至29.5%，降低了17.4个百分点，农业生产对农业机械化的依赖显著增强。农业机械化保障了农业综合生产能力，确保了工业化和城镇化快速推进过程中，农业不凋敝，农村不萎缩。

（二）提高农业综合生产能力

农业机械化新技术推广应用，促进了粮食规模化和标准化种植，实现粮食作物抢种抢收、抗旱排涝、大规模病虫害防治等机械化作业，挖掘了粮食增产潜力，稳定了农业综合生产能力。据试验跟踪调查，实施保护性耕作技术可使玉米、小麦、小杂粮、大豆分别增产4.1%、7.3%、11.2%和32.0%；实施农机深松整地作业，可促进土壤蓄水保墒，增产7.0%～10.0%；机械化育插秧相比传统手工插秧，稻谷增产600千克/公顷，节约秧田80.0%以上、稻种40.0%以上；精量播种可减少种子使用量、间苗用工量，增加粮食产量384千克/公顷；实施精准农业技术可使小麦、玉米增产15.0%以上，肥料、农药用量减少10.0%～20.0%，降低农业用水量、提高农业用水利用效率；采用高效植保机械作业可节省农药30.0%～40.0%；2014年，我国小麦、水稻、玉米总产量达到54 836万吨，比2004年增加了14 603万吨。农业机械化成为保障粮食安全的重要手段。

（三）促进农民增收增效

农业机械化改善了农民生产生活条件，降低了生产成本，大幅提高农业劳动生产率、土地产出率和资源利用率，是农业节本增效、增加农民收入的重要途径，促进了农民增收。机械化作业，小麦机械收获成本降低30.0%左右，损失降低5～8个百分点，每年节约损失40亿千克左右；水稻机械化栽植和收获，可实现每公顷增产375千克以上，每公顷节本增收综合效益超过1 500元；精量播种技术每公顷可减少54.4千克用种量，增加粮食产量384千克/公顷。据调查，

① 数据来源：历年《农业机械化统计年报》，农业部农业机械化管理司；《中国统计年鉴》，中国国家统计局。

2014年，乡村农机从业人员为5 461.8万人，农机手年均作业收入6万元左右，维修人员人均年收入4万元左右，高于2013年我国农业劳动力人均产值23 564元。2014年我国农村居民人均纯收入达到9 892元，以2000年不变价格计算，是2004年的3倍多，农业机械化发展成为促进农民增收的重要因素（图2）。

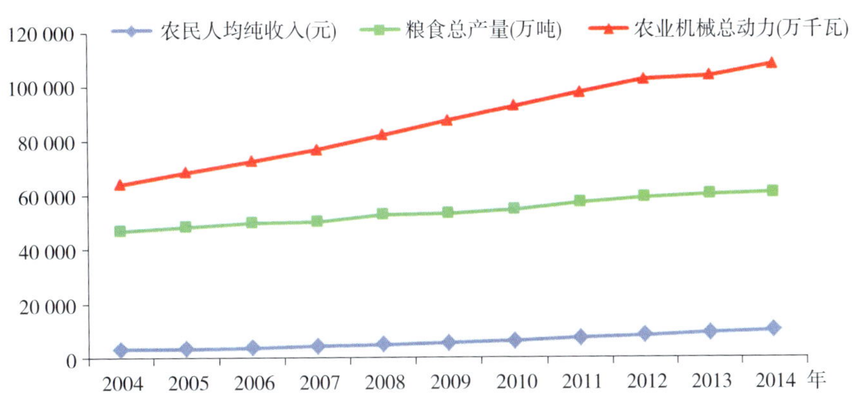

图0-2　2004—2014我国农民人均纯收入、粮食产量与农业机械总动力变化

（四）拉动农机制造和销售蓬勃发展

农业机械化为农业、畜牧业、渔业、农产品初加工、林果业等提供了生产设施设备，推动了农机科研、农机制造、农机市场、农机流通、农机服务等行业的发展。截至2014年年底，畜牧业、渔业、农产品初加工、林果业机械保有量分别达到710.8万、403.0万、1 397.7万和42.7万台（套）。农机科研开发体系全面加强，科研院所、大专院校成为共性和基础性研究的重要力量，农机生产企业研发中心逐步成为新产品开发的主体，农机产品种类由3 000多种增加近4 000种，自主农机产品市场占有率达到90.0%。大中型拖拉机销售市场增势迅猛，由2004年年销8.5万台猛增至2014年的44.2万台，年均增长18.0%；插秧机市场需求稳步推升，市场发展快速；收获机械销售量由2004年的21.6万台增长到2014年的83.3万台，增长近4倍。2014年，我国农机跨区作业面积达2.9亿公顷，较2004年增长49.0%。

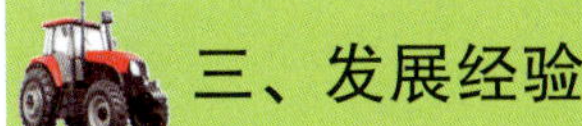三、发展经验

经过十余年探索实践，农业机械化逐步形成了以“农民自主、政府扶持、市场引导、社会服务、共同利用、提高效益”为特征的中国特色农业机械化发展道路，积累了宝贵经验。

（一）法律保障

2004年以来，《促进法》《条例》等法律法规相继颁布，确定了农业机械化发展的指导思想、基本原则和发展目标；提出了促进农业机械化发展的主要任务、扶持措施；强调了地方各级人民政府和有关部门加快农业机械化发展的责任。以《促进法》《条例》为基础，各地陆续出台和修订了具有地方特色的《农业机械化促进条例》《农业机械管理条

例》等法规，农业部出台了《农业机械试验鉴定办法》等部门规章。目前已经形成了以《促进法》《条例》为核心，地方性法规和部门规章为补充的具有中国特色的农业机械化法律制度体系，充分调动了政府、企业、农民发展农业机械化的积极性，对农业机械化规范发展与安全生产起到了引导、规范作用，促进了我国农业机械化快速、健康发展（图 3）。

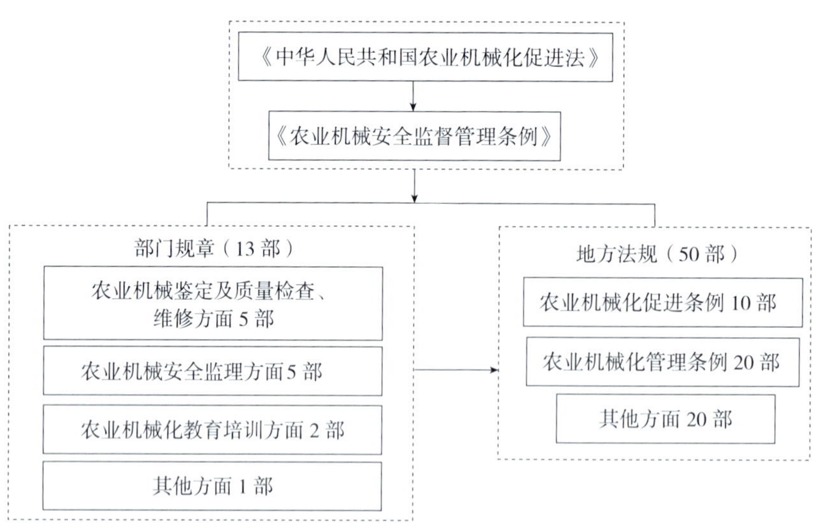

图 0-3　农业机械化法律法规体系

（二）政策扶持

农业机械化快速发展得到中央和地方政府大力扶持。2004 年中央 1 号文件《中共中央国务院关于促进农民增加收入若干政策的意见》提出：“提高农业机械化水平，对农民个人、农场职工、农机专业户和直接从事农业生产的农机服务组织购置和更新大型农机具给予一定补贴”，连续 11 个中央 1 号文件提出加快推进农业机械化，对促进农业机械化发展具有重要指导作用。财政部和农业部 2004 年启动实施了农机购置补贴政策，由 2004 年中央财政投入农业机械购置补贴资金 7 000万元到 2014 年的 237.5 亿元，累计投入1 200亿元；带动地方和农民投入2 945亿元，累计补贴机具数量2 250万台（套），补贴农户1 802万户，对提高农业机械化水平、促进农村富余劳动力转移、增强农业综合生产能力、发展现代农业、提高农民收入、繁荣农村经济、推动农村社会进步有重大现实意义。2010 年国务院颁布了《国务院关于促进农业机械化和农机工业又好又快发展的意见》（以下简称《意见》），我国初步建立了购机补贴、税费减免、信贷优惠、作业补贴、农机保险、农机机耕道及场库棚建设补贴等扶持政策，为保障农业机械化快速、持续和健康发展发挥了重要作用。

（三）科技引领

科技进步是推进农业机械化又好又快发展的支撑力量。现代农业技术逐步从以生物技术为主，发展成为生物技术、机械化和信息化技术并重的综合技术体系，农业装备技术的载体和支撑作用日趋明显。农机管理部门、科研院所、生产企业、教育培训机构、鉴定推广机构等多主体协同配合，共同为农

业机械化的科技进步、示范推广和安全使用，源源不断提供了资金、技术和人才保障。农机自主创新能力逐步提高，学科基础逐步夯实，研发体系逐步健全，形成了全国统筹、重点部署、产学研推协作、多学科联合攻关的自主创新良好局面。大力引进消化吸收国外新装备和新技术，推动了农业机械化和农机工业转型升级发展。农作物机械化生产模式及适用新技术的集成创新研究取得良好进展，水稻、玉米、大豆、油菜、花生等农作物机械化生产技术得到大面积推广应用，农机农艺融合、农机化信息化技术融合趋势明显。

（四）组织建设

农机服务组织在示范推广新机具新技术，优化装备结构，提高使用效率等方面发挥着重要作用。我国重视农业机械化服务组织建设，通过市场主导、政策引导、示范带动和项目扶持等，稳步提高组织数量，推动规范化发展，农机新型经营主体蓬勃发展，经营服务模式不断创新。传统的普通农机户和村级作业队服务主体为主，逐渐变为农机大户、农机合作社、农业龙头企业等为主，同时出现了农机租赁企业、农机股份制作业组织；传统的机耕、机收单一作业服务，转变为全程、全面作业服务，如“一条龙”作业、土地托管等；加强了统一管理，通过工商注册、跨区作业、培训发证等，对服务组织实行规范化管理，促进农机作业市场健康有序发展。

（五）人才培养

农机从业人员是农村先进生产力的重要代表。我国充分利用农业机械化管理机构、科研院所、高校和企业等教育培训力量，培养了大批农机化专业人才。2004—2014 年，农机化培训总人数达6 700万人次，其中农机管理人员 160 万人次，农机技术人员 762.5 万人次，农机监理人员 72 万人次，农机操作人员5 705.5万人次。通过培训，增强了农机化管理人员服务能力，提高了农机手的操作水平、安全意识和文化素质，建立了一支规模大、素质高和能力强的农机化人才队伍，成为农业机械化健康、持续发展的重要保障。

（六）市场引导

以市场需求为导向，引导社会资本、技术和人才等要素投入，促进农业机械化持续发展。随着农村土地流转和规模化经营的快速推进以及农业合作组织、家庭农场等经营主体的迅猛崛起，动力机械由过去的小型化向大马力、高性能、高技术含量，作业机具由过去的单项作业向多功能复式作业方向发展，极大地提升了我国农业生产效率。在加快主要粮食作物生产机械化的同时，攻克经济作物生产机械化“瓶颈”，带动了经济作物机械化整体水平提升。在保护生态环境、节能减排的要求下，高效、节能、环保、经济型农业机械更具市场竞争力，同时，精量播种、变量施肥、高效植保、节水灌溉、复式作业等资源节约型农机装备与技术成为农业机械化发展的新增长点。

本章统稿人：杨敏丽

本章编写人：杨敏丽、马腾飞、汪波

第一章　法律法规和政策体系

2004 年以来，我国高度重视农业机械化法律法规建设，制定和实施了一系列扶持农业机械化发展的法律法规与政策措施。《中华人民共和国农业机械化促进法》《农业机械安全监督管理条例》《国务院关于促进农业机械化和农机工业又好又快发展的意见》先后颁布实施，标志着我国农业机械化步入了依法促进的阶段，与地方相关法规共同形成了中国特色的农业机械化法律法规政策体系。

第一节　国家法律法规

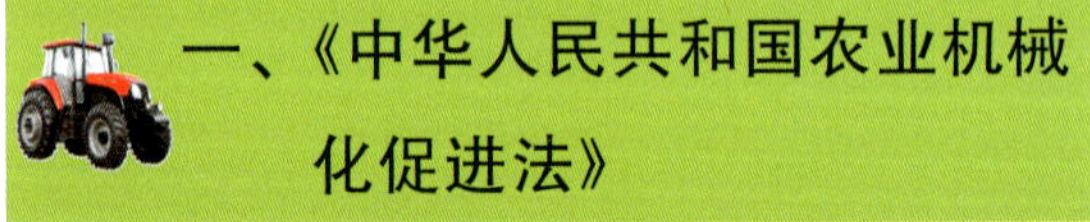

一、《中华人民共和国农业机械化促进法》

《中华人民共和国农业机械化促进法》（以下简称《促进法》）于 2004 年 6 月 25 日第十届全国人大常委会第十次会议审议通过，当年 11 月 1 日起实施。这是我国首部专门规范农业机械化的法律，这部法律围绕提高农业机械化水平、建设现代农业，从农机科研开发、质量保障、推广使用、社会化服务和扶持措施等方面做了明确规定，在我国农业机械化发展史上具有里程碑的意义。

（一）立法历程

农业机械化是农业现代化的基础和支撑，其发展对加强农业基础地位，提高农业综合生产能力特别是粮食生产能力，提高农业标准化程度和产业化水平，提高农产品市场竞争力，增加农民收入，促进农业和农村经济持续、快速、健康发展，建设现代农业具有重要推动与保障作用。但从总体上说，我国农业机械化水平还不高，与农业发达国家相比有很大的差距，还不适应建设现代农业的需要。为促进农业机械化发展，中央和地方制定了一些扶持优惠政策，颁布了一些地方

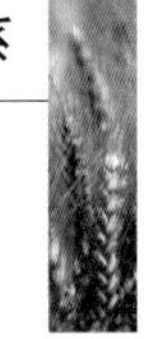

性法规、规章，但具有明显的局限性，不成体系，有些地方性法规、政策还不协调，缺乏具有权威性的全国统一的法律法规，迫切需要加强农业机械化立法工作。

2001年九届全国人大农业与农村委员会牵头，组织了国务院有关部门负责人和专家学者参加的《促进法》起草领导小组和工作班子，开始调研论证和起草工作。起草组成员对国务院和有关部门已出台的支持农业机械化政策措施，各地方有关农业机械化的地方性法规和扶持措施，以及国外相关立法资料，进行了认真研究，多次深入地方和基层调研，征求各有关部门、地方人大、基层干部、农民群众、专家学者的意见，起草出《促进法》草案。草案经过全国人大农业与农村委员会全体会议审议，全国人大常委会两次主持召开协调会，听取各有关方面对草案的意见和建议，送全国人大常委会全体委员征求意见并做相应修改，经十届全国人大农业与农村委员会第四次全体会议审议通过，形成了第一次提请十届全国人大常委会第七次会议审议的《中华人民共和国农业机械化促进法（草案）》。会议对草案进行初步审议后，将其印发各省（自治区、直辖市）、中央有关部门和部分企业、科研机构、高等院校征求意见。在此基础上全国人大法律委员会再次对草案进行逐条审议，提出修改意见，在2004年6月第十届全国人大常委会第十次会议上做了对草案审议结果的报告，同时提出了修改后的草案二次审议稿，在草案一次审议稿的基础上逐条修改，提请会议审议修改后通过。《促进法》的制定从调研、论证、起草到审议、修改、通过、施行，经历了第九届、第十届两届全国人民代表大会。该法律确定了农业机械化发展的基本制度和基本方向，强化了国家对农业机械化发展的保障措施，反映了广大农民群众的利益和要求，对促进农业机械化发挥了重要作用。

（二）主要目的及内容

《促进法》共8章35条，围绕促进农业机械化发展的科研开发、质量保障、推广使用和社会化服务等方面分别做出了规定。主要目的及内容有以下6个方面。

1. 确立农业机械化发展的指导思想和方针　农业机械化是将先进适用的农业机械和技术运用于农业生产的过程。一方面可以改善农民的生产经营条件，另一方面是不断提高农业的生产技术水平和经济效益、生态效益。农村实行家庭承包经营以来，随着经济的发展，越来越多的农民自主购买和使用农业机械。实践也证明，采取市场机制主导和国家扶持引导的办法，能够更好地调动他们增加对农业机械化投入的积极性，加快农业机械化的步伐。因此，《促进法》规定：县级以上人民政府应当把推进农业机械化纳入国民经济和社会发展计划，逐步提高对农业机械化的资金投入，采取扶持措施，充分发挥市场机制的作用，引导、支持农民和农业生产经营组织自主选择先进适用的农业机械，提高农业机械化水平。

2. 支持农业机械的科研开发　发展农业机械化，科研开发十分重要。作为农业机械化重要载体，我国农业机械存在着工艺落后、可靠性差、适应性差等问题，先进农业机械研发和推广成为农业机械化发展的关键。因此，《促进法》规定：省级以上人民政府及其有关行政主管部门要采取措施，组织基础性、关键性、公益性农业机械科学研究和先进适用的农业机械的推广运用。国家支持加强农业机械化基础理论和应用技术研究，根据不同区域的农业生产条件和农民需求，研究开发先进适用的农业机械；支持农业机械生产者不断提高农业机械产品的质量和技术水平。

3. 加强农业机械的质量保障 农机产品质量会影响机械作业效率和质量，制约农业机械化发展。为解决农业机械产品质量问题，保护农民利益，结合农业机械化发展的实际和现行法律、行政法规的有关规定，《促进法》做出了有针对性的规定：国家加强农业机械化标准体系建设，加强农业机械产品质量监督，国务院农业行政主管部门和省级人民政府主管农业机械化工作的部门可以对农业机械产品的使用情况进行调查，并公布结果。并对农机生产者、销售者的产品质量做了相应规定。

4. 加大农业机械推广使用 农业机械是重要的农业生产资料，在农民的生产投资中占有较大比重，为了推广使用先进适用的农业机械，提高机械使用效率，《促进法》规定：国家支持通过建立示范基地、示范点等形式引导农民和农业生产经营组织采用先进适用的农业机械和技术。制定国家和省级人民政府支持推广的先进适用的农业机械产品目录。鼓励农民合作使用农业机械。此外，促进农业机械化发展还要调动各级人民政府的积极性。目前，很多省、市、县人民政府都制定了促进本地农业机械化发展的扶持政策。

5. 完善农机社会化服务 推广使用先进适用的农业机械，离不开社会化服务，完善的社会化服务体系是保障农业机械化发展的必要条件。因此，《促进法》规定：农民、农业机械作业组织可以进行有偿的农业机械作业服务。各级人民政府及其有关部门应当支持农业机械跨行政区域作业。鼓励和扶持发展多种形式的农业机械服务组织，完善农业机械化服务体系。农业机械服务组织可以根据农民的需要，提供各种社会化服务。国家设立的基层农业机械技术推广机构应当为农民和农业生产经营组织无偿提供公益性农业机械技术的推广、培训等服务。

6. 提出农业机械化扶持政策 多年来，中央和地方各级人民政府制定了一系列促进农业机械化发展的扶持政策和措施，极大地调动了农民和农业生产经营组织使用农业机械的积极性，有力地促进了农业机械化事业的发展。《促进法》把这些行之有效的政策措施通过法律的形式加以肯定。扶持措施包括：国家采取措施支持农业机械生产者增加研究开发投入，支持农业机械工业的技术创新。对农民和农业生产经营组织购买国家支持推广的先进适用的农业机械给予直接补贴或者贴息补助。农业机械作业组织从事农业机械生产作业服务的收入，按照国家规定给予税收优惠，并对农业机械的农业生产作业用燃油安排财政补贴。加强农业机械化基础设施的建设和维护。县级以上地方人民政府主管农业机械化工作的部门应当为农民和农业生产经营组织免费提供信息服务。

（三）重要意义

《促进法》是我国第一部农业机械化法律，具有里程碑性质的意义，它奠定了农业机械化法律法规政策体系的基础，有利于保障农业机械化扶持政策出台与实施。有两方面的重要意义：法律法规政策体系构建和促进农机化发展。这部法律是我国农业法制建设的重要组成部分，是农业法等兴农护农法律体系的健全完善和重要补充，标志着我国农业机械化发展进入了有法可依，依法促进的法治时代。作为农业机械化基本法，《促进法》是农机化其他法规、规章制定的基础和依据，对《农业机械安全监督管理条例》、地方法规、部门规章的制（修）订具有指导意义。近年来，我国农机装备总量快速增长、农机作业水平稳步提升、农业制造和流通业跨越发展，农机社会化服务蓬勃兴起，取得这些重大成就，《促进法》发挥了重要保障作用。

二、《农业机械安全监督管理条例》

2009 年 9 月 17 日，第 563 号国务院令公布了《农业机械安全监督管理条例》（以下简称《条例》），自 2009 年 11 月 1 日起施行。《条例》的公布实施，对加强农业机械安全监督管理，预防和减少农业机械事故，保障农业机械化安全发展、科学发展、和谐发展，维护人民生命财产安全和农村社会和谐稳定，具有重大意义。

（一）出台背景

随着农业机械数量快速增长，农业机械作业领域不断拓宽，农业机械操作人员大量增加，农业机械安全问题也日渐突出，农业机械安全事故大量发生。据统计，2008 年，全国共发生农业机械事故 8 319 起，死亡 2 732 人，受伤 8 296 人。造成我国农业机械事故大量发生的原因：一是农业机械产品生产销售、维修管理制度不完善，生产者、销售者的质量保证责任不明确，维修市场不规范，使用伪劣配件拼装农业机械、使用残次配件进行维修的现象时有发生，安全隐患严重。二是农业机械操作安全制度没有很好地落实，操作人员安全意识淡薄，操作农业机械的技能水平有待提高。尤其是拖拉机、联合收割机等危及人身财产安全的农业机械安全检验率偏低，操作人员专业化程度不高，无证驾驶、非法搭人载客等现象时有发生。三是依照《道路交通安全法》规定，道路行驶的拖拉机发生交通事故由公安交通管理部门处理，拖拉机以外的其他农业机械发生的事故尚缺乏明确的法律依据。农业机械安全事故处理程序和安全监管措施有待进一步完善加强，有必要制定该条例。

（二）主要内容

我国制定《条例》的目的是加强农业机械安全监督管理，预防和减少农业机械事故，保障人民生命和财产安全。《条例》对涉及农业机械安全的生产、销售、维修、使用操作、事故处理、服务与监督等相关环节分别做出了规定，明确了县级以上人民政府、农业机械化主管部门及有关部门的相应职责，规定了农业机械生产企业、农业机械销售企业、农业生产经营组织、农业机械所有者、维修业户和操作、维修人员的权利、义务和责任，内容全面完整。《条例》明确了农业机械生产者的质量保证义务、农业机械销售者的质量控制义务，建立了缺陷产品召回制度；规定了农业机械维修企业设立条件、程序，并规范了农业机械维修行为；强化了拖拉机、联合收割机使用操作的安全管理，对拖拉机、联合收割机的驾驶操作人员实行资质管理；明确对危及人身财产安全的农机进行免费实地安全检验，对在用特定种类农机实施安全鉴定和重点检查；建立了落后农机淘汰制度、危及人身财产安全的农业机械报废和回收制度；规范了农机事故处理程序和农业机械化主管部门等相关部门的监督与服务行为，明确了各方面的法律责任。《条例》构建了统一、完整的农业机械安全监督管理体系，为农业机械管理工作提供了法制化依据。

（三）重要意义

法律法规政策体系构建方面。《条例》的制定与实施在农业机械化法律法规政策体系中起到了承上启下的作用，不仅是《促进法》的重要补充，与《促进法》相辅相成，而且为农业机械化相关部门规章的修改及制定（如《农业机械事故处理办法》）提供了法规依据。《条例》实施强化了农机主管部门依法履行安全监管职责，有效预防和减少农机事故，保障人民生命和财产安全。

农机安全生产方面。一是促进了农机生产质量，加强农业机械设计、制造、销售等环节安全管理，健全了农机安全技术标准，严格农机安全鉴定，加强了农机产品质量监督，使农机企业严格按标准组织生产，加强安全检验，完善销售服务体系，切实履行“三包”义务。二是加强农业机械使用管理，通过对拖拉机、联合收割机依法实行牌证登记管理和定期安全检验，保障了人们的生命产品安全。三是提升人员管理，通过对拖拉机、联合收割机操作人员的资格许可管理以及农机操作、维修等专业工种的技术人员参加职业技能培训，提高了农业机械化管理水平及人员素质。四是促进了对农业机械化政策扶持力度，如增加农机保险费补贴投入，开展农业机械报废补偿，扶持农机维修中心建设等。

三、其他相关法律

（一）《中华人民共和国农业法》

《中华人民共和国农业法》（以下简称《农业法》）是我国农业领域最早出台的法律之一，是农业的基本法，该法的制定和实施为国家大力支持农业机械化发展提供了法律保障，是制定《促进法》、《条例》等农业机械化法律法规的基础，与农业机械化相关的条款摘录如下：

《农业法》（摘录）

（1993 年 7 月 2 日第八届全国人民代表大会常务委员会第二次会议通过，2002 年 12 月 28 日第九届全国人民代表大会常务委员会第三十一次会议修订 2002 年 12 月 28 日中华人民共和国主席令第八十一号公布自 2003 年 3 月 1 日起施行）

第八条　全社会应当高度重视农业，支持农业发展。

第九条　各级人民政府对农业和农村经济发展工作统一负责，组织各有关部门和全社会做好发展农业和为发展农业服务的各项工作。

第二十条　国家鼓励和支持农民和农业生产经营组织使用先进、适用的农业机械，加强农业机械安全管理，提高农业机械化水平。

第三十七条 国家建立和完善农业支持保护体系，采取财政投入、税收优惠、金融支持等措施，从资金投入、科研与技术推广、教育培训、农业生产资料供应、市场信息、质量标准、检验检疫、社会化服务以及灾害救助等方面扶持农民和农业生产经营组织发展农业生产，提高农民的收入水平。

第四十条 国家运用税收、价格、信贷等手段，鼓励和引导农民和农业生产经营组织增加农业生产经营性投入和小型农田水利等基本建设投入。

第五十五条 国家发展农业职业教育。国务院有关部门按照国家职业资格证书制度的统一规定，开展农业行业的职业分类、职业技能鉴定工作，管理农业行业的职业资格证书。

第五十六条 国家采取措施鼓励农民采用先进的农业技术，支持农民举办各种科技组织，开展农业实用技术培训、农民绿色证书培训和其他就业培训，提高农民的文化技术素质。

(二)《中华人民共和国农业技术推广法》

《中华人民共和国农业技术推广法》(以下简称《技术推广法》)立法目的是为促使农业科研成果和实用技术尽快应用于农业生产，农业机械化作为先进的农业生产力，《推广法》的颁布实施为促使农业机械化科研成果和实用技术应用于农业生产提供了法律保障，为《促进法》制定部分条款时提供了法律依据与借鉴。与农业机械化相关的条款摘录如下：

《技术推广法》(摘录)

(经1993年7月2日第八届全国人大常委会第2次会议通过；根据2012年8月31日第十一届全国人大常委会第28次会议通过的《关于修改〈中华人民共和国农业技术推广法〉的决定》修正。该法分总则、农业技术推广体系、农业技术的推广与应用、农业技术推广的保障措施、法律责任、附则等6章39条，自公布之日起施行)

第二条（六） 农业机械化、农用航空、农业气象和农业信息技术。

第三条 国家扶持农业技术推广事业，加快农业技术的普及应用，发展高产、优质、高效、生态、安全农业。

第五条 国家鼓励和支持科技人员开发、推广应用先进的农业技术，鼓励和支持农业劳动者和农业生产经营组织应用先进的农业技术。

第十条 农业技术推广，实行国家农业技术推广机构与农业科研单位、有关学校、农民专业合作社、涉农企业、群众性科技组织、农民技术人员等相结合的推广体系。

第十六条 农业科研单位和有关学校应当适应农村经济建设发展的需要，开展农业技术开发和推广工作，加快先进技术在农业生产中的普及应用。

(三)《中华人民共和国道路交通安全法》

《中华人民共和国道路交通安全法》(以下简称《道交法》)颁布实施为《条例》及农业机械化相关部门规章提供了法律依据，为农业机械管理提供了法律保障。与农业机械化相关的条款摘录如下：

《道交法》(摘录)

(2003 年 10 月 28 日第十届全国人民代表大会常务委员会第五次会议通过，根据 2007 年 12 月 29 日第十届全国人民代表大会常务委员会第三十一次会议《关于修改〈中华人民共和国道路交通安全法〉的决定》第一次修正，根据 2011 年 4 月 22 日第十一届全国人民代表大会常务委员会第二十次会议《关于修改〈中华人民共和国道路交通安全法〉的决定》第二次修正，中华人民共和国主席令第 47 号公布，自 2011 年 5 月 1 日起施行)

第八条　国家对机动车实行登记制度。机动车经公安机关交通管理部门登记后，方可上道路行驶。尚未登记的机动车，需要临时上道路行驶的，应当取得临时通行牌证。

第九条　申请机动车登记，应当提交以下证明、凭证：

(一) 机动车所有人的身份证明；

(二) 机动车来历证明；

(三) 机动车整车出厂合格证明或者进口机动车进口凭证；

(四) 车辆购置税的完税证明或者免税凭证；

(五) 法律、行政法规规定应当在机动车登记时提交的其他证明、凭证。公安机关交通管理部门应当自受理申请之日起五个工作日内完成机动车登记审查工作，对符合前款规定条件的，应当发放机动车登记证书、号牌和行驶证；对不符合前款规定条件的，应当向申请人说明不予登记的理由。公安机关交通管理部门以外的任何单位或者个人不得发放机动车号牌或者要求机动车悬挂其他号牌，本法另有规定的除外。机动车登记证书、号牌、行驶证的式样由国务院公安部门规定并监制。

第十九条　驾驶机动车，应当依法取得机动车驾驶证。申请机动车驾驶证，应当符合国务院公安部门规定的驾驶许可条件；经考试合格后，由公安机关交通管理部门发给相应类别的机动车驾驶证。持有境外机动车驾驶证的人，符合国务院公安部门规定的驾驶许可条件，经公安机关交通管理部门考核合格的，可以发给中国的机动车驾驶证。驾驶人应当按照驾驶证载明的准驾车型驾驶机动车；驾驶机动车时，应当随身携带机动车驾驶证。公安机关交通管理部门以外的任何单位或者个人，不得收缴、扣留机动车驾驶证。

第二十三条　公安机关交通管理部门依照法律、行政法规的规定，定期对机动车驾驶证实施审验。

第一百二十一条　对上道路行驶的拖拉机，由农业(农业机械)主管部门行使本法第八条、第九条、第十三条、第十九条、第二十三条规定的公安机关交通管理部门的管理职权。农业(农业机械)主管部门依照前款规定行使职权，应当遵守本法有关规定，并接受公安机关交通管理部门的监督；对违反规定的，依照本法有关规定追究法律责任。本法施行前由农业(农业机械)主管部门发放的机动车牌证，在本法施行后继续有效。

第二节 地方法规

一、综述

地方法规是国家法律法规的延伸和完善，与国家农业机械化法律法规规章共同构建了农机化法律法规体系，是其重要组成部分。自《中华人民共和国农业机械化促进法》和《农业机械安全监督管理条例》等法律法规出台后，各地方都以此为基础，结合实际情况制定或者修订了符合本地区农业机械化发展的地方性法规，这些法规从不同方面分别起到了促进农机化发展、规范农业机械管理、加强农业机械安全监督、规定农机事故解决办法等作用，不仅使国家相关的法律法规落实到位，而且推动了当地农业机械化发展。

2004—2014 年，各地方相继出台或修订了 52 部地方法规（表 1-1，表 1-1 中含 2004 年之前的 3 部），包括农业机械化促进条例 11 部，农业机械管理条例 19 部，农业机械安全监理（监督）管理办法（条例、规定）10 部，农业机械试验鉴定和质量监督办法 1 部，农业机械事故处理办法（规定）7 部，农业机械金融类管理办法 2 部，农业机械维修管理办法 1 部，农业机械产品管理办法 1 部。

表 1-1 地方法规名称及颁布年份

省（自治区、直辖市）	法规名称	颁布时间（年）
北京	《北京市农业机械化促进条例》	2010
	《北京市农业机械安全监督管理办法》	2007
天　津	《天津市农业机械管理条例》	2005
	《天津市农业机械安全监理规定》	2004
河　北	《河北省农业机械管理条例》	2012
	《河北省农业机械维修管理办法》	2007
山　西	《山西省农业机械化条例》	2006
内蒙古	《内蒙古自治区农牧业机械化促进条例》	2007
	《内蒙古自治区农牧业机械事故处理办法》	2010
辽　宁	《辽宁省农业机械化促进条例》	2007
吉　林	《吉林省农业机械管理条例》	2006
	《吉林省农业机械事故处理办法》	2009
黑龙江	《黑龙江省农业机械管理条例》	2004
上　海	《上海市农业机械安全管理规定》	2010
	《上海市农机事故处理暂行规定》	2010

（续）

省（自治区、直辖市）	法规名称	颁布时间（年）
江　苏	《江苏省农业机械管理条例》	2007
	《江苏省农业机械试验鉴定和质量监督办法》	2007
	《江苏省农业保险试点财政保费补贴资金管理办法》	2008
浙　江	《浙江省农业机械化促进与农业机械安全管理办法》	2006
	《浙江省农业机械事故处理办法》	2007
	《浙江省农业机械化促进条例》	2012
安　徽	《安徽省农业机械化促进条例》	2006
	《安徽省农业机械安全监督管理办法》	2010
福　建	《福建省农业机械管理条例》	2005
江　西	《江西省农业机械管理条例》	2007
山　东	《山东省农业机械化促进条例》	2007
	《山东省农业机械管理条例》	2005
	《山东省农业机械事故处理办法》	2005
河　南	《河南省农业机械化促进条例》	2009
	《河南省农业机械安全管理规定》	2006
湖　北	《湖北省农业机械化促进条例》	2007
	《湖北省农业机械安全监督管理办法》	2005
湖　南	《湖南省农业机械管理条例》	2007
广　东	《广东省农业机械管理条例》	2005
广　西	《广西壮族自治区农业机械管理条例》	2008
	《广西壮族自治区农业机械安全监督管理条例》	2005
	《广西壮族自治区农业机械事故处理办法》	2006
	《广西壮族自治区农业机械产品管理办法》	2005
海　南	《海南省农业机械管理条例》	1999
重　庆	《重庆市农业机械管理条例》	2001
	《重庆农村商业银行农用机械按揭贷款管理办法》	2010
四　川	《四川省农业机械管理条例》	2004
	《四川省农业机械安全监理和事故处理条例》	2004
贵　州	《贵州省农业机械管理条例》	2010
	《贵州省农业机械安全监督管理办法》	2008
云　南	《云南省农业机械管理条例》	1997
陕　西	《陕西省农业机械管理条例》	2012

（续）

省（自治区、直辖市）	法规名称	颁布时间（年）
甘 肃	《甘肃省农业机械管理条例》	2006
	《甘肃省农机事故处理暂行规定》	2004
青 海	《青海省农业机械管理条例》	2005
宁 夏	《宁夏回族自治区农业机械化促进条例》	2009
	《宁夏回族自治区农业机械安全监督管理条例》	2011
新 疆	《新疆维吾尔自治区农业机械管理条例》	2005
宁 波	《宁波市农业机械管理条例》	2005
新疆兵团	《新疆生产建设兵团农业机械化管理办法》	2006

二、地方法规特点

地方法规在制（修）订时既注意了与国家法律法规的衔接，又考虑了本地区农民和实际生产需求。与国家法律法规相比，地方法规特点：一是都以国家法律法规为主要框架，多数内容相同，只有少数内容存在差异，如《江苏省农业机械化促进条例》《安徽省农业机械安全监督管理办法》等。二是针对本地区发展现状制定，具有明显的地方特点，如《北京市农业机械化促进条例》中指出支持开发节能减排、低碳和适应都市型现代农业发展的农业机械化新技术、新产品、新工艺，具有明显的地方特色。三是法规中扶持内容更多、力度更大，如《江苏省农业保险试点财政保费补贴资金管理办法》中第二十七条、第三十五条等多条都强调对农业保险补贴资金的管理办法。四是明确了各级政府及有关部门的职责，规章制度更加细致，可操作性更强，如《安徽省农业机械安全监督管理办法》中第二十四条规定“当事人对农业机械事故责任认定不服的，可以在接到责任认定书之日起 15 日内，向上一级农机监理机构申请重新认定；上一级农机监理机构应在接到重新认定申请书之日起 30 日内，做出终局决定”。

三、实施成效

各类地方法规出台与实施，有力促进了当地农业机械化发展，具体成效包括以下 3 个方面：

1. 农业机械化法律法规体系的重要组成部分 作为国家农业机械化法律法规的补充，地方法规是根据本行政区域的具体情况和实际需要，在不与宪法、法律、行政法规相抵触的前提下制定，在对国家法律法规进行补充的同时又维护了法制的统一，实现了法律体系各层级上下衔接、结构严谨。与《促进法》《监理条例》一道，形成了具有中国特色的农业机械化法律制度体系。

2. 保障了各地农业机械化扶持政策的实施 地方法规实施指明了当地农业机械化

发展方向，为当地政府及相关部门制定农业机械化扶持政策提供了法律依据，规范了相关行政管理人员工作行为，保障了政策的顺利实施。保障了当地农机化工作顺利开展，为当地农业机械化稳定有序奠定了制度基础。如《北京市农业机械化促进条例》中规定“本市根据都市型现代农业的需要，建立和完善农业机械维修质量和作业质量标准”。

3. 促进了各地农业机械化又好又快发展

各地区出台和修订的农业机械化法规政策，极大地促进了地区农业机械化发展，降低了农业机械的使用风险，提高了农业机械的作业效率，为各地区现代农业的发展做出了重要贡献。

第三节　部门规章

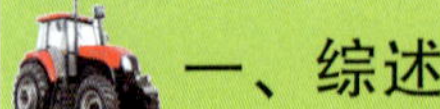

一、综述

以《促进法》《条例》《技术推广法》等相关法律法规为基础，共有13个部门规章相继制定或修订。其中，关于农业机械鉴定及质量检查、维修方面的有5部：《农业机械试验鉴定办法》（2005年）《农业机械质量调查办法》（2006年）《农业机械维修管理规定》（2006年）《农业机械推广鉴定实施办法》（2010）《农业机械产品修理、更换、退货责任规定》（2010年）；农业机械安全监理方面有5部：《拖拉机驾驶证申领和使用规定》（2010年）《农业机械事故处理办法》（2011年）《农业机械实地安全检验办法》（2011年）《拖拉机登记规定》（2010年）《联合收割机及驾驶人安全监理规定》（2010年）；农业机械化教育培训方面2部：《拖拉机驾驶培训管理办法》（2004年）《农机成人教育暂行规定》（2004年）；其他方面1部：《联合收割机跨区作业管理办法》（2004年）。

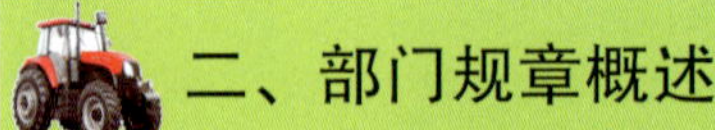

二、部门规章概述

（一）农业机械鉴定及质量检查、维修方面

农业机械鉴定是指农机鉴定机构通过科学试验、检测和考核，对农业机械的适用性、安全性和可靠性做出技术评价，为农业机械的选择和推广提供可靠翔实信息的工作，承担着保障农民生命财产安全的重任，同时也肩负国家支持推广的农业机械产品目录制定。农业机械质量检查、维修规定的实施可以维护农业机械使用者和生产者、销售者的合法权益，提高农业机械产品质量和售后服务质量。

1. 农业机械试验鉴定办法　在农业机械鉴定及质量检查、维修类规章中，《农业机械试验鉴定办法》（以下简称《鉴定办法》）有着突出地位，是农机试验鉴定工作的“基本法”。《促进法》提出了在新形势下农业机械化发展以促进为主的新理念，对农业机械鉴定工作的定位、原则、方式和责任都提出了新要求，对《鉴定办法》重新修订是贯彻落实《促进法》有关条款的重要工作内容，也是推动农业机械鉴定工作进入依法鉴定新阶段的重要标志。《鉴定办法》于2005年7月7日经农业部第十五次常务会议审议通过，自2005年11月1日起施行，主要内容有：

第一，将推广的机具从“适用”提升到“先进适用”，以体现科技兴农、科技是第一生产力的精神以及运用先进的科学技术促进农机化发展的思想。将维护“用户利益”的目标扩展到维护“农业机械使用者及生产者、销售者的合法权益”，以体现法制社会依法维护公民和法人平等权益的宗旨。

第二，明确了农业机械鉴定的定义和分类。将“农业机械鉴定”定义为：“农业机械试验鉴定机构通过科学试验、检测和考核，对农业机械的适用性、安全性和可靠性做出技术评价，为农业机械的选择和推广提供依据和信息的活动”；按鉴定目的将农业机械鉴定分为推广鉴定、选型鉴定和专项鉴定三大类，体现了农业行业对农机产品质量进行监督和评价的特色。

第三，规定了农业机械鉴定的主体及其相应职责。明确规定省级以上农机化行政主管部门是农机鉴定工作的管理主体，负责发布鉴定产品种类指南、公布鉴定大纲、公告产品、核发鉴定证书并实施监督等（负有对鉴定工作进行指导、监督管理的责任）；省级以上农业机械鉴定机构是农业机械鉴定工作的实施主体，负责受理企业申请、抽取样品、实施试验检测、出具报告、公布检测结果。

第四，强调了农业机械鉴定的自愿性和公开便民的原则。实行指南管理，根据农业机械化发展的需要，适时设定和调整鉴定的品种范围。自愿申请鉴定，公开便民，明示鉴定条件和程序，公告鉴定机构能力，公告鉴定产品种类指南、鉴定大纲、鉴定结果等，方便企业申请，增加鉴定工作的透明度，接受社会和用户监督。

第五，严格了鉴定机构的条件和责任。将农业机械鉴定机构定性为“不以赢利为目的的公益性事业组织”，强调了农业机械鉴定机构对其鉴定结果应承担相应的义务和责任。规范了鉴定程序，具体规定了鉴定受理、出具报告、审核、异议处理、颁证等环节的办事时限和要求，以严格规范的程序来保证依法鉴定，保证工作质量和效率。加强了对证书、标志和获证产品的有效监管。规定了证书和标志式样由农业部统一管理、有效期由5年调整为4年，获证产品的监管由原来的抽查鉴定改为根据用户的投诉和举报情况组织调查并公布调查结果。

第六，强化了法律责任，新增“罚则”一章，明确了农业机械化行政主管部门、农业机械鉴定机构和具体工作人员违法行为的法律责任。同时首次对现实中存在的伪造、冒用、涂改、转让、超范围使用或使用过期的农业机械推广鉴定证书和标志的行为规定了处罚措施。

2. 农业机械质量调查办法　农业机械产品质量关系农民自身利益，为了解决投诉及农业机械质量出现的原因，规范受理的农机化管理部门对农业机械质量问题进行调查，《农业机械质量调查办法》于2006年8月14日经农业部第18次常务会议审议通过并发布，同年11月1日起施行。明确了质量调查工作的责任单位，从质量调查的确定、质量

调查的实施、调查结果的公布和责任认定处罚等方面规范了质量调查工作。通过质量调查，为加强农业机械产品质量监督管理，维护农业机械使用者和生产者、销售者的合法权益，解决农机质量投诉工作提供了依据。

3. 农业机械产品修理、更换、退货责任规定 《农业机械产品修理、更换、退货责任规定》于2009年9月28日由国家质量监督检验检疫总局局务会议审议通过，并经国家工商行政管理总局、农业部、工业和信息化部审议通过并发布，自2010年6月1日起施行。规定了生产者义务、销售者义务、修理者义务、农机产品三包责任与责任免除情况以及争议处理，为维护农业机械产品用户的合法权益，提高农业机械产品质量和售后服务质量，明确了农业机械产品生产者、销售者、修理者的修理、更换、退货责任，对农业机械生产销售及投诉纠纷的处理起到了规范作用。

4. 农业机械维修管理规定 农机维修对农机具再生产和使用寿命起着保障和支撑作用。为了规范农机维修业务，保证农机维修质量，维护农机维修当事人的合法权益，《农业机械维修管理规定》于2006年1月16日经农业部第3次常务会议和国家工商行政管理总局审议通过并发布，同年7月1日起施行。从维修资格、质量管理、监督检查和处罚措施4个方面做了规定，其颁布对农机维修市场的改善，保障农机用户权益维护起到了重要作用。

5. 农业机械推广鉴定实施办法 2010年8月4日农业部制定发布了《农业机械推广鉴定实施办法》，同年10月1日开始施行。规范了农业机械推广鉴定工作，明确推广鉴定的内容、程序和要求，完善了推广鉴定制度，提高了推广鉴定工作质量。办法从农机生产者的申请条件、农机鉴定部门的审查与受理、鉴定与公告、推广鉴定证书的变更与撤销、农业机械化主管部门对通过推广鉴定的企业和产品的监督与管理等方面进行了说明规定，为农业机械推广鉴定规范实施提供了依据和指导。

（二）农业机械安全监理方面

为实施《促进法》《道交法》《条例》，解决农机安全监管手段薄弱，农机管理到位率低等问题，农业部对《拖拉机驾驶证申领和使用规定》《拖拉机登记规定》《联合收割机及驾驶人安全监理规定》进行了修订，并制定了《农机事故处理办法》。

1. 农机事故处理办法 为规范农机事故处理工作，维护农机安全生产秩序，保护农机事故当事人的合法权益，《农业机械事故处理办法》于2010年12月30日经农业部第12次常务会议审议通过并发布，自2011年3月1日起施行。该《办法》对农机事故等级做了明确划分，从报案和受理、勘查处理、事故认定及复核、赔偿调解等方面做了详细说明，对农机事故的妥善处理和避免起到了指导性作用。

2. 农业机械实地安全检验办法 农业部2011年12月15日发布了《农业机械实地安全检验办法》，自2012年2月1日起施行。通过建立农机实地安全检验制度，规范农机安全检验工作，可以有效排查各种事故隐患，预防和减少农机安全事故的发生，保障农民群众人身财产安全。办法从农机检验和管理两方面确保农业机械正常运转，减少农机事故隐患。

3. 拖拉机驾驶证申领和使用规定 为规范拖拉机驾驶证的申领和使用，根据《促进法》《道交法》和《条例》等有关法律法规，2004年9月6日《拖拉机驾驶证申领和使用规定》经农业部第27次常务会议审议通过并发布，自2004年10月1日起施行。主要内容有申领驾驶证条件，驾驶证的换证、补证和注销及违规后重新培训等，对拖拉机安全、规范驾驶起着重要作用。

4. 拖拉机登记规定 拖拉机登记是农机安全监理的重要环节，但目前我国拖拉机登记不全和不规范等问题加大了拖拉机管理难度。为规范拖拉机登记，根据《促进法》《道交法》《条例》等有关法律法规，农业部制定了《拖拉机登记规定》并于2004年9月21日发布，自2004年10月1日起施行。明确规定了拖拉机登记原则以及注册登记、变更登记、转移登记、抵押登记等情况的实施细则。

5. 联合收割机及驾驶人安全监理规定 为加强对联合收割机及驾驶人的安全监督管理，保障人民生命和财产安全，促进农业生产发展，根据《条例》，农业部制定了《联合收割机及驾驶人安全监理规定》，2006年10月26日经农业部第27次常务会议审议通过并发布，自2007年5月1日起施行。内容包括联合收割机的登记注册、驾驶证申领和使用、联合收割机的作业安全等方面内容，是联合收割机监理的主要规范文件。

（三）农业机械化教育培训：拖拉机驾驶培训管理办法

为了规范拖拉机驾驶员培训行业管理，确保拖拉机驾驶培训质量，保障人民生命财产安全，农业部制定了《拖拉机驾驶培训管理办法》，2004年7月14日经农业部第25次常务会议审议通过并发布，同年9月1日起施行。规定了拖拉机驾驶培训机构应当具备的条件、申请培训机构的程序、对培训业务管理内容的说明等内容。办法的颁布清理整顿了拖拉机驾驶培训机构，规范了拖拉机培训市场，培训了大量拖拉机教学人员，为农机手的高质高效培养奠定了基础。

（四）其他规章：联合收割机跨区作业管理办法

20世纪90年代中后期，北方地区一些农民机手从不同区域小麦成熟时间差中发现了商机，驾驶小麦联合收割机从南往北自发地为沿途农户收获小麦，搞起了农机跨区作业服务。从1996年起，农业部等有关部委开始鼓励推进农机跨区作业，到21世纪初跨区作业已具备庞大规模，农机化部门的管理难度加大。为加强联合收割机跨区作业管理，规范跨区作业市场秩序，维护参与跨区作业各方的合法权益，保证农作物适时收获，促进农民增收和农业现代化建设，根据《农业法》等有关法律法规，农业部制定了《联合收割机跨区作业管理办法》，2003年6月26日经农业部第17次常务会议审议通过并发布，同年9月1日起施行。主要内容包括鼓励和规范中介组织行为、加强跨区作业管理、为跨区作业提供服务、对跨区作业等相关事宜及奖惩规定。该办法实施以来，开展农机跨区作业规模迅速扩大，作业范围不断延伸，作业项目持续增加，作业收入连年增多，保持了

持续、快速、健康发展的良好势头。

第四节　扶持政策

一、中央部署

2004—2014 年，连续 11 个中央 1 号文件不断强化对农业机械化的支持，持续加大农业机械购置补贴力度，对主要农作物关键薄弱环节机械化、丘陵山区机械化，深松整地、保护性耕作、秸秆还田、高效植保等新技术，跨区作业、农机服务组织培育、农机服务市场化与产业化，农机研发、农机工业、农机安全监理等方面都出台了相应的政策（表 1-2）。

表 1-2　2004—2014 年中央 1 号文件中关于农业机械化的扶持政策

年份	相关内容
2004	提高农业机械化水平，对农民个人、农场职工、农机专业户和直接从事农业生产的农机服务组织购置和更新大型农机具给予一定补贴
2005	中央财政继续增加良种补贴和农机具购置补贴资金，地方财政也要根据当地财力和农业发展实际安排一定的良种补贴和农机具购置补贴资金
2006	大力推进农业机械化，提高重要农时、重点作物、关键生产环节和粮食主产区的机械化作业水平。鼓励生产和使用节电、节油农业机械和农产品加工设备。增加农机具购置补贴
2007	要用现代物质条件装备农业，提高农业水利化、机械化和信息化水平。扩大农机具购置补贴规模、补贴机型和范围。积极发展多功能农业机械。加快农机行业技术创新和结构调整，重点发展大中型拖拉机、多功能通用型高效联合收割机及各种专用农机产品。积极发展农业机械化，要改善农机装备结构，提升农机装备水平，走符合国情、符合各地实际的农业机械化发展道路。加快粮食生产机械化进程，因地制宜地拓展农业机械化的作业和服务领域，在重点农时季节组织开展跨区域的机耕、机播、机收作业服务。建设农机化试验示范基地，大力推广水稻插秧、土地深松、化肥深施、秸秆粉碎还田等农机化技术。鼓励农业生产经营者共同使用、合作经营农业机械，积极培育和发展农机大户和农机专业服务组织，推进农机服务市场化、产业化。加强农机安全监理工作
2008	增加农机具购置补贴种类，提高补贴标准，将农机具购置补贴覆盖到所有农业县。加快推进农业机械化。加快推进粮食作物生产全程机械化，稳步发展经济作物和养殖业机械化。加强先进适用、生产急需农业机械的研发，重点在粮食主产区、南方丘陵区和血吸虫疫区加快推广应用。完善农业机械化税费优惠政策，对农机作业服务实行减免税，对从事田间作业的拖拉机免征养路费，继续落实农机跨区作业免费通行政策。继续实施保护性耕作项目，扶持发展农机大户、农机合作社和农机专业服务公司，加强农机安全监理工作
2009	大规模增加农机具购置补贴，将先进适用、技术成熟、安全可靠、节能环保、服务到位的农机具纳入补贴目录，补贴范围覆盖全国所有农牧业县（场），带动农机普及应用和农机工业发展。加快推进农业机械化，启动农业机械化推进工程，重点加强示范基地、机耕道建设，提高农机推广服务和安全监理能力。普及主要粮油作物播种、收获等环节机械化，加快研发适合丘陵山区使用的轻便农业机械和适合大面积作业的大型农业机械。支持农机工业技术改造，提高农机产品适用性和耐用性，切实加强售后服务。实行重点环节农机作业补贴试点。对农机大户、种粮大户和农机服务组织购置大中型农机具，给予信贷支持。完善农用燃油供应保障机制，建立高能耗农业机械更新报废经济补偿制度

（续）

年份	相关内容
2010	提高现代农业装备水平，促进农业发展方式转变。进一步增加农机具购置补贴，扩大补贴种类，把牧业、林业和抗旱、节水机械设备纳入补贴范围。推进农用工业技术改造。加快发展农业机械化，大力推广机械深松整地，支持秸秆还田、水稻育插秧等农机作业。创建国家现代农业示范区
2011	大力发展节水灌溉，推广渠道防渗、管道输水、喷灌滴灌等技术，扩大节水、抗旱设备补贴范围。积极发展旱作农业，采用地膜覆盖、深松深耕、保护性耕作等技术
2012	充分发挥农业机械集成技术、节本增效、推动规模经营的重要作用，不断拓展农机作业领域，提高农机服务水平。着力解决水稻机插和玉米、油菜、甘蔗、棉花机收等突出难题，大力发展设施农业、畜牧水产养殖等机械装备，探索农业全程机械化生产模式。积极推广精量播种、化肥深施、保护性耕作等技术。加强农机关键零部件和重点产品研发，支持农机工业技术改造，提高产品适用性、便捷性、安全性。加大信贷支持力度，鼓励种养大户、农机大户、农机合作社购置大中型农机具。落实支持农机化发展的税费优惠政策，推动农机服务市场化和产业化。切实加强农机售后服务和农机安全监理工作。扩大农机具购置补贴规模和范围，进一步完善补贴机制和管理办法。加强设施农业装备与技术示范基地建设
2013	落实好对种粮农民直接补贴、良种补贴政策，扩大农机具购置补贴规模，推进农机以旧换新试点。开展农作物制种、渔业、农机、农房保险和重点国有林区森林保险保费补贴试点
2014	加大农机购置补贴力度，完善补贴办法，继续推进农机报废更新补贴试点。加快发展现代种业和农业机械化。培育推广一批高产、优质、抗逆、适应机械化生产的突破性新品种。加快推进大田作物生产全程机械化，主攻机插秧、机采棉、甘蔗机收等薄弱环节，实现作物品种、栽培技术和机械装备的集成配套。积极发展农机作业、维修、租赁等社会化服务，支持发展农机合作社等服务组织。大力推进机械化深松整地和秸秆还田等综合利用

2010年，国务院发布的《国务院关于促进农业机械化和农机工业又好又快发展的意见》，是指导我国农业机械化发展的纲领性文件，明确了我国农业机械化发展的指导思想、基本原则和发展目标，提出了促进农业机械化发展的主要任务、扶持措施，强调了地方各级人民政府和有关部门加快农业机械化发展的责任，充分体现了国务院高度重视农业机械化，对加快推进农业机械化和农机工业又好又快发展，实现中国特色农业现代化，具有十分重要的意义。

二、农机购置补贴政策

农机购置补贴政策是我国农业机械化发展的重要扶持政策。《促进法》第二十七条提到“中央财政、省级财政应当分别安排专项资金，对农民和农业生产经营组织购买国家支持推广的先进适用的农业机械给予补贴”。自2004年以来，农业部、财政部每年都会制定购机补贴政策实施指导意见。全国各地也纷纷出台地方法规和地方性指导文件来规范和促进政策的实施。

农机购置补贴政策实施十余年来，不论在实施范围还是在补贴机具的种类及补贴资金实施标准等方面都不断取得突破。2004年农机购置补贴中央投入资金为7 000万元，随后补贴资金逐年扩大，11年累计中央投入资金1 200亿元，带动地方和农民投入2 945亿元，累计补贴机具数量2 250万台（套），补贴农户1 802万户。推动了在装备总量及结构、作业水平、农业机械化科技等方面发展和提高（图 1-1）。

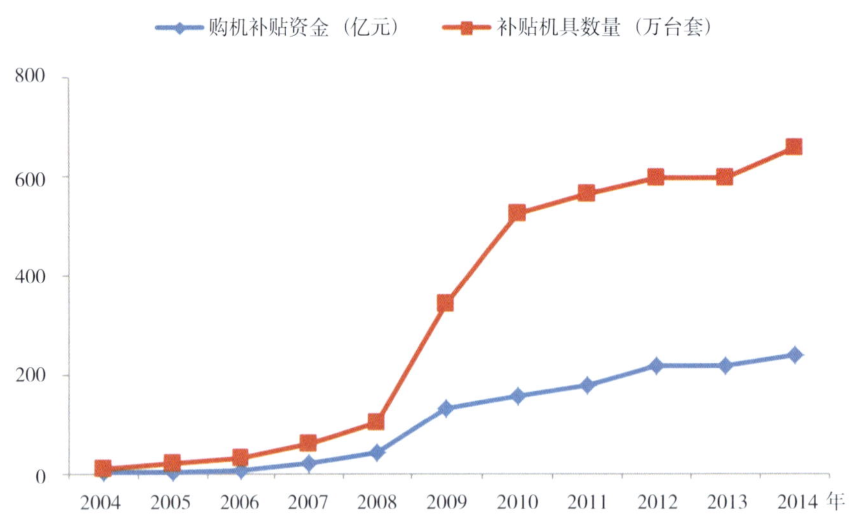

图 1-1　2004—2014 年中央农机购置补贴资金和补贴机具数量情况

三、农机社会化服务政策

农机社会化服务是实现农业机械化的重要途径。《促进法》第二十二条规定各级人民政府应当采取措施，鼓励和扶持发展多种形式的农业机械服务组织，推进农业机械化信息网络建设，完善农业机械化服务体系。农业机械服务组织应当根据农民、农业生产经营组织的需求，提供农业机械示范推广、实用技术培训、维修、信息、中介等社会化服务。

《农民专业合作社法》中提出：“中央和地方财政应当分别安排资金，支持农民专业合作社开展信息、培训、农产品质量标准与认证、农业生产基础设施建设、市场营销和技术推广等服务。对民族地区、边远地区和贫困地区的农民专业合作社和生产国家与社会急需的重要农产品的农民专业合作社给予优先扶持。”这体现了国家对农机社会化服务的重视，同时也加大了各地对农机社会化服务的扶持力度。2013 年《农业部关于大力推进农机社会化服务的意见》进一步明确了农机社会化服务的重要意义、总体要求、主要任务，并做出部署，为我国农机社会化服务指明了方向。

各地也陆续出台了农机社会化服务相关扶持政策。各省（自治区、直辖市）出台的《农业机械管理条例》中均包含对各类农机服务组织的扶持与要求，如《广西壮族自治区农业机械管理条例》明确指出：“各级人民政府应当鼓励、扶持单位和个人实行农业机械联合经营或者合作经营，扶持发展农业机械专业合作社、作业公司、租赁公司、作业服务协会、信息网络、中介组织等，建立健全农业机械化服务体系，推动农业机械化服务向市场化、信息化、产业化、社会化发展”；《重庆市农业机械管理条例》表明“鼓励和支持农业机械服务组织推行股份合作制度；对组建股份合作制企业的，农业机械主管部门应当积极给予指导、管理、协调和服务”等。

四、农机工业扶持政策

农机工业是农业机械化发展的物质基础。《促进法》第二十六条指出“国家采取措施，鼓励和支持农业机械生产者增加新产品、新技术、新工艺的研究开发投入，并对农业机械的科研开发和制造实施税收优惠政策”，中央和地方财政预算安排的科技开发资金应当对农业机械工业的技术创新给予支持。

《国务院关于促进农业机械化和农机工业又好又快发展的意见》指出：坚持市场化改革的导向，鼓励和引导农机制造企业优化产权结构，建立产权明晰、权责明确、管理科学的现代企业制度，强化农机制造企业的市场主体地位。抓紧研究制定农机工业产业政策，建立农机行业准入制度和市场退出机制，整顿行业秩序，优化产业结构，逐步淘汰落后产能，杜绝低水平重复制造。鼓励农机制造企业战略重组，加快集团化、集约化进程，形成若干个具有先进制造水平和较强竞争力的大型企业集团和产业集群。完善产业组织结构，形成以大型企业为龙头、中小企业相配套的产业体系和产业集群，提升产业集中度和专业化分工协作水平。鼓励中小企业走专业化、科技型发展道路，提高企业竞争实力。建立健全农机科研联合协作机制，改革农机科研立项和业绩评价机制，打破区域和学科界限，将解决农业机械化实际需求作为科研首要目标和科技成果评价标准，提高农机科研整体水平。

工业和信息化部制定的《农机工业发展政策》鼓励金融机构向符合产业政策的农机工业项目提供信贷支持，充分发挥融资担保机构的作用，为企业提供贷款担保服务。中央财政应综合运用财税杠杆，对农机工业实施稳定的倾斜政策，农机产品继续适用13.0%增值税税率。符合国家高新技术企业认定条件的农机制造企业，按15.0%的优惠税率征收企业所得税。另外用于科学研究和试验设计的费用，可以视为日常生产费用，在税前扣除；对开发产品所需的科研设施建设和实验研究等投资，凡符合国家有关税收规定的，可在所得税前列支。

五、农机流通业扶持政策

农机流通业是农机企业与农机使用者的桥梁，对农业机械化发展具有重要保障作用。《国务院关于促进农业机械化和农机工业又好又快发展的意见》指出：建立健全农机制造企业品牌营销网络、专业农机流通企业销售网络相结合的新型农机市场体系。实施农机流通服务品牌工程，优化市场布局，发展连锁经营，培育一批辐射面广、服务质量好的大型农机流通企业、品牌农机店和区域性农机市场，健全农机零配件供应网络，提高农机产品流通效率，方便农民购机。建立农机产品售后服务体系和信息服务平台，依托重点生产企业、专业流通企业建立售后服务中心，提高服务能力。完善农机产品“三包”

第二章　农机化发展水平

2004年以来，我国农业机械化持续快速健康发展，农机总动力稳步增长，农业装备结构逐步优化，向大中型、高性能、高效率、多功能复式作业机具发展；主要粮食作物机械化水平大幅提升，经济作物关键环节机械化取得突破，农机农艺融合进程加速；设施农业、林果业、畜牧业、渔业及农产品初加工装备技术提档升级，为提高劳动生产率、保障农业综合生产能力和现代农业建设发挥了重要支撑作用。

第一节　农机装备水平

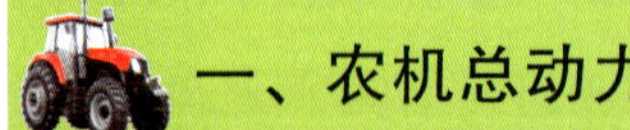

一、农机总动力

2004—2014年，我国农机总动力持续增加（图2-1），由2004年的6.4亿千瓦增长至2014年的10.8亿千瓦，增幅达68.5%；但是增长速度逐步放缓，由2004年的8.1%降至2014年的4.0%，逐渐向优化装备结构、提高机具利用率的方向发展。

从动力结构看（表2-1），全国农机总动力中柴油发动机动力所占比例逐渐上升，由2004年的78.0%提升至2014年的80.3%；汽油发动机和电动机动力所占比例均小幅下降，2014年汽油发动机、电动机动力所占比例较2004年分别下降了0.9和1.1个百分点。据测算，我国平均每年农业生产消耗柴油达3 607.4万吨，需要提高国产柴油发动机性能，同时探索替代能源用于农业装备，促进农机化节能减排。

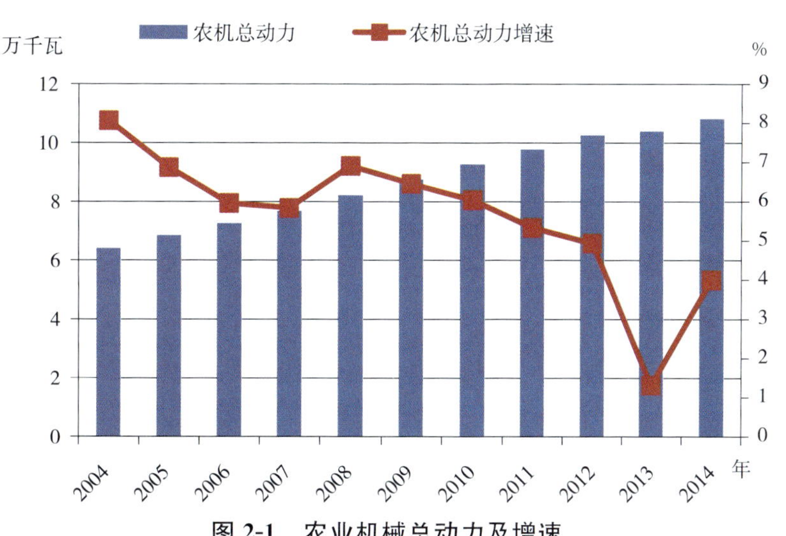

图 2-1　农业机械总动力及增速

数据来源：历年《中国农业机械化年鉴》，本章后续图表如无特别注明数据来源均与此同。

表 2-1　全国农机动力结构占比

单位：%

年份	柴油发动机动力	汽油发动机动力	电动机动力
2004	78.0	4.1	17.5
2005	78.7	3.6	17.3
2006	79.0	3.4	17.2
2007	79.7	3.2	17.0
2008	80.2	2.8	17.0
2009	80.5	2.7	16.8
2010	80.4	2.8	16.7
2011	80.4	2.9	16.6
2012	80.3	3.1	16.6
2013	80.3	3.1	16.5
2014	80.3	3.2	16.4

二、种植业机械保有量

2004—2014 年，粮食作物和经济作物等种植业机械保有量均有较大幅度提升，其中收获机械增长速度最快：稻麦联合收获机保有量年均增长率为 12.4%，玉米联合收获机保有量年均增长率为 51.6%。其次，种植环节的机械保有量年均增长速度也较快，其中以水稻种植机械最为显著：水稻插秧机和直播机保有量年均增长率分别为 25.9% 和 15.8%。以下为 2004 年以来拖拉机和种植业各环节机械保有量的变化情况。

（一）拖拉机及配套农机具保有量增长迅速

2014 年，全国拖拉机保有量为 2 297.7 万台，比 2004 年增长了 45.5%。其中，大中型拖拉机 567.9 万台，比 2004 年增长了 4.1 倍；大中型拖拉机配套机具保有量 826.6 万部，比 2004 年增长了 3.7 倍。2014 年大中型拖拉机保有量占拖拉机保有量比例仅为 24.7%，但功率却占到拖拉机总功率的 50.9%。小型拖拉机保有量1 729.8万台，比 2004 年增长了 19.4%；小型拖拉机配套机具保有量 3 053.6 万部，比 2004 年增长了 31.8%。

从图 2-2 可以看出，我国拖拉机保有量基本呈稳定持续增长趋势，2008 年达到最高增速后逐步放缓。从图 2-3 和图 2-4 则可发现，我国大中型拖拉机保有量增长更为迅速，

图 2-2　拖拉机保有量及增速

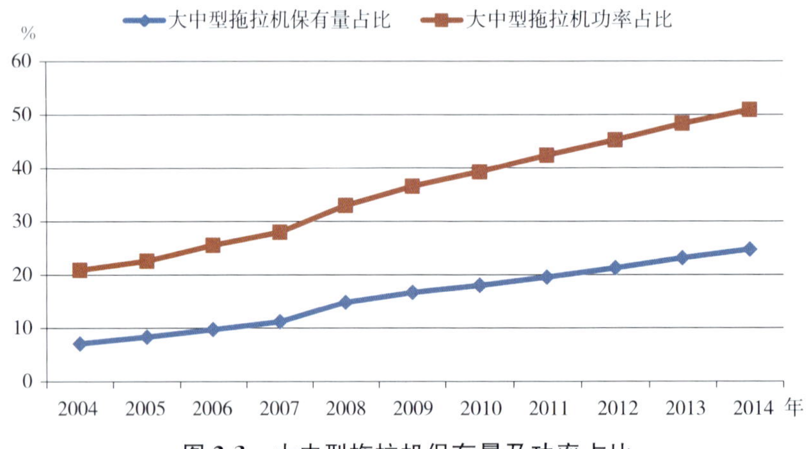

图 2-3　大中型拖拉机保有量及功率占比

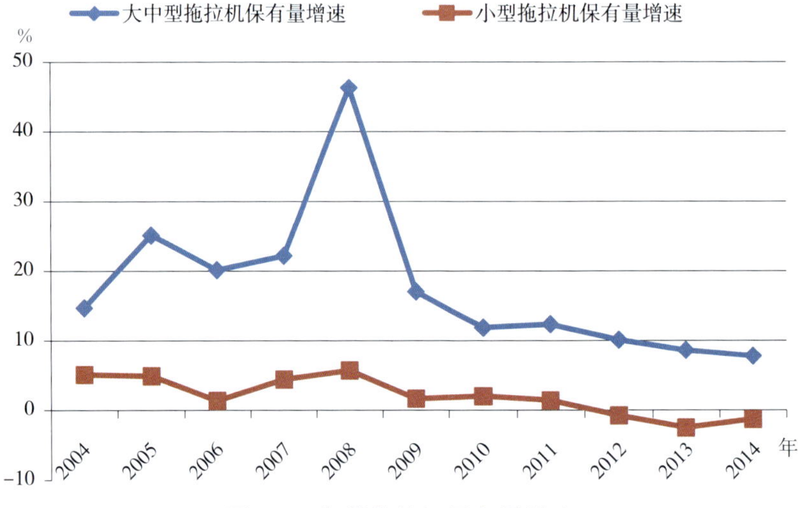

图 2-4　各类拖拉机保有量增速

增速先升后降，2008 年达到增速峰值，保有量和功率的占比均持续提高。小型拖拉机保有量增速较慢并呈逐步放缓趋势，且 2012 年起连续 3 年出现负增长。大中型拖拉机保有量的持续高速增长和小型拖拉机保有量的缓慢增长甚至下降，与近年来农村土地流转，规模化经营快速发展有关。另外机械化深松作业、复式作业等对配套动力也提出了更高要求。

从配套比看（图 2-5），大中型拖拉机机具配套比从 2004—2008 年呈现下降趋势，2009 年以后缓慢增长；小型拖拉机机具配套比例持续上升，由 2004 的 1.5 上升到 2014 年的 1.7。可见，大中型拖拉机保有量增长迅速，而配套机具的供给比较滞后，影响拖拉机利用效率。

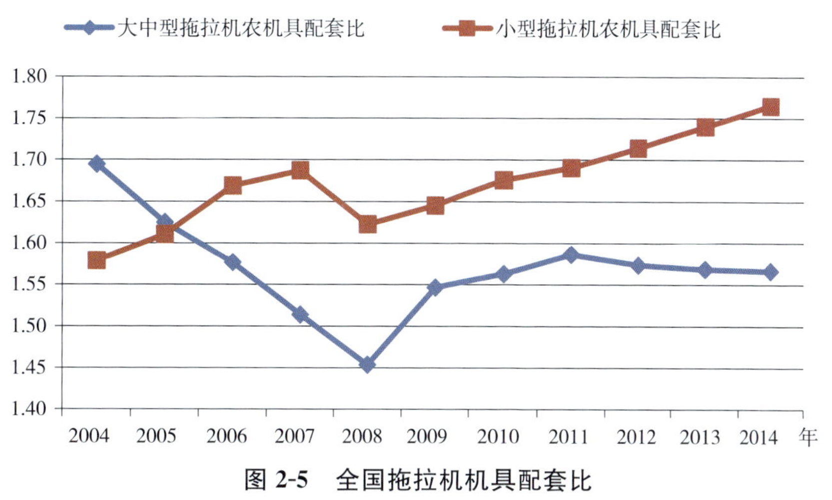

图 2-5　全国拖拉机机具配套比

（二）种植机械，特别是水稻、玉米及小麦等种植机械保有量增长速度较快

2004 年以来我国种植机械发展较快，特别是水稻种植机械发展较快（图 2-6），其中水稻插秧机和水稻直播机的年均增长率分别为 25.9%和 15.8%。另外，玉米、小麦及大豆精少量播种机和免耕播种机等新机具新技术的推广应用速度明显加快。

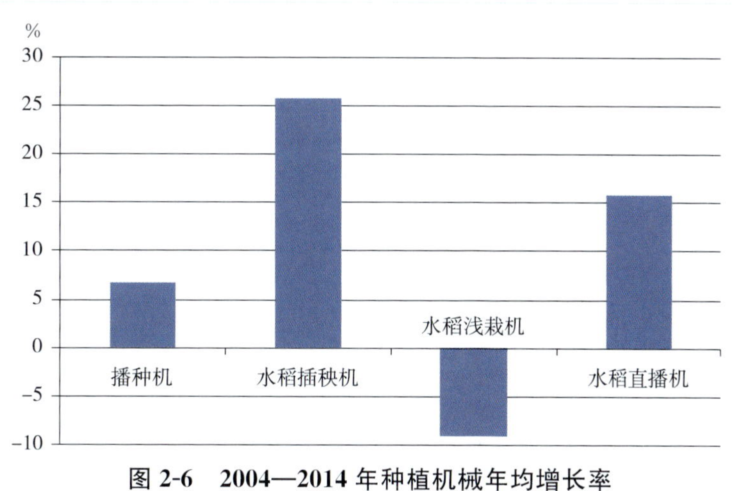

图 2-6　2004—2014 年种植机械年均增长率

(三) 农用排灌机械保有量增长缓慢

2014 年，我国农用排灌动力机械保有量为2 295.69万台，总动力为 1.4 亿千瓦。从图 2-7 可以看出，2004 年以来农用排灌动力机械保有量增长速度较低，年均增长率仅 3.2%，而农用水泵年均增速也仅为 3.1%；节水灌溉类机械保持了较高增长速度，年均增长率达到 6.7%，但总量依然较低，不足农用水泵保有量的 1/10。

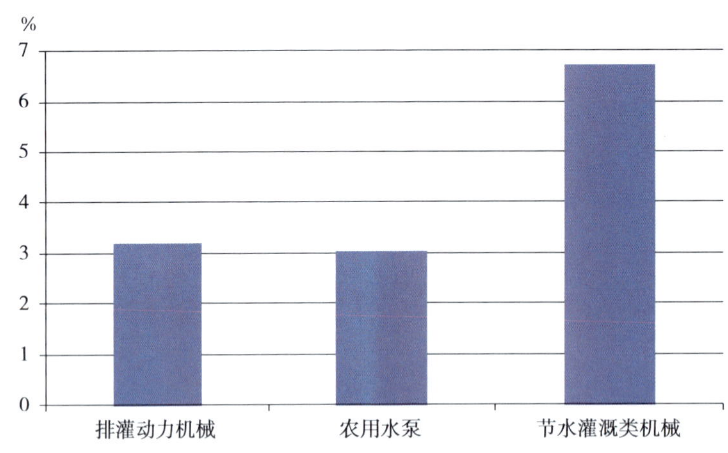

图 2-7 2004—2014 年农用排灌机械保有量年均增长率

(四) 植保机械保有量增长率持续上升

2004 年以来我国机动喷雾（粉）机保有量增长迅速（图 2-8），2014 年年底保有量达到 614.0 万台，年增速基本维持在 10.0%以上，仅 2012 年和 2013 年增速较低，分别为 5.1%和 2.7%。

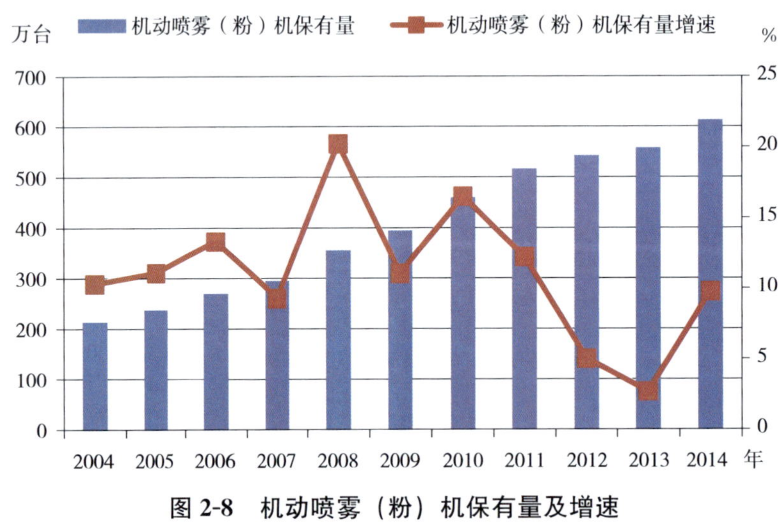

图 2-8 机动喷雾（粉）机保有量及增速

农用飞机发展迅速（图 2-9），2014 年全国拥有农用飞机 461 架，自 2011 年开始迅速增长，大型农场、农民专业合作社、农业龙头企业和专业化植保服务公司等购置农用无人机开展植保作业服务。

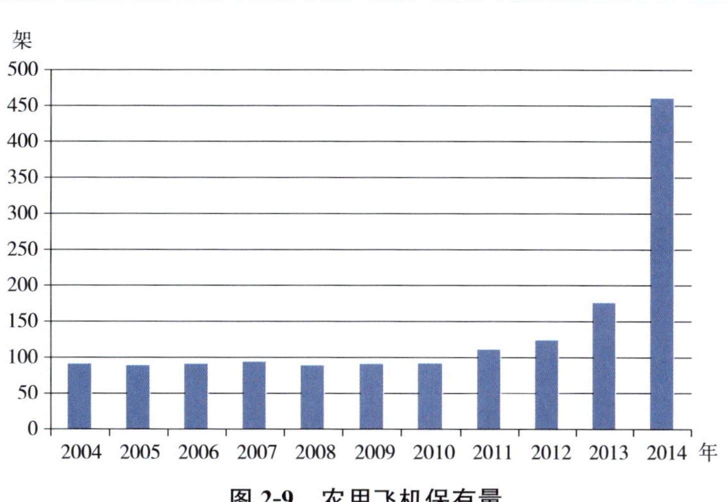

图 2-9 农用飞机保有量

（五）粮食收获机械化增长速度较快，经济作物收获机械化发展提速

2004—2014 年，我国联合收获机年均增长率为 14.6%，2014 年保有量为 158.4 万台，比 2004 年增长了 2.9 倍（表 2-2）。其中，稻麦联合收获机占联合收获机的比例为 80.0%左右，2004 至 2014 年年均增长率为 12.4%，2014 年保有量达到 122.4 万台，比 2004年增长了 2.2 倍。玉米联合收获机发展迅速，2004 至 2014 年年均增长率高达 51.6%，2014 年保有量达到 36.0 万台，比 2004 年增长了 63.2 倍。机动割晒机 2004 年保有量为 87.9 万台，目前已经减少到了 2014 年的 45.2 万台，目前多应用于丘陵和沙丘等小地块，作业效率低，功能比较单一，逐步被联合收割机替代。

表 2-2 收获机械保有量

单位：万台

年份	联合收获机	稻麦联合收割机	玉米联合收获机	机动割晒机	大豆收获机	棉花采摘机	油菜收获机	马铃薯收获机
2004	40.6	38.1	0.5	87.9	0.6	0.02	0.01	0.5
2005	47.7	44.1	0.9	82.5	0.9	0.02	0.06	0.6
2006	56.8	50.4	1.5	68.2	1.0	0.03	0.12	0.6
2007	63.2	57.4	2.6	60.9	1.1	0.03	0.17	1.0
2008	74.3	66.7	4.7	49.2	1.3	0.06	0.25	1.3
2009	85.8	77.6	8.2	48.9	1.6	0.09	0.35	1.7
2010	99.2	86.2	12.9	49.8	2.6	0.12	0.82	2.2
2011	111.4	94.4	17.0	49.4	1.8	0.11	1.41	3.2
2012	127.9	104.5	23.3	48.2	2.0	0.19	1.65	4.0
2013	142.1	113.4	28.7	49.6	2.0	0.27	1.94	4.9
2014	158.4	122.4	36.0	45.2	2.0	0.32	2.06	5.5
年均增长率（%）	14.6	12.4	51.6	−6.4	11.9	32.0	70.4	27.1

此外，从表 2-2 可以看出，大豆、棉花、油菜等经济作物和马铃薯收获机械的保有量不大，但是增长速度十分迅速，分别达到了 11.9%、32.0%、70.4%和 27.1%；部分经济作物收获机械从无到有，年均增长速度非常高。

（六）脱粒机保有量增长缓慢，谷物烘干机械保有量快速上升

2004 年以来，稻麦联合收获机大量使用，机动脱粒机保有量增长缓慢（表 2-3），2004—2014 年年均增长率仅为 1.4%；谷物烘干机械快速发展，2014 年谷物烘干机保有量达到 5.4 万台，年均增长率达到了 20.1 %。

表 2-3　脱粒烘干机械保有量

单位：万台

年份	机动脱粒机	谷物烘干机
2004	910.8	0.8
2005	929.0	0.9
2006	969.4	1.3
2007	982.9	2.2
2008	963.1	2.5
2009	987.9	4.3
2010	1 016.8	3.7
2011	1 001.9	4.2
2012	1 042.3	3.6
2013	1 007.6	4.3
2014	1 048.9	5.4
年均增长率（%）	1.4	20.1

（七）水稻工厂化育秧设备保有量出现波动，温室面积有较大幅度增长

从表 2-4 可以看出，受水稻简易软盘育秧和双膜育秧技术推广的影响，水稻工厂化育秧设备保有量增速回落。近年来，加大了水稻、蔬菜等工厂化育秧设的补贴力度，保有量快速回升，2014 年达到 1.5 万套。同时，蔬菜设施种植快速推进，各种温室建设面积迅速增长，2014 年达到 208 亿米^2。

表 2-4　设施农业设备保有量

单位：万套、米^2

年份	水稻工厂化育秧设备	温室
2004	0.5	662 422.6
2005	0.4	661 090.1
2006	0.3	707 632.6
2007	0.5	707 044.8
2008	0.2	833 273.2
2009	0.4	976 632.0
2010	0.5	1 133 995.6
2011	0.8	1 266 255.9
2012	0.9	1 450 259.4
2013	1.3	1 994 994.3
2014	1.5	2 079 699.5
年均增长率（%）	11.2	12.1

三、农产品初加工机械保有量发展迅速

从表 2-5 可以看出，2004—2014 年，我国农产品初加工机械年均增长率为 6.5%。其中，粮食加工机械保有量所占份额最大，棉花、油料加工机械的保有量较少，其年均增长率也低于粮食加工机械。2004—2014 年农产品初加工动力机械年均增长率为 5.2%左右，2013 年保有量比 2004 年增长 66.6%，其中以电动机为动力的农副产品加工机械所占比重较大，2014 年比重为 78.6 %。

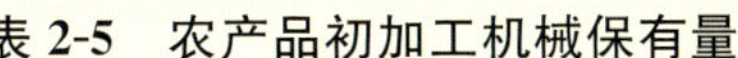

表 2-5　农产品初加工机械保有量

单位：万台

年份	(一) 农副产品加工作业机械	其中：1. 粮食加工机械	2. 棉花加工机械	3. 油料加工机械	(二) 农副产品加工动力机械	其中：1. 柴油机	2. 电动机
2004	744.7	606.6	21.1	57.3	901.3	263.2	625.0
2005	839.6	678.7	22.7	58.7	1 004.1	277.1	713.3
2006	928.8	769.4	25.3	64.8	1 074.1	284.4	768.3
2007	971.3	812.4	24.9	66.9	1 133.6	293.8	820.3
2008	1 089.9	879.4	25.7	66.6	1 215.7	300.4	891.2
2009	1 157.8	926.1	25.5	70.9	1 296.6	316.7	961.5
2010	1 231.2	974.9	25.9	73.7	1 364.3	321.7	1 025.4
2011	1 286.8	1 008.4	25.1	77.4	1 421.7	325.6	1 068.7
2012	1 316.7	1 032.8	25.3	78.8	1 461.7	329.4	1 104.8
2013	1 345.8	1 048.8	24.2	76.81	1 467.5	310.5	1 128.2
2014	1 397.7	1 105.4	24.0	78.5	1 501.1	309.4	1 179.5
年均增长率（%）	6.5	6.2	1.3	3.2	5.2	1.6	6.6

四、畜牧业机械保有量稳步增长

从表 2-6 可以看出，2008—2014 年，畜牧养殖机械保有量年均增长率为 4.5%，2014 年总保有量达到 710.8 万台。其中，畜产品采集加工机械保有量增长速度最快，年均增长率高达 15.8%；其次是畜牧饲养机械，年均增长率为 14.7%。在畜牧业机械中，饲草料加工机械保有量最大，但增长速度最慢，年均增长率为 4.0%，处于稳定增长阶段。

表 2-6　畜牧业机械保有量

单位：万台

年份	畜牧养殖机械	其中 1. 饲草料加工机械	2. 畜牧饲养机械	3. 畜产品采集加工机械
2008	545.3	481.7	22.0	8.6
2009	577.0	507.8	24.7	10.5
2010	607.8	544.0	25.5	11.3
2011	637.7	567.6	29.0	15.3
2012	661.7	573.0	35.7	18.1
2013	686.5	587.8	44.8	20.8
2014	710.8	609.2	50.1	20.8
年均增长率（%）	4.5	4.0	14.7	15.8

 五、林果业机械保有量快速增长

林果业机械指专门用于林业、果业生产的机械，主要包括挖坑机、果树修剪机、植树机、灌溉机、除草机等。2014 年我国林果业机械保有量为 42.7 万台，2004—2014 年年均增长率为 25.9%（图 2-10）。除 2004 年外，其他年份增速均较高。相对于林果业较低的机械化水平，机具保有量仍不足，果园标准化建设滞后，未来有很大的发展空间。

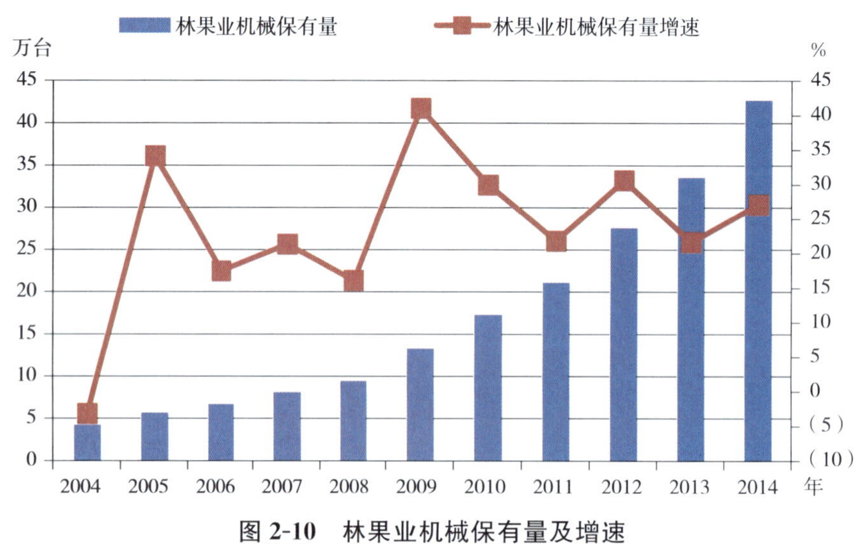

图 2-10 林果业机械保有量及增速

六、渔业机械保有量增速较快

渔业机械主要包括渔用机动船、增氧机、投饵机、网箱养殖设备、水体净化处理设备等机械。2004—2014 年我国渔业机械保有量年均增长率为 15.4%，2014 年保有量达到 403.0 万台，比 2004 年增加了 3.2 倍（图 2-11）。

图 2-11 渔业机械保有量及增速

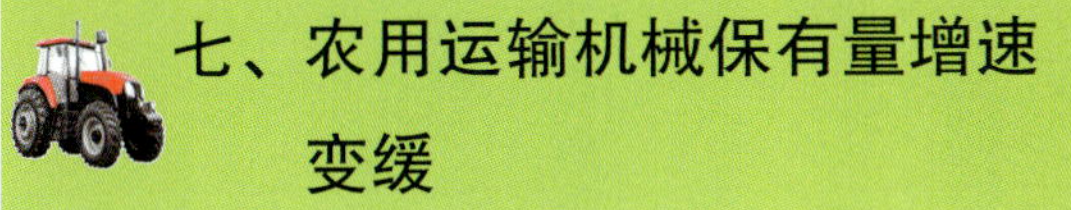

七、农用运输机械保有量增速变缓

农用运输机械主要包括农用运输车、手扶变型运输机和农用挂车。从图 2-12 可以看出，自 2004 年以来，我国农用运输机械保有量较大，2014 年总保有量达到了 1 377.7万台，比 2004 年增加了 23.1%。2004—2014 年农用运输机械保有量年均增长率为 2.1%，年增速呈逐步放缓趋势。

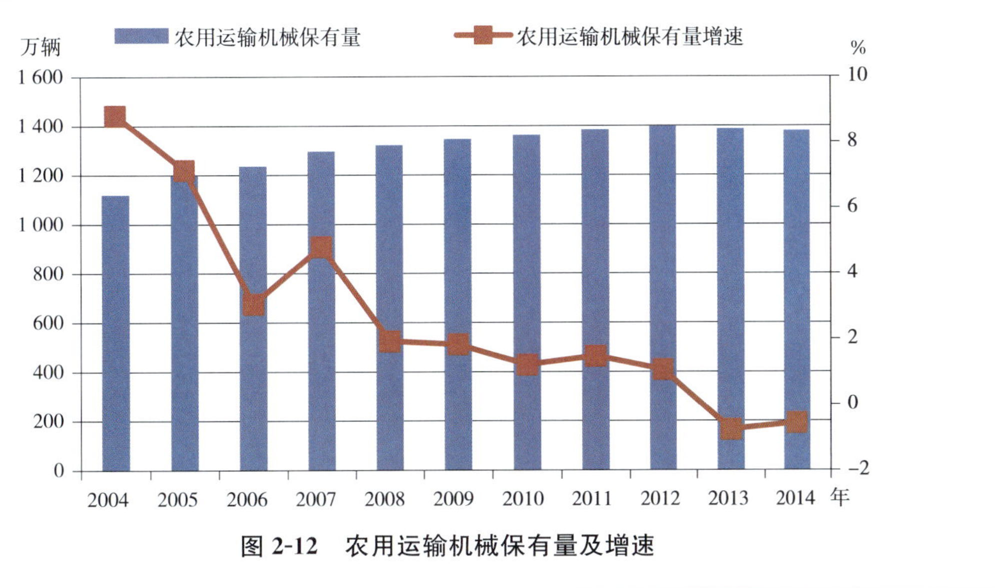

图 2-12　农用运输机械保有量及增速

八、农田基本建设机械保有量平稳增长

农田基本建设机械包括推土机、挖掘机、装载机、平地机、开沟机等。从图2-13可以看出，2004—2014年农田基本建设机械保有量在波动中保持平稳，后期增速逐渐放缓，2014年保有量达到46.3万台，比2004年增长了1.6倍。

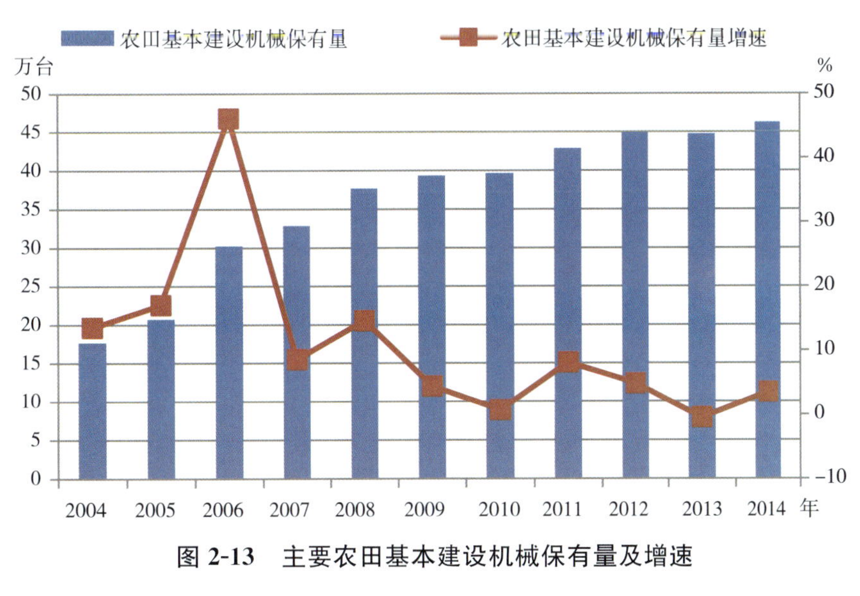

图 2-13　主要农田基本建设机械保有量及增速

第二节　农机作业水平

2014 年，我国农作物耕种收综合机械化水平达到 61.6%，比 2004 年提高了 27.3 个百分点。其中机耕水平 77.5%，比 2004 年提高了 28.6 个百分点；机播水平 50.8%，比 2004 年提高了 22.0 个百分点；机收水平 51.3%，比 2004 年提高了 30.9 个百分点。主要农作物生产机械化水平有较大提高，其中小麦 2013 年耕种收综合机械化水平达到了 93.7%，基本实现了生产过程机械化；水稻与玉米机械化水平均保持了较高的增长速度。2004 年以来，在农机购置补贴政策尤其是重点支持主要粮食作物关键作业环节机具购置背景下，机耕、机播、机收的机械化作业面积增长速度显著加快，年均增长率分别达到 6.3%、6.6% 和 10.6%。机械烘干粮食（20.7%）、机械化免耕播种（9.6%）、机械化节水灌溉（6.1%）、机械化秸秆还田（8.9%）等单项作业也保持了较高的发展速度。

小贴士

农作物耕种收综合机械化水平＝0.4×农作物机耕水平＋0.3×农作物机播水平＋0.3×农作物机收水平。

一、耕整地机械化水平

由表 2-7 可以看出，2004—2014 年机械耕整地水平发展速度显著增加。2014 年机耕面积占实际耕地面积比例为 77.5%，比 2004 年增加了 28.6 个百分点，机械深耕技术推广应用增速较为平稳，年均增长率为 2.9%，机械化秸秆还田面积不断扩大，年均增长率达到 8.9%。

表 2-7　耕整地机械化水平

单位：%，千公顷

年份	机耕面积占实际总耕地面积比例	机耕面积	其中：机械深耕面积	机械化秸秆还田面积
2004	48.9	63 593.1	22 279.9	18 362.3
2005	50.2	65 217.3	22 927.2	19 341.0
2006	55.4	67 596.3	24 670.4	20 769.2
2007	58.9	71 715.3	26 209.1	21 826.1
2008	62.9	91 152.6	26 704.9	22 765.5
2009	66.0	95 719.3	26 922.1	24 927.2
2010	69.6	100 603.9	27 435.3	28 516.9
2011	72.3	106 880.9	28 966.0	31 686.9
2012	74.1	110 284.8	29 966.2	34 913.4
2013	76.0	113 757.8	29 191.3	36 998.3
2014	77.5	117 417.7	29 553.6	43 156.0
年均增长率（%）	4.7	6.3	2.9	8.9

注：2004—2007 年的“机械深耕面积”为“机械深耕深松面积”。

 二、种植机械化水平

从表 2-8 可以看出，2004 年以来种植环节机械化水平发展较快，2014 年较 2004 年提高了 22.0 个百分点，达到了 50.8%。另外，水稻机插秧近年来发展迅猛，2004—2014 年机插秧面积年均增长率已达到 26.3%；机播玉米也增长迅速，2004—2014 年玉米机播面积年均增长率达 9.9%。

表 2-8　种植环节机械化作业水平

单位:%，千公顷

年份	机播面积	机播面积占总播种面积比例	其中：1. 机播水稻	2. 机插水稻	3. 机栽水稻	4. 机播小麦	5. 机播玉米
2004	44 282.0	28.8	391.1	1 095.1	314.0	17 485.7	12 159.2
2005	47 049.5	30.3	405.6	1 353.2	301.7	18 130.0	13 887.0
2006	50 238.8	32.0	435.3	1 894.9	265.1	18 136.0	15 478.4
2007	52 781.3	34.4	474.3	2 508.4	215.8	18 564.4	17 683.6
2008	58 974.2	37.7	503.1	3 234.6	206.9	19 196.6	19 298.8
2009	65 093.1	41.0	520.0	4 161.4	211.4	20 495.3	22 600.5
2010	69 160.9	43.0	447.1	5 427.6	210.4	20 696.0	24 855.8
2011	72 916.9	44.9	570.7	7 166.7	124.3	20 860.7	26 800.5
2012	76 794.1	47.4	549.4	8 919.1	83.9	20 885.9	28 762.0
2013	80 309.5	48.8	494.5	10 262.8	58.5	20 906.9	30 535.1
2014	83 956.3	50.8	537.5	11 323.3	33.7	20 936.3	31 131.9
年均增长率（%）	6.6	5.8	3.2	26.3	−20.0	1.8	9.9

从表 2-9 可以看到，2004—2014 年，免耕播种技术推广面积增加较快，年均增长率为 9.6%，其中免耕播种技术推广面积年均增长率达到 10.8%，精量半精量播种技术和机械铺膜推广应用面积增速较快，2014 年分别达到了41 389.1和9 013.7千公顷，年均增长率分别为 5.6%和 7.7%。而机械化肥深施技术推广应用面积较慢，2014 年仅为 34 159.3千公顷，年均增长率只有 2.0%。

表 2-9　种植环节新机械化技术应用情况

单位：千公顷

年份	1. 精量半精量播种面积	2. 免耕播种面积	其中：免耕覆盖播种面积	3. 机械铺膜面积	4. 机械化肥深施面积
2004	24 118.3	5 375.0	2 634.2	4 276.3	27 903.5
2005	25 197.0	5 827.3	2 712.7	4 635.0	28 507.5
2006	27 541.3	6 559.0	3 313.5	5 126.5	27 825.6
2007	30 141.3	9 204.1	5 641.1	5 088.7	28 434.8
2008	31 165.8	8 956.1	4 599.2	5 485.5	28 207.6
2009	32 720.7	10 187.3	5 092.3	6 357.8	29 178.2
2010	33 895.1	11 152.5	5 687.5	6 535.8	29 961.3
2011	34 322.8	12 572.7	7 078.7	7 397.8	32 594.4
2012	37 624.0	14 118.8	7 058.8	7 984.3	32 203.4
2013	38 852.4	13 413.1	7 364.2	8 041.1	32 565.4
2014	41 389.1	13 421.0	7 349.3	9 013.7	34 159.3
年均增长率（%）	5.6	9.6	10.8	7.7	2.0

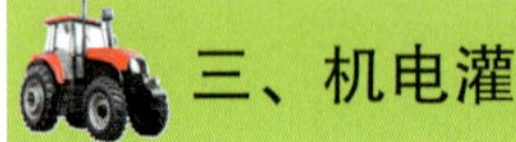

三、机电灌溉水平

从表 2-10 可以看出，2014 年我国机电灌溉面积为53 686.78千公顷，且机电灌溉面积较为稳定，农田机械节水灌溉面积逐年上升。

表 2-10　排灌环节新机械化技术应用情况

单位：千公顷

年份	机电灌溉面积	其中：农田机械节水灌溉面积	年份	机电灌溉面积	其中：农田机械节水灌溉面积
2004	46 216.3	8 662.7	2010	49 358.13	11 665.5
2005	45 793.7	8 422.1	2011	51 808.1	13 352.4
2006	47 366.2	8 681.8	2012	52 295.5	14 792.2
2007	48 887.9	9 976.9	2013	53 164.2	14 200.2
2008	46 602.8	10 081.0	2014	53 686.8	15 618.2
2009	47 820.3	11 164.1	年均增长率（%）	1.5	6.1

四、机械植保作业水平

从图 2-14 可以看出，2014 年我国机械植保作业面积为65 655.5千公顷，2004—2014 年年均增长率为 5.1%，但年增速总体呈放缓趋势。农用飞机作业面积增长也较为稳定（图 2-15），年均增长率为 5.5%，但占比仍不高，2014 年仅占机械植保作业面积的 3.4 %。

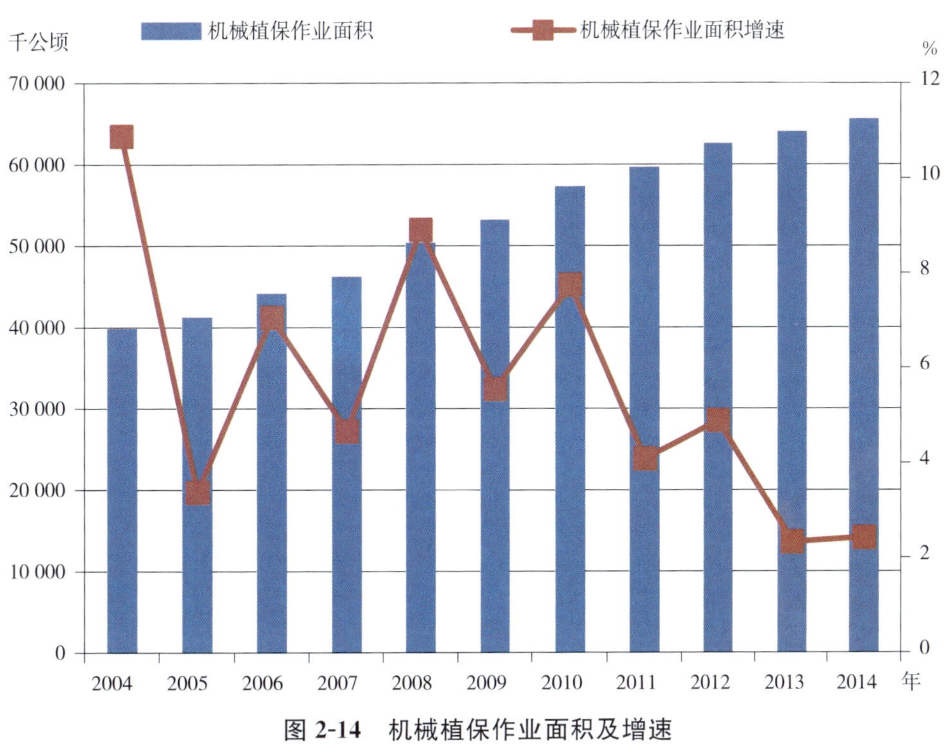

图 2-14　机械植保作业面积及增速

图 2-15　农用飞机作业面积及增速

五、机械收获作业水平

从表 2-11 可以看到，2014 年全国机械收获面积占总种植面积比例为 51.3%，水稻、玉米和油菜等主要粮食作物和经济作物的机械化收获面积增幅较大，2004—2014 年 3 种作物机械化收获面积年均增长率分别达到 12.5%、41.9%和 17.0%。

表 2-11　收获环节机械化水平

单位:%，千公顷

年份	机械收获面积	机收面积占总收获面积比例	其中：1. 机收小麦	2. 机收水稻	3. 机收玉米	4. 机械收获大豆面积	5. 机械收获油菜面积
2004	30 450.3	20.4	16 480.5	7 758.0	636.9	3 047.9	392.1
2005	34 141.1	22.6	17 353.1	9 663.2	821.8	3 458.7	362.9
2006	38 529.8	25.1	17 983.3	11 365.4	1 248.0	3 684.3	356.5
2007	42 223.6	28.6	18 841.1	13 361.4	2 113.7	3 890.0	360.6
2008	47 484.0	31.2	19 800.4	14 961.1	3 168.5	4 447.8	459.7
2009	53 408.6	34.7	20 907.7	16 794.9	5 273.2	5 301.1	643.4
2010	59 846.7	38.4	21 456.0	19 266.8	8 379.5	5 328.5	764.3
2011	66 006.4	41.4	22 098.3	20 834.8	11 267.6	4 700.3	978.4
2012	71 168.9	44.4	22 034.2	22 222.8	14 844.2	3 921.4	1 240.5
2013	77 416.0	48.2	22 099.3	23 952.2	182 933.3	3 709.9	1 490.0
2014	83 296.9	51.3	22 458.2	25 172.7	21 049.9	3 996.7	1 885.5
年均增长率（%）	10.6	9.7	3.1	12.5	41.9	2.8	17.0

六、烘干及初加工机械化水平

2004—2014 年机械烘干粮食数量增长不稳定，2011 年开始实现了快速增长，到 2014 年，机械烘干粮食达到了8 935.7万吨，比 2004 年增长了 5.6 倍，年均增长率达 20.7%。但是目前我国粮食干燥主要依靠人工自然晾晒。2004 年以来，主要农产品如粮食、棉花、油料的初加工基本实现了机械化，但是果蔬、畜禽水产品的初加工水平仍不高。

第三节　主要粮食作物生产机械化

一、水稻生产机械化

水稻是我国的第一大粮食作物，在主要粮食作物中，水稻生长发育环境和技术措施复杂、耕作栽培制度细、生产环节多、用工量大，在农机购置补贴和市场需求作用下，近年来，我国水稻生产机械化水平依然发展迅速。从图 2-16 可以看出，2008—2014 年水稻综合机械化水平由 2008 年的 51.2%增长到了 2014 年的 76.5%。机耕水平由 2008 年的 79.2%增长到了 2014 年的 98.1%，耕整地环节机械化问题已基本解决。机械化难度较大的栽植和收获环节也取得了重大突破，栽植机械化水平由 2008 年的 13.7%增长到了 2014 年的 39.6%，远高于 2004 年仅 6.3%的水平。机收水平由 2008 年的 51.2%增长到了 2014 年的 84.6%，远高于 2004 年 27.3%的水平。因此，下一步需要加快推进水稻栽植机械化，推广稻谷干燥设施装备，提高水稻全程机械化水平和质量。

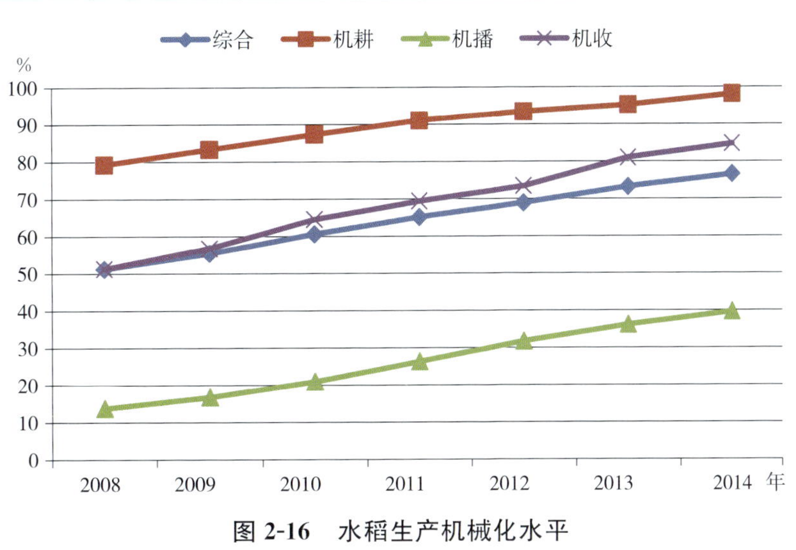

图 2-16　水稻生产机械化水平

二、玉米生产机械化

玉米既是城乡居民重要口粮，又是重要的饲料和工业原料，玉米秸秆是重要的饲料资源，在粮食生产中占有举足轻重的地位。我国玉米生产机械化从 2006 年开始步入快速发展阶段，机械化作业服务组织迅速发展，玉米耕整地、种植和田间管理等机械化已基本解决，收获机械化取得了重大突破，目前发展态势良好。

从图 2-17 可以看出，2008—2014 年我国玉米耕种收机械化水平发展迅速，机收水平发展尤为迅猛。综合机械化水平由 2008 年的 51.8%增长到了 2014 年的 81.4%；机耕水平由 2008 年的 73.0%增长到了 2014 年的 97.4%；机播水平由 2008 年的 64.6%增长到了 2014 年的 83.6%；机收水平由 2008 年的 10.6%增长到了 2014 年的 57.8%，而 2005 的机收水平仅为 3.1%。

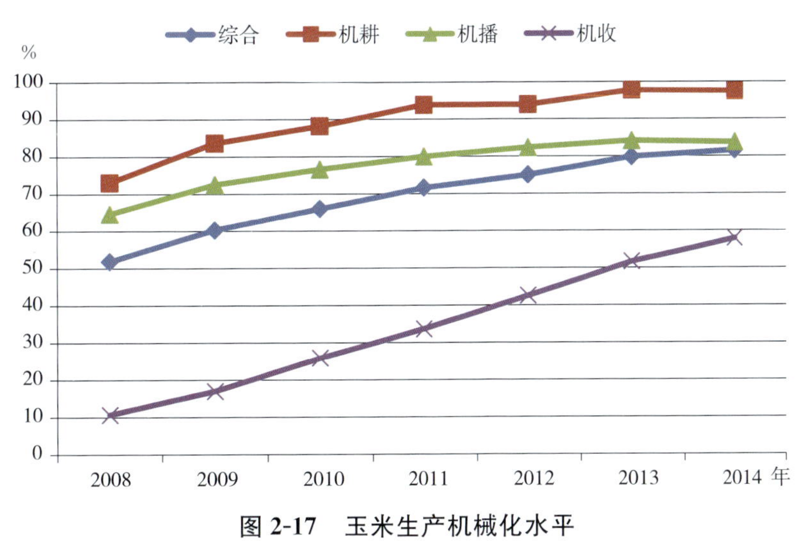

图 2-17　玉米生产机械化水平

三、小麦生产机械化

小麦机械化在粮食生产中发展速度最快、水平最高，目前已经基本实现机械化，关键环节装备成熟可靠，能够满足小麦生产机械化需要；机械化技术路线清晰，农机与农艺结合紧密，技术普及程度很高；农机作业服务市场化、社会化和产业化特征明显。

从图 2-18 可以看出，2008—2013 年我国小麦耕种收机械化水在高水平基础上继续保持快速发展态势。综合机械化水平由 2008 年的 86.5％增长到了 2013 年的 93.7％；机耕水平由 2008 年的 92.5％增长到了 2013 年的 98.9％；机播水平由 2008 年的 81.3％增长到了 2013 年的 86.7％；机收水平由 2008 年的 83.8％增长到了 2013 年的 93.8％。

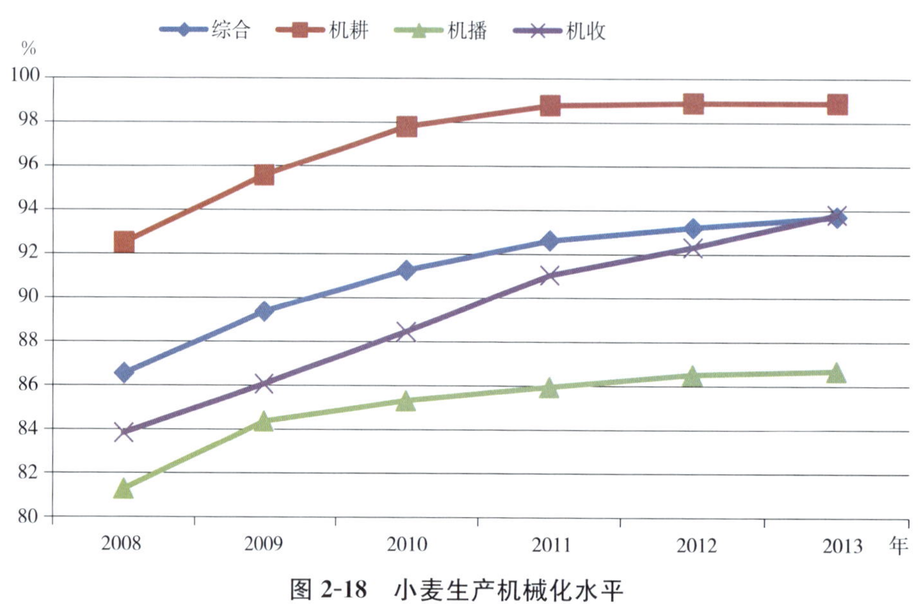

图 2-18 小麦生产机械化水平

四、大豆生产机械化

2008—2014 年，我国大豆生产机械化发展较为缓慢，部分年份甚至出现了负增长。从图 2-19 可以看出，大豆机械化呈波浪式趋势，综合机械化水平由 2008 年的 60.9％增长到了 2014 年的 65.4％；机耕水平由 2008 年的 67.2％增长到了 2014 年的 70.0％；机播水平由 2008 年的 64.5％缓慢增长到了 2014 年的 64.8％；机收水平由 2008 年的 48.7％增长到了 2014 年的 59.9％。其中，主产省黑龙江大豆机械化程度较高，耕整地、精密播种、深施肥、中耕除草和植保等机械化节本增效技术大面积应用，已基本实现全程机械化。大豆其他产区生产种植规模小，收获机械化水平还较低。

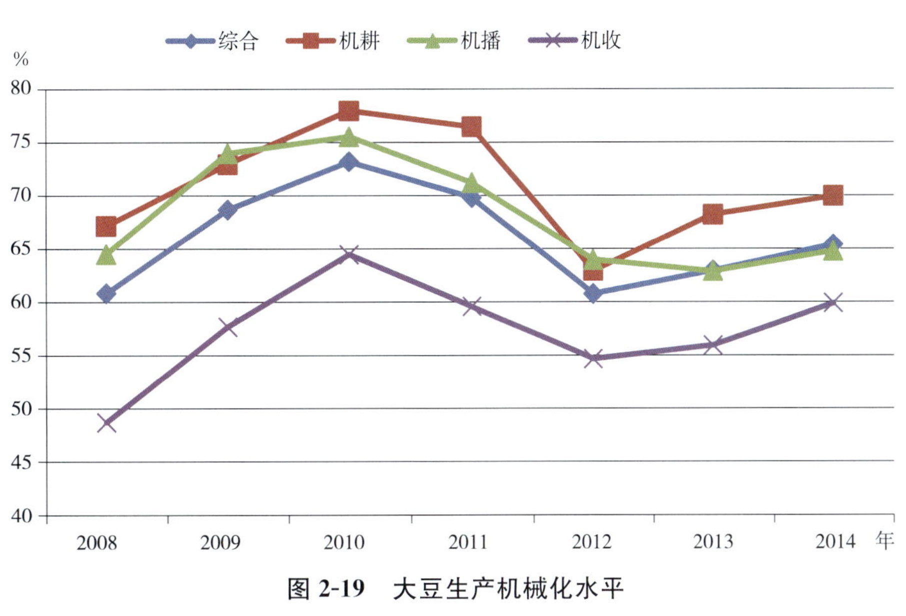

图 2-19　大豆生产机械化水平

五、马铃薯生产机械化

2008—2014 年，我国马铃薯生产机械化取得了一定发展，但总体水平偏低。从图 2-20 可以看出，我国马铃薯生产机械化呈稳步增长趋势，综合机械化水平由 2008 年的 20.9%增长到了 2014 年的 37.8%；机耕水平由 2008 年的 36.7%增长到了 2014 年的 59.5%；机播水平由 2008 年的 10.7%增长到了 2014 年的 23.7%；机收水平由 2008 年的 10.0%增长到了 2013 年的 22.9%。

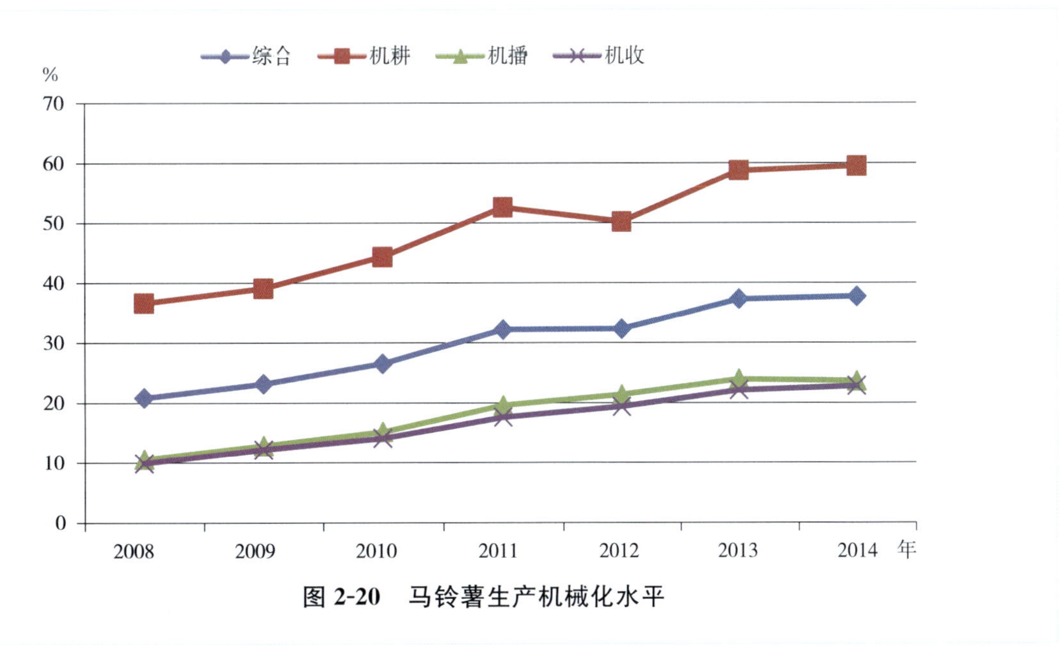

图 2-20　马铃薯生产机械化水平

第四节　主要经济作物生产机械化

一、油菜生产机械化

油菜是我国种植面积最大的油料作物，国产食用植物油中，约一半来自于油菜籽。油菜也是蛋白质作物、饲料作物、能源作物和蜜源作物，综合利用效益好。长期以来，我国油菜生产沿袭传统人工生产作业方式，机械化作业水平很低。

从图 2-21 可以看出，我国油菜机械化2008—2014 年取得了一定发展，但总体水平仍然偏低。其中，综合机械化水平由 2008 年的 23.0%增长到了 2014 年的 43.1%；机耕水平由 2008 年的 45.0%增长到了 2014 年的74.2%；机播水平由 2008 年的 9.7%增长到了 2014 年的 19.5%；机收水平由 2008 年的7.0%增长到了 2014 年的 25.3%。

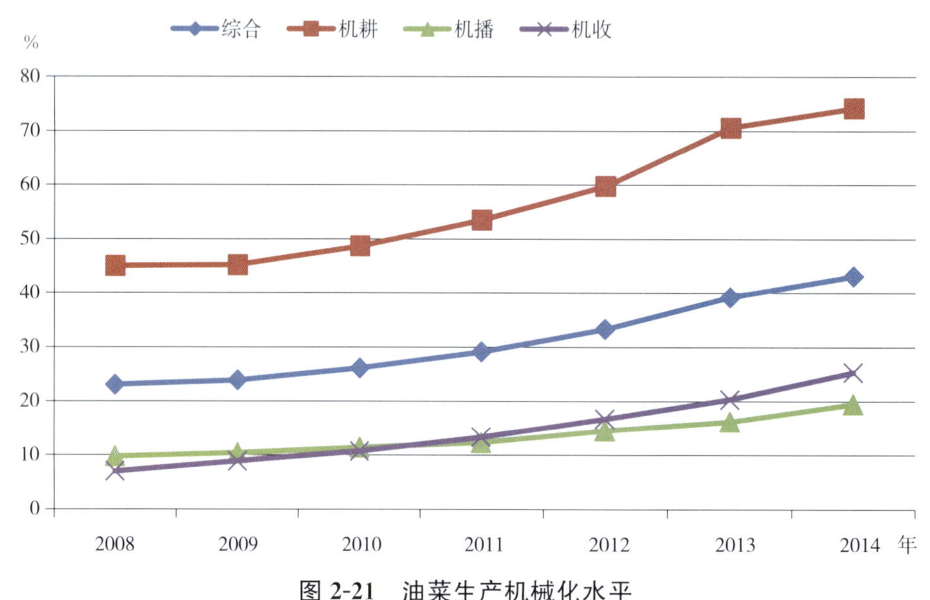

图 2-21　油菜生产机械化水平

二、花生生产机械化

花生是重要的油料作物和优质蛋白质资源，目前我国花生机械化还处于发展初期，与小麦、水稻等主要粮食作物机械化水平相比还存在较大差距。从图 2-22 可以看出，花生生产综合机械化水平由 2008 年的 35.8%增长到了 2014 年的 50.0%；机耕水平由2008 年的 54.0%增长到了 2014 年的 71.9%；机播水平由 2008 年的 29.3%增长到了 2014年的 40.7%；机收水平由 2008 年的 18.1%增长到了 2014 年的 30.0%。

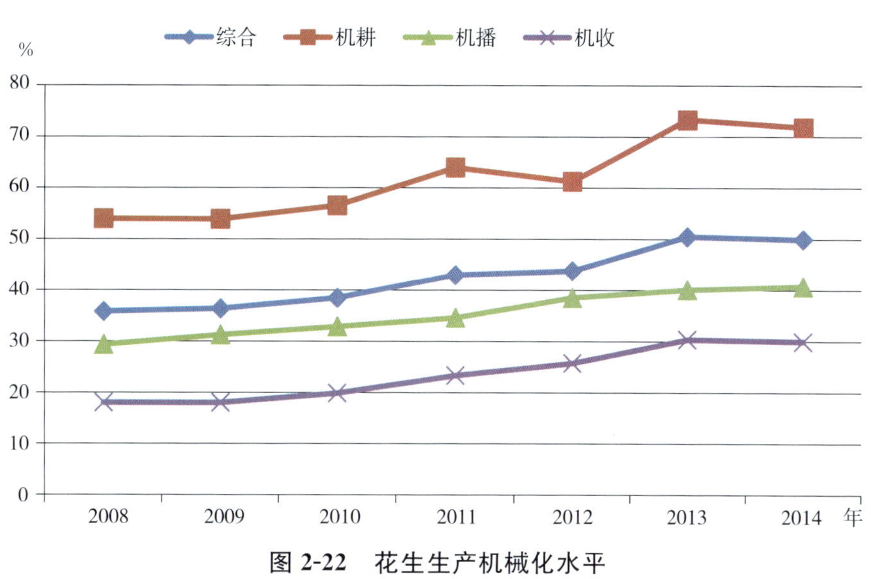

图 2-22　花生生产机械化水平

三、棉花生产机械化

棉花是重要的经济作物，我国有着悠久的植棉历史，植棉地域广阔，除了黄河流域和长江流域棉区外，还有西北新疆棉区，而且后者已成为全国最大且最具活力的棉区。从图 2-23 可以看出，我国棉花生产机械化 2008—2013 年发展较为迅速，但是机械化收获仍然是薄弱环节。其中，综合机械化水平由 2008 年的 43.1%增长到了 2013 年的 61.1%；机耕水平由 2008 年的 69.1%增长到了 2013 年的 94.9%；机播水平由 2008 年的 49.9%增长到了 2013 年的 65.6%；机收水平由 2008 年的 1.8%增长到了 2013 年的 11.5%。

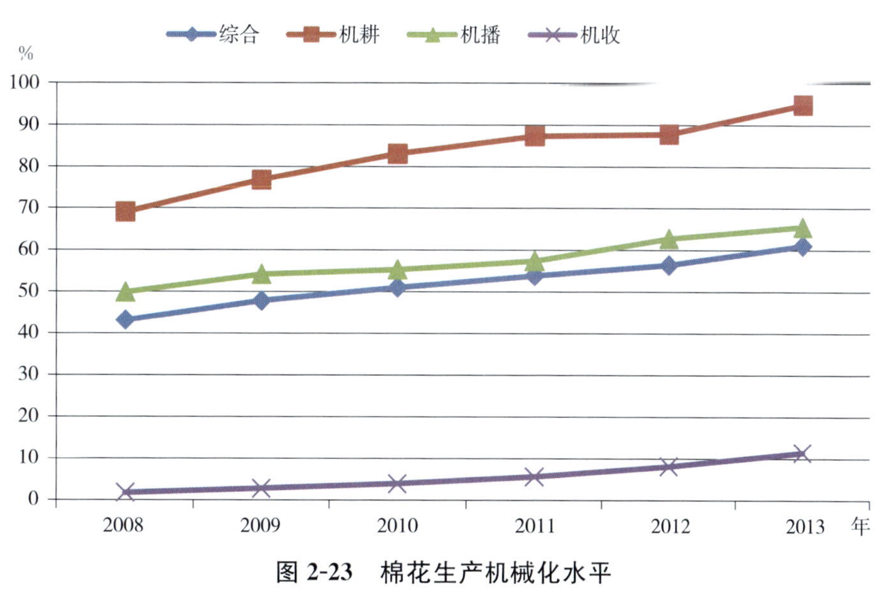

图 2-23　棉花生产机械化水平

四、甘蔗生产机械化

我国是世界产糖大国，甘蔗是制糖工业主要原料，蔗糖产量占总产糖量的 90.0%以上。甘蔗种植区域主要分布在广西、云南、广东、海南等省份，其中广西中南、云南西南、广东西部为“双高”甘蔗优势产区。2004 年以来，甘蔗生产机械化水平较低，2011 年耕种收综合机械化水平约 30.0%左右，仅农垦种植区基本实现了全程机械化。目前，甘蔗生产的耕整地和运输基本实现机械化，中耕施肥等田间管理取得较大进展，播种、破垄平茬和碎叶还田等具备部分较成熟的机型。甘蔗收获取得部分突破，但多数为人工作业，机收水平大约只有 0.1%，成为制约甘蔗生产发展的重要“瓶颈”。

第五节　养殖业及林果业机械化

一、畜牧业生产机械化

畜牧业是人类获得动物性食物的主要来源。畜牧业机械化能够减轻劳动强度，提高劳动生产率，保证畜产品的产量和质量，是推动规模化和产业化发展，实现畜牧业现代化的基础和保障。2004 年以来，我国畜牧业生产机械化也取得了较大进步。在牧草收获及加工机械化方面，我国示范推广了旋转式割草机、侧向搂草机、捡拾压捆机及捡拾集垛机等牧草收获机械，初步形成了散草、方捆、圆捆、压垛、二次加压打包等作业机械系统，机械化收割牧草年均增长率达到了 9.6%。在饲料加工机械化方面，我国重点发展多种微量成分精确配合的浓缩饲料，饲料工艺技术设备重点为配合饲料、熟化饲料加工。在畜禽饲养机械化方面，机械化养鸡发展较快，其饲料加工、喂饲、饮水、清粪、集蛋、孵化、育雏等已经全部或部分实现机械化，机械化养猪与养鸡相比发展较缓慢，养羊机械化则主要集中在剪毛机械化。

二、渔业生产机械化

发展渔业是开拓新的农业资源、增加食物总量的重要措施。渔业生产机械化可以显著提高渔业生产效率和效益。渔业机械主要包括渔用机动船、增氧机、投饵机、网箱养殖设备、水体净化处理设备等。近年来，我国渔业装备研发制造发展迅速，促进了渔业生产机械化快速发展。其中，增氧机保有量从 2008 年的 124.2 万台增长到了 2014 年的 278.1 万台，增加了 1.2 倍；投饵机从 2008 年的 28.7 万台增长到了 2014 年的 92.5 万台，增加了 2.2 倍。另外，我国深水网箱设施研发应用进步较快，深水网箱的设计、制作工艺技术和产业化技术得到优化和熟化，网箱的抗风浪能力、抗流能力，以及单位产量均获得显著提高，拓展了养殖海域，推进了深水网箱集约化养殖水平。

三、林果业生产机械化

林业生产机械化包括营林生产机械化和采伐运输机械化等内容。其中，营林生产机械化是指林木种子采集处理、苗木培育、造林、森林抚育和护林防火等生产过程的机械化。采伐运输机械化是指森林采伐、木材运输和储木场作业生产过程的机械化。林业生产多在偏远山区和人烟稀少的地区进行，劳动强度大，生产条件差。近年来，我国林业生产机械化发展迅速，尤其是高密度苗木移植装备技术应用取得突破，大幅降低了劳动强度，节约了人工成本。

我国是世界第一水果生产大国，素有“世界果园”之称。世界上常见的果树有27种，我国栽培23种。我国产量最多的是苹果、柑橘、梨、桃、香蕉和葡萄。按果园内作业性质果园机械可分为果园拖拉机、果树栽植机械、树苗起掘机械、果园管理机械（株间、树盘中耕、果树行间割草机、喷药机械、防霜冻机械、果树整形修剪机械）、灌溉机械、果品收获机械、果品分级包装机械等。近年来，我国果业生产机械化取得了较快进展，例如，果树修剪机的保有量就从2008年的1.9万台增加到了2014年的18.9万台，增加了8.8倍。但是，果业生产机械化水平还不高，果园的建园作业诸如开沟、挖穴、起苗和植保作业等机械化程度较高，而挂果期和盛果期作业的施肥、树盘中耕（含松土、除草）以及防霜冻、摘果等机械化水平很低。

第六节　设施农业机械化

近年来，设施农业的产业规模、产业化水平和技术创新水平等不断提升，适用于温室大棚的专用小型农机具、智能化生产管理控制设备、新型水肥一体化设备等关键装备广泛应用，为集约化、高效化的生产经营创造了条件。

一、设施农业发展

设施栽培面积持续增长，以塑料大棚、日光温室和连栋温室为主体的设施面积逐年增加，2013年达到199.5万公顷，其中日光温室面积65.9万米^2，塑料大棚124.8万米^2，连栋温室5.7万米^2。设施栽培作物门类集中为蔬菜、果树和花卉，中药材等其他类型经济作物占比较低。据农业部2014年抽样调研，蔬菜、果树和花卉所占比例分别为94.0%、3.5%和2.5%。近年来，农业多种功能得到拓展，设施农业种植园区的休闲观光采摘日益兴旺，果树栽培面积迅速扩大。设施蔬菜产量逐年增加，从2004年的5.5亿吨增长到2013年的7.4亿吨，增长了34.0%，有效缓解了市场供需矛盾，平抑了淡季蔬菜价格。

二、设施农业机械化水平

我国连栋温室、日光温室、塑料大棚、

中小拱棚、网室、食用菌棚等设施类型得到功能拓展，在环境调控能力、防灾减灾能力方面的技术进步尤为明显。连栋温室全面实现了环境要素在一定范围内的全面调控，日光温室和塑料大棚则在温控、通风、除湿等关键环境要素方面取得显著提高。设施装备技术逐步完整，工厂化育苗装备、温室设计与建造技术、新能源利用技术和装备、内部物流输送装备、产后商品化处理装备和物联网技术等技术装备广泛应用。设施农业机械化水平持续提高，依据农业部《设施农业（园艺）机械化水平评价指标体系（试行）》估算，2013 年我国设施农业机械化水平约为 28.0%，华南区域、长江中下游区域、黄土高原及青藏高原区域、云贵高原区域、黄淮海与环渤海及以北区域的设施农业机械化水平分别为 22.5%、21.5%、29.2%、9.9% 和 17.7%，如图 2-24 所示。

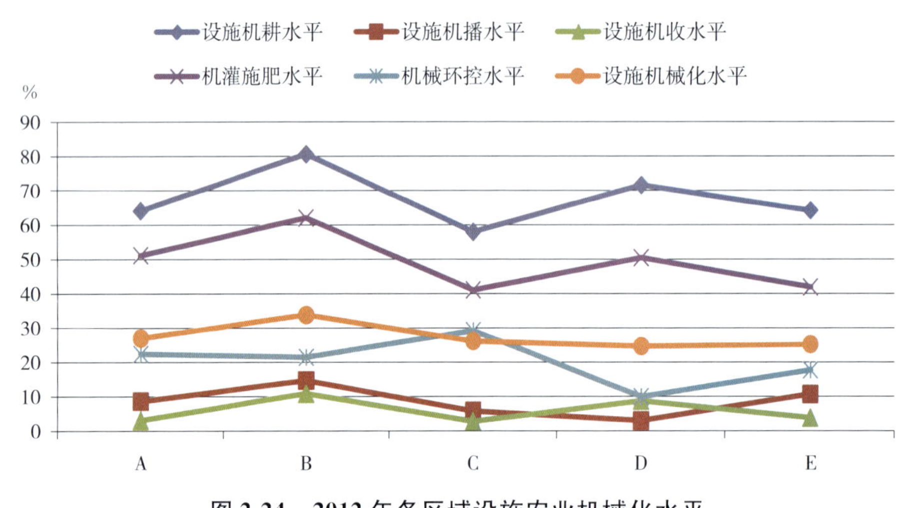

图 2-24　2012 年各区域设施农业机械化水平

注：A 华南区域　B 长江中下游区域　C 黄土高原及青藏高原区域　D 云贵高原区域　E 黄淮海与环渤海及以北区域

三、设施农业装备制造业发展

设施农业装备制造产业迅速壮大，在温室建造与设计、新材料和新装备方面持续推出新成果，形成了以温室大棚建造企业为龙头，以材料和设备制造企业为主体的良好格局。到 2013 年，全国各类温室建造企业达 1 200 家以上，材料设备企业 2 000 家以上，规模以上企业数量占比超过 30.0%。

本章统稿人：曹光乔

本章编写人：曹光乔、张萌、张跃峰

第三章　农机制造业的发展

2004—2014 年是中国农机制造业发展速度最快、质量最好的时期。10 多年来，随着农村劳动力转移、农业机械市场需求火爆，同时，国家出台一系列利好政策，刺激了农民购机积极性，农机制造业抓住机遇，依靠资本投入、生产要素改善和技术进步等要素的驱动，产品开发与制造能力、质量保证能力、综合服务能力显著增强，实现了产品上档次、经营上规模、管理上水平、效益上台阶的历史性跨越，在世界农机制造业格局中的地位进一步提升。

第一节　农机制造业 10 年发展成效

一、各项总量指标快速增长

10 年间，我国农机制造业各项总量指标均实现了快速增长。2004 年规模以上企业为 1 617家，尽管在 2010 年统计口径发生了改变，低速车不再纳入农机行业统计范畴，造成规模企业大幅减少，但到 2014 年，仍达到了2 207家，年平均增长率为 4.2%。2004 年规模以上企业完成主营业务收入1 530.1亿元，2014 年达到3 952.28亿元，年均增长速度高达 16.0%，保持了两位数的平均发展水平。2004 年实现利润 19.6 亿元，2014 年达到 228.1 亿元，年平均增长速度 25.8%。10 年来，我国大中型拖拉机产量增长了 4 倍，收获机械年产量增长了 4.8 倍。

各项数据表明，2004年以来的10年，是中国农机制造业快速发展的黄金时期(图3-1)。

二、产品结构调整步伐加快

2004 年以来，中央持续利好的“三农”

政策，有力地促进了农机制造业发展，大中型拖拉机、联合收割机、插秧机、播种机、谷物烘干机等主要农机产品产量快速增长，技术进步进一步加快，推进了农机产品结构调整的步伐。以拖拉机为例，2004 年，骨干企业拖拉机总产量 181.6 万台，其中，大中拖 10.1 万台，占比 5.5%；到 2014 年，骨干企业拖拉机总产量 94.8 万台，其中，大中拖 29.7 万台，占比提高到 31.3%。在 10 年中，骨干企业大中拖的年平均增长速度达到 11.4%，而小拖则由 2004 年的 171.6 万台下降到 2014 年的 65.1 万台，年平均下降幅度为 6.1%（图 3-2）。

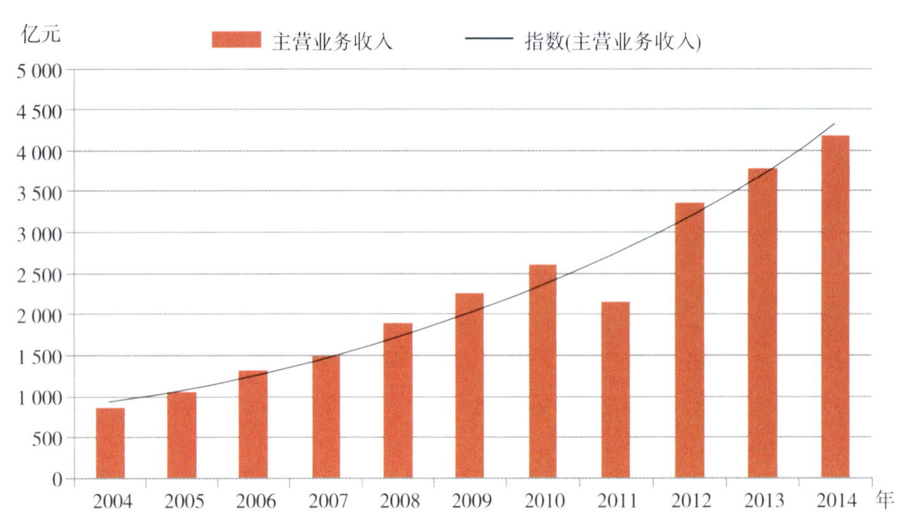

图 3-1　2004—2014 年规模以上企业主营业务收入走势

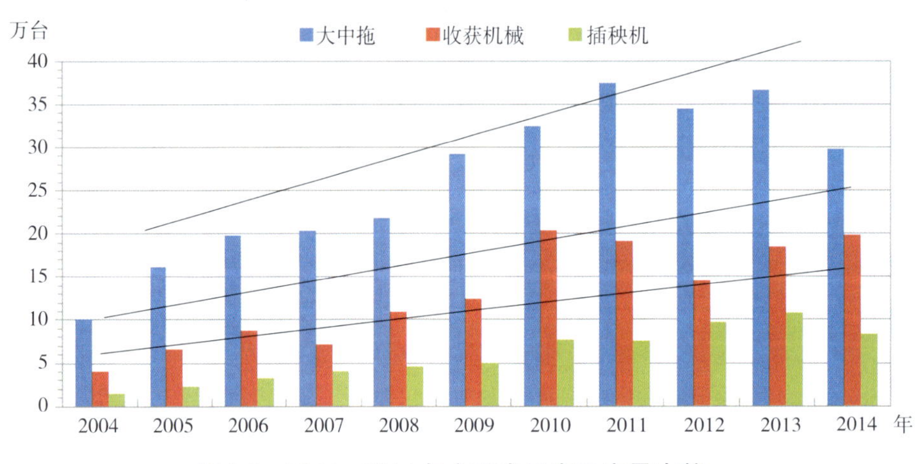

图 3-2　2004—2014 年主要农机产品产量走势

 三、创新开发体系全面加强

以企业为主体，以大专院校和科研机构为重要力量的产学研相结合的农机创新开发体系基本形成并不断加强，研发团队的整体素质和研发成果的水平显著提升。

（一）企业技术中心逐步成为新产品开发

主体

到2014年，我国农业机械制造业中有近20家大中型企业建立了技术开发中心，200家中型企业设立了技术开发中心。其中，中国一拖集团公司、福田雷沃国际重工股份有限公司、山东时风（集团）有限责任公司、常州东风农机集团有限公司、江苏常发农业装备股份有限公司等设有国家级技术中心，河南豪丰机械制造有限公司建成国家级博士后科研工作站。这些研发机构已经具有一定的独立的开发能力，成为新产品技术开发的主力军。

（二）科研院所、大专院校成为共性和基础性研究的重要力量

科研院所、大专院校在行业共性、基础性研究，以及新产品开发方面发挥了重要作用。2000年，科研机构体制和机制调整和改革后，部分国家级和省级研究院所被保留，10年间，这些科研体系获得了进一步发展。目前，国家级的科研院所有：中国农业机械化科学研究院、农业部南京农业机械化研究所、中国农业工程研究设计院等，省（自治区、直辖市）级农机研究院所有21个。设有农业机械设计与制造相关专业的院校有：中国农业大学、吉林大学、江苏大学、合肥工业大学、山东理工大学、内蒙古农业大学等。经过10多年的发展，这些研究院所院校的科研条件和教学力量进一步加强，在农业机械前沿技术、基础理论、共性技术，以及人才培养方面，为农机制造业的快速发展提供了保障。

四、农机制造业结构进一步完善

10年间，我国农机制造业持续加大技术改造投入，配套零部件、关键材料和基础工艺的质量水平大幅提高，研发体系和制造体系逐步完善，企业自主创新、兼并重组和产品更新换代步伐加快，产业结构优化升级，农机制造业核心竞争力全面提升。

（一）规模以上企业生产能力增强

目前，我国农机制造企业约有8 000多家，其中包括了主机厂和协作配套件生产厂，形成了门类比较齐全、具有一定规模、制造能力和水平较高的农机制造产业链。经过10多年的发展，农机制造业产业链进一步完善。2014年规模以上企业2 207家，仅占农机企业总量27.6%，主营业务收入占全行业大约在80%以上，成为农机制造业的主体和骨干（表3-1）。

表3-1 2014年我国农机制造业规模以上企业主要指标

序号	指标名称	单位	经济指标
1	企业数	个	2 207
2	主营业务收入	亿元	3 952.3
4	资产总计	亿元	2 398.1
5	利润总额	亿元	228.1
6	固定资产投资	亿元	1 288.0

数据来源：国家统计局（数据不含柴油机和水泵）。

（二）大型企业脱颖而出，引领行业发展

我国以中小型企业为主体的农机制造企业，在“十一五”、“十二五”期间，得到国家在技术改造方面的重点扶持，产业组织结构不断优化，一批具有自主创新能力，综合实力强的大型企业的地位和作用逐渐显现，并引领行业的发展。经过10多年的培育和发

展，逐步形成了山东时风（集团）有限责任公司、福田雷沃国际重工股份有限公司、中国一拖集团有限公司、山东五征集团有限公司、江苏常发农业装备股份有限公司、中国农业机械化科学研究院等一批国内知名的大型企业集团，成为农机制造业发展的中坚力量，带动行业发展（表 3-2）。

表 3-2　中国农机制造业部分大型企业情况

单位：亿元，%

序号	企业名称	主营业务	主营业务收入	占百强比重
1	山东时风（集团）有限责任公司	拖拉机、低速载重车	282.2	19.4
2	福田雷沃国际重工股份有限公司	拖拉机、收获机械	149.1	10.3
3	中国一拖集团有限公司	拖拉机	148.8	10.2
4	山东五征集团有限公司	拖拉机、低速载重车	139.9	9.6
5	江苏常发农业装备股份有限公司	拖拉机	81.8	5.6
6	中国农业机械化科学研究院	科技型企业	42.1	2.9
	小计		844.0	58.1

数据来源：中国农业机械工业协会《2013 年度百强企业发展报告》。

（三）产业集群效应凸显，地域特色明显

我国地域辽阔，土地资源类型多种多样，形成了各具特色的农业种植区域。为满足区域农业机械化发展的需求，各地因地制宜，制定了农业机械化发展规划，形成了具有明显地域特色的农机制造业体系。例如，重庆市微耕机产业集群，浙江省台州市植保与清洗机械产业集群，湖南省双峰县谷物加工机械产业集群，湖北省安陆市粮油加工机械产业集群等。另外，甘肃省种子加工机械、河北省玉米收获机械、内蒙古海拉尔牧草机械、黑龙江省佳木斯小麦收获机械等，均具有相当的规模和水平。

在农机制造业的区域分布中，山东、江苏、河南、浙江 4 省成为农机制造业强省。根据《2013 年度农机制造业百强企业发展报告》的数据，100 强企业共分布在 22 个省（自治区、直辖市）。其中，山东省数量最多，有 22 个企业入选，浙江省 15 个入选，江苏省入选 14 家，河南省 11 家企业上榜。以上 4 个省入选企业共 62 家，接近百强企业的三成。4 省地位优势独特，政策支持力度较大，民间资本和外资投入活跃，产业基础雄厚，配套能力强，产业链愈加完整，集群效应得到发挥，在我国农机制造业中占有主导地位（表 3-3）。

表 3-3　我国农机制造业强省指标分析

单位：个，%，亿元

序号	地区分布	企业数		营业收入		完成利润	
		数量	占比	绝对值	占比	绝对值	占比
1	山东省	22	1.0	666.1	45.8	28.8	37.5
2	江苏省	14	0.6	247.3	17.0	19.5	25.4
3	河南省	11	0.5	204.6	14.1	10.1	13.2
4	浙江省	15	0.7	83.6	5.7	6.0	7.8
	4 省合计	62	2.8	1201.6	82.6	141.4	83.9

数据来源：中国农业机械工业协会。

五、农机产品结构进一步完善

我国农机制造业产品结构得到完善，形成了基本适应我国农业生产需要的产品体系，包括：种植业、畜牧业机械，农产品加工业、林业、渔业机械，农业运输机械，以及可再生能源装备等共 7 个门类，共包含了 65 大类、337 个中类、1 374个小类。

种植业机械是我国农机制造业发展的重点。在种植业机械产品门类中，我国现在能生产 14 个大类，113 个中类，468 个小类，3 500多种产品。主要产品类别有：农用拖拉机、耕整地机械、播种栽植机械、秧苗栽插机械、秧苗准备机械、中耕机械、植物保护机械、收获机械、场上作业机械、谷物烘干机械、农田基本建设机械、排灌机械等（表 3-4）。

表 3-4　我国农机产品分类情况

序号	产品门类	大类数	中类数	小类数
1	种植业机械	14	113	468
2	畜牧业机械	7	45	164
3	渔业机械	5	20	103
4	林业机械	14	34	104
5	农产品加工机械	16	108	495
6	农业运输机械	5	8	27
7	可再生能源利用机械	4	9	13
合计	—	65	337	1 374

数据来源：中国农业机械工业协会。

六、中国在世界农机制造业中的地位

经过 10 多的发展，我国农机制造业的规模和水平在世界上占有重要地位。主要表现在：一是农机制造业体系得到进一步发展完善。二是主要总量指标已经位于世界前列。

从企业数量分析，据 2014 年统计，我国农机制造企业总共约有8 000多家，其中规模以上企业2 207家，能生产14大类、95小类、约3 000多个农业机械品种，除特大型、高端技术产品之外，我国农业生产中需要的农业机械已经实现自己研发生产。

从主要总量指标看，2014年我国农机制造业规模以上企业的主营业务收入（不含柴油机和水泵行业）已经达到4 180.6亿元人民币，按当时的外汇兑换比率，相当于683.2亿美元，高于欧盟和美国。

从主要产品来看，我国拖拉机和收获机械的产量远超其他国家。2014年大中型拖拉机的产量29.7万台，高于美国、德国、日本等国家，约占国际总产量的20%。另外，每年还产销100多万台的小型拖拉机，是日本的近10倍，欧美国家已不生产此类产品。我国年生产自走式联合收获机约18万多台左右，欧美国家只有2.5万台左右，日本3万多台，联合收获机产量居世界首位。

第二节 农机零部件总体工艺水平提升，供求机制市场化

2004年以来，农机零部件制造业在主机厂需求的拉动下，产品升级换代步伐加快，制造工艺水平明显提升，企业质量管理体系逐步完善，保持了良好的发展势头。同时，由于各类农业机械保有量持续增长，刺激了售后服务市场的需求，零部件制造业一跃成为农机制造业新的增长引擎。

一、协作及配套体系进一步完善

在计划经济时期，我国就建立了以国有企业为主体的农机零部件制造体系。但在这一时期，主机与零部件企业是整体与部分的关系。20世纪90年代开始，绝大部分农机制造企业改制为民营企业，为数不多的部分国有企业进行了股份制改造，加之这一时期也是外资企业进入的初级阶段，我国农机制造业得以重新洗牌，主机企业、零部件企业分别成为独立的法人实体，新一轮的农机协作配套体系开始形成。这一时期，各主机企业开始重新构建零部件供应系统，在市场经济条件下，农机制造业新的外购、协作和配套供应体系初见雏形。

2004年以来，在农机制造业高速发展的带动下，主机企业在20世纪90年代改制中围绕产品开发建立的外购、协作和配套供应体系进一步完善，农机零整关系的二元性得到加强和巩固，主要特征表现在：由整机企业控制的单一和垄断的主从关系被彻底打破，逐渐向竞争和协作的方向发展。另外，外资整机企业在这一时期进一步布局中国，一部分外资品牌零部件企业开始在中国国内制造和销售，带动并提升了国内零部件企业的国际竞争力。经过10年的发展，我国农机零部件制造业从生产能力、产品品种、技术水平和创新能力上都取得了长足的发展（表3-5）。

表 3-5　农机制造业生产及配套体系

类别	部件
 协作件	钣金件  
	铸造件
	锻压件  
	机械加工件
	……
 配套件	发动机  
	驱动桥、转向桥
	液压件  
	轮胎
	标准件 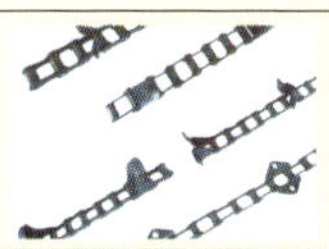 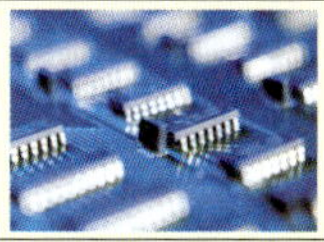
	电器元件
	……
 自制件	机架  
	电控系统
	核心部件 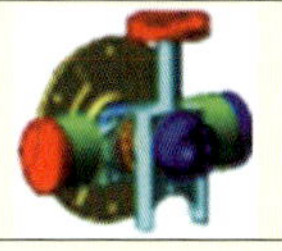 
	……

二、零部件产值快速增长

农机制造业的繁荣和农机产品保有量的逐年大幅增加，有力地带动了农机零部件制造业的发展。2004 年以来，中国农机制造业规模以上企业完成总产值为 895.8 亿元，到 2014 年达到了3 952.3亿元，10 年间的平均发展速度达到 16.0%。而在同一时期，农机零部件规模以上企业主营业务收入的平均发展速度则高达 36.3%，远远高于全行业的发展水平，表明了农机零部件专业化生产程度的快速提高。在农机制造业中，零部件已经成为最具规模的一个行业，2014 年主营业务收入在农机制造业 12 个子行业中产值排名第三。

三、创新驱动模式获得明显进步

一般认为，农机零部件可以占到整机成本的 70%～80%。因此，农机零部件的质量和水平对于整机产品的转型升级至关重要。在这一方面，国内外农机企业在创新驱动模式方面存在着比较大的差异。

国外通常是农机零部件技术先行，不断提供新的技术推动整机升级换代。国内零部件生产企业的研发能力普遍较弱，虽然在性质上属于独立的法人实体，但是许多企业的生产经营受主机企业制约，只能充当主机企业“加工车间”的角色。因此，能否依附在主机企业的利益链下，就成为零部件企业的生存法则。在这种情况下，零部件企业的精力主要用于满足主机厂的既定要求，难于做到与主机企业同步开发，或者引领推动主机企业产品升级换代。

经过10年的发展，国内农机制造业的创新驱动模式明显改观，创新“瓶颈”被逐步打破。2006年，《国务院关于加快振兴装备制造业的若干意见》颁布，2009年，《国务院关于促进农业机械化和农机工业又好又快发展的意见》颁布，2011年，《农机工业“十二五”规划》实施。在一系列利好政策的驱动下，农机制造业成为国内外资本竞相投资的热土，国外零部件企业不失时机快速进入，并直接推动了产业结构优化升级。农机零部件制造业通过兼并、重组、改制的方式，大力研发新产品，获得了新一轮发展，一批零部件“小巨人”企业崭露头角，在这一轮产品升级换代中发挥了非常重要的作用（表3-6）。

表 3-6　国内外农机制造业创新驱动模式比较

	零部件技术升级			推动	整机技术升级
国外					
	国外零部件企业位置				
国内	原材料→加工→组装			协作	整机装配线
	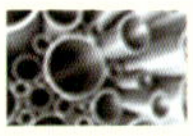				

	国内零部件企业位置				

四、产品技术和质量水平获得提升

在10年黄金时期，一批合资企业、外资企业开始出现，民营企业也崭露头角；一批重点零部件企业基本形成了自主开发能力，基本具备了与整机同步发展的能力；一批具备较强综合实力的大型零部件生产企业（集团）涌现出来，进入全球农机制造采购配套体系。经过10年的努力，我国农机零部件企业的实力有了明显提高。目前，这些厂家生产的零部件基本可以满足国内整机配套要求。同时，在国际市场也具有一定竞争力。例如，杭州东华链条的国内市场占有率达到15%，零部件出口接近1亿元。

车桥是拖拉机和自走式农业机械的重要部件，承载着车身承重和动力传送的作用，对整机的技术和质量水平关系极大。因此，围绕车桥的开发和技术升级，成为主机企业竞争的热点。例如，一拖（洛阳）车桥有限公司、潍坊谷合传动技术有限公司、山东雷沃桥箱有限公司、诸城市义和车桥有限公司、南昌江铃集团协和传动技术有限公司、山东云宇机械集团有限公司，等等。由于这些企业持续高强度的研发投入，自主研发能力和技术集成能力都得到较大提升，最终成为同行中的佼佼者。在提升器方面，山东弘宇农机股份有限公司获得快速发展，该公司“大中马力拖拉机提升器项目”的研发成功，成为我国农机零部件企业快速发展的又一个例证。

五、主机企业布局核心零部件寻求技术突破

当前，我国核心农机零部件与国际水平的差距仍很明显，特别是液压、传动和控制等核心关键零部件技术不足，依赖进口，成为整机发展的瓶颈。为尽快突破这一技术难题，中国本土各主机厂纷纷加大了对核心零部件投入的力度，把海外收购视为获得核心技术的最佳途径，斥资收购国外零部件企业，以满足产品升级对关键零部件技术的需要。例如，中国一拖集团有限公司收购McCormick法国工厂，福田雷沃国际重工股份有限公司收购意大利MaterMacc公司，目前两者都已初见成效，加快了我国大马力拖拉机技术水平的提升。两个案例在利用国外先进技术和人才资源，提升自主创新能力，解决技术升级对配套零部件的要求，进行了大胆的实践和探索，开创了农机行业之先河。

六、新型整机与零部件关系的确立

从现阶段农机零整关系的框架构成分析，我国农机制造业形成了以整机企业为核心，多层次零部件企业环绕的环状框架结构，成为协同发展的利益共同体。其形状近似一个箭靶，靶心为整机企业，第二环为核心零部件企业，第三环为骨干零部件企业，第四环为协作企业。这样的箭靶结构按区域分布，以几个城市的大型整机企业为中心，呈环状辐射全国，在我国不同区域形成了不同产品类别的农机制造业产业集群。以潍坊拖拉机收割机械产业集群为例，福田雷沃重工股份

有限公司处于集群的核心位置，以产品、市场和资金为纽带，零部件供应商跨越20多个省（自治区、直辖市）。该集群零部件成员企业超过2 100家，其中65%集中在潍坊周边。福田雷沃国际重工股份有限公司对少数核心层、骨干层零部件企业，通过控股、参股对其进行战略控制，而对协作配套层企业，一般是通过零部件采购与供货保持契约关系。

协调的整机与零部件关系，是我国农机制造业保持可持续发展的关键所在。随着转型升级的步伐加快，未来整机与零部件寡头垄断的出现是必然的，零整企业之间的专业化分工必将更加清晰。即整机企业更多地集中精力搞好产品开发设计、积木式的组装和做大做强品牌；零部件企业则更多地把重点放在零部件的模块化、系统化开发设计与制造方面。因此，实现零整之间价值链的协同创新，是农机制造业的未来发展方向，成为实现农机制造业可持续发展的保证和支撑。

第三节　主要机具生产发展概况

2004年以来，在中央一系列惠农政策的推动下，农业机械市场火爆，各种产品产销量连创新高。据2014年统计，农机制造业规模以上企业2 207个，完成拖拉机产销94.8万台，收获机械19.8万台，各类排灌机械58.3万台。农业机械充足的生产能力，为农业机械化发展提供了物质和技术保障。

一、动力机械

农用动力机械指为农业生产、农副产品加工、农田建设、农业运输和各种农业设施提供原动力的机械。常用的有各种内燃机、拖拉机、电动机、水轮机、风力机等。其中，拖拉机为使用最广泛的农业机械。10年来我国拖拉机制造业发展的主要特点有：产品结构调整和企业转型升级稳步推进，新产品开发和市场逐步走向成熟，产品技术进步和升级换代步伐明显加快。

（一）产品结构调整快速推进，功率不断延伸

25马力以上的大中型轮式拖拉机呈现快速增长态势，2004年实现产销量10.1万台，2013年增加到36.7万台，10年平均增长率保持在15%以上；与之伴随的是小轮拖产销的逐年下滑，从2004年的86.5万台下滑到2013年的32.8万台；手扶拖拉机逐步退出了运输市场，回归到丘陵山区农田作业和设施农业等新领域。

（二）新产品开发加快，市场逐步走向成熟

小型拖拉机功能进一步完善，动力输出更加多样化，变形产品更为丰富，开发出与播种机、地膜覆盖机、割草机、园林喷灌、田间管理机械等配套的专用机型，产品用途得到有效发挥；小四轮则推出了直联技术，延长了产品的生命周期。中拖市场细分则从满足不同区域和不同经济发展水平的需要出发，开发出包括水田型、高地隙型、运输型、

经济型等类型的产品，功能延伸，性能更加完善，如离合器有单、双作用两种；变速箱可选装爬行挡装置，最高达到 34F＋8R 挡位；实现了全液压转向系统，操纵更灵活。大拖的生产能力和市场规模增长尤为明显，不断完善性能，推进技术进步，优化零部件配套，如配套自锁式差速器、快速挂接装置、逆行器装置、带制动器的前驱动桥等，这些更为先进的零部件技术得到普遍应用，使产品档次有了进一步提升，逐步与国际先进水平接轨。

（三）产品技术进步明显，升级换代步伐加快

在推进行业技术进步方面，大型企业引领作用突出。2013 年福田雷沃国际重工股份有限公司旗下全系列产品进入同步器时代，推进了行业的技术进步。随着我国农业机械化进程的加快，市场对 200 马力以上大功率拖拉机的需求不断加大。由于大马力拖拉机动力换挡技术长期被国际巨头垄断，我国没有掌握该项技术，制约了大马力拖拉机产品的发展。在这 10 年间，国内有实力的企业加大力度，进行该项技术的研发，已取得初步成效。例如，中国一拖集团有限公司、山东五征集团有限公司、福田雷沃国际重工股份有限公司、中联重机股份有限公司、常州东风农机集团有限公司等企业先后进入这一高端领域，推出概念机型或实现小批量生产。代表产品有：雷诺曼 2304、耕王 RN1004、东方红 LZ2404 等。其中，以中国一拖集团有限公司自主研发的东方红 LZ2404 最具代表性。2007 年中国一拖集团有限公司样机面世，2010 年 9 月 28 日，东方红 LZ2404 动力换挡重型拖拉机下线，标志着开始批量生产。目前，中国一拖集团有限公司在 90 马力以上产品上推出了不同段位的动力换挡产品，引领着拖拉机升级换代的步伐（图 3-3）。

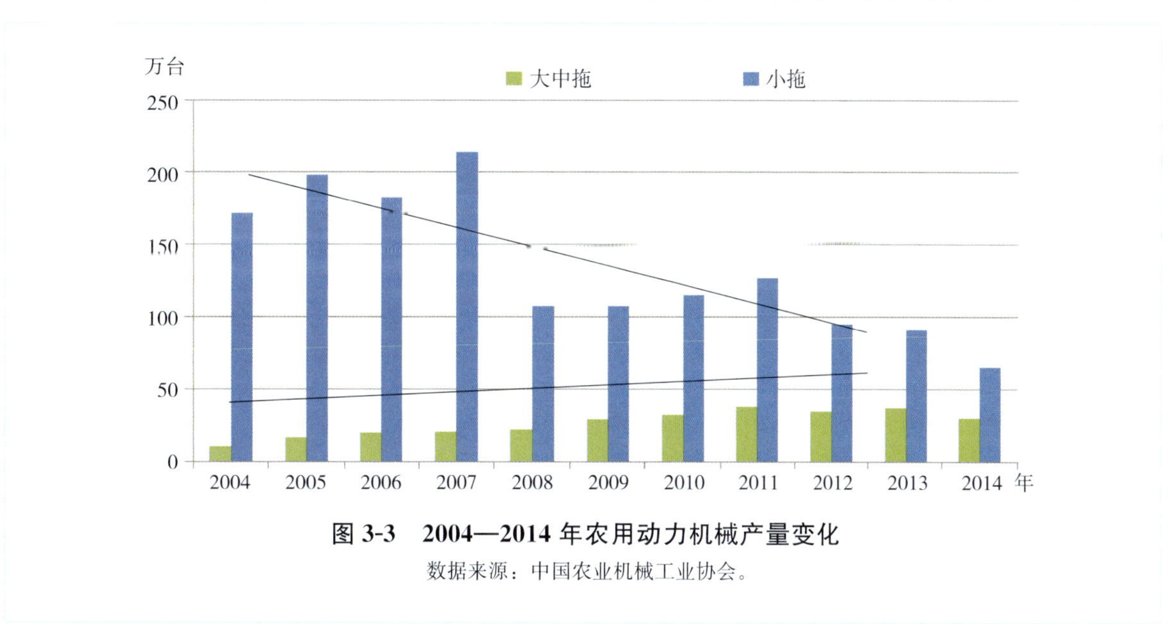

图 3-3 2004—2014 年农用动力机械产量变化

数据来源：中国农业机械工业协会。

（四）与国际先进水平比较，差距仍相当明显

我国拖拉机制造业取得了长足进步，但与国外先进水平的差距仍相当大。主要表现在，低端产品产能过剩，高端产品匮乏，同质化现象严重，产品结构亟待优化升级；产

品可靠性、耐久性、无故障连续作业时间较低，只有国外同行的1/3左右，制造和管理水平有待提升；关键零部件技术尚没有完全突破，仍是影响和制约高端产品开发的“瓶颈”（表3-7）。

表3-7 国内外拖拉机技术水平比较

系统	部件	国内现有水平	国际现有水平
动力系统	发动机	大多采用自然吸气柴油机，噪声、排放烟度偏高；平均燃油耗在251.6克/(千瓦·时)，MTBF 1 000小时左右	普遍采用增压、共轨技术，排放要求愈加严格，着手研究代用燃料；平均燃油耗在231.2克/(千瓦·时)，MTBF 3 000小时
	排放标准	拖拉机排放标准GB20891，非国Ⅱ，2014年10月1日国Ⅲ，相当于欧洲非道路ⅢA阶段	欧盟国家非道路Ⅳ阶段；美国tire4标准
	整机功率	国内样机最大功率194.8千瓦	367.6千瓦左右
传动系统	变速器	采用啮合套换挡，同步器，动力换挡刚刚开始	动力高低档加动力换向；动力换挡加动力换向；CVT传动系统广泛应用
控制系统	电气、液压控制技术	单元控制系统；缺乏前驱动、前悬挂；机械式提升系统，部分大拖采用电控提升系统	采用总线技术的电控系统
作业系统	液压及悬挂系统	悬挂系统普遍采用传统的机械方式，系统工作压力20兆帕，电液控制处于开发阶段，悬挂提升力小于整机质量，系统可靠性较低	负荷传感技术应用普及，电液控制的悬挂系统广泛应用；大拖系统工作压力40兆帕；悬挂提升力超过整机质量，CAN-bus多路传输回路系统
	驾驶室	外形仿制，大弧度流线型为主流设计，功能简单，仪表式仪表盘，安全驾驶室在大中型轮式拖拉机有应用	密封增压，电液操纵系统，机载电脑；电显仪表盘，智能型驾驶室（适用高寒、低压、高温、低温）；注重安全性能
	配套比率	平均1∶2.5	平均1∶5以上

资料来源：中国农业机械工业协会。

二、收获机械

目前，我国谷物联合收割机走过了低端产品普及阶段，产品更新换代步伐明显加快。谷物收割机市场成长快，潜力大，吸引大中型企业加大研发投入，主要有：福田雷沃国际重工股份有限公司、中联重机股份有限公司、山东巨明机械有限公司、江苏沃得农业机械有限公司、洛阳中收机械装备有限公司等企业，这些企业的研发路线基本一致，都是在新疆-2机型的基础上改进提升。在这10年中，行业也出现了一些质的变化：一是产品品种不断增加，配用动力由50～60马力发展到80～100马力，喂入量由2.5千克/秒发展到5.0千克/秒以上。二是技术含量有所提高，由机械式底盘发展到液压底盘，由单横置轴流滚筒发展为喂入脱粒滚筒＋脱粒分离滚筒，使生产效率和脱净率等有了较大提高，有的企业还配备有玉米割台和收获水稻的附加部件。三是市场规模逐渐扩大，2014年社会保有量113万台以上。随着农业生产向产业化、集约化推进，小麦联合收割机将进一步向中高端发展，并逐步开拓国际市场。

在10年间，小麦机结构调整明显，主导机型进一步向大喂入量方向发展。从统计数据看，2013年是分水岭，2～2.5千克机型的占有率由上年的57.6%跌至5.6%，失去市场主导地位；4～5千克产品的占有率由上年年的27.3%上升到82.3%，成为主导机型。分析其中主要原因：一是补贴政策引导市场需求向大型发展。二是农村专业合作社成为用户主体，用户结构快速变化，需求进一步转向效率更高的大型机器，但由于工作部件未有大的改进，在加大马力后，驾驶操作不当容易造成收获损失的增加。

在10年发展中，全喂入水稻机产销量稳步增加，2004年产量2.7万台，2014年达到6.4万台。这一期间产品性能指标和作业性能更趋成熟：割幅从0.8～3.0米，发动机最大功率66千瓦，拨禾轮转速从不可调发展到无级变速，输送槽从带耙发展到链耙，脱粒分离滚筒由横向为主发展到以纵向为主，行走转向由机械操纵发展成液压助力操纵，主要工作部件增加了电子监控装置，选装暖风机、破埂器及宽履带，使收割机工作环境和操纵性能进一步提高。

半喂入水稻机对作物适应性强，适合收获湿度大、高秆单季稻及倒伏水稻，能保持茎秆完整，作业效率更高，破碎率低。国内20世纪60年代就开始研制，无锡拖拉机厂研制出太湖—1350机型。2004年以后，日资企业大力推广半喂入技术，到2010年产销达到了高峰1.3万台，其中，久保田公司接近6 000台，国内企业以江苏常发农业装备股份有限公司锋陵为代表实现了1 600台的产销量。

2010年以后，全喂入机型新产品推出步伐明显加快，纵轴流、双滚筒产品研制成功，产品技术水平不断提高，并且向节能环保、大喂入量、高脱净率和多功能方向发展。而半喂入机型的市场开始下滑。在后来的市场竞争中，两者取长补短，进入并存发展局面。2014年，产销量分别为6.4万台和0.4万台，全喂入机型占据了市场主体。

我国南北水稻种植差异很大，南方丘陵山区地块小，北方地块大，因此在10年前，我国水稻机械化收获实际是分段式收获和联合收获并存的局面。在10年黄金时期，国家大力推广水稻全程机械化，经过制造企业对发动机技术、脱粒技术、机械变速技术、切草装置技术、机械可靠性设计的持续更新，形成了半喂入和全喂入协调发展的两大类几十个品种，基本上满足了我国不同地区、不同农艺的要求，产品技术含量的不断提升，作业质量及作业效率获得市场认可。

我国玉米收获机械走过了艰难的发展历程。20世纪70年代第一台牵引式样机面世，90年代山东兖州等推出2行悬挂式机型，1998年山东大丰机械有限公司与新疆中收农牧机械公司分别研发了2～3行和3～4行自走机型，在此期间，玉米收获机械化需求不高，我国玉米收获机械技术曾一度发展缓慢。2004年全国已有近60家生产企业开始生产玉米机，全国玉米机收水平只有2.5%，这种生产与市场的矛盾，自购机补贴的重点转向玉米收获机械以后，发生了根本性转变。从2005年开始，玉米机补贴政策首先在河北、山东及天津3省（市）试点，以后逐年扩展到全国玉米主产区。在政策的拉动下，我国玉米收获机械步入了发展的快车道，仅用了三四年时间就基本淘汰了背负机和2行机，形成了3行、小4行、大4行、5行自走式的市场格局。4行以上机械主要用于东北规模化作业，其余机型在各地玉米产区均有分布（图3-4）。

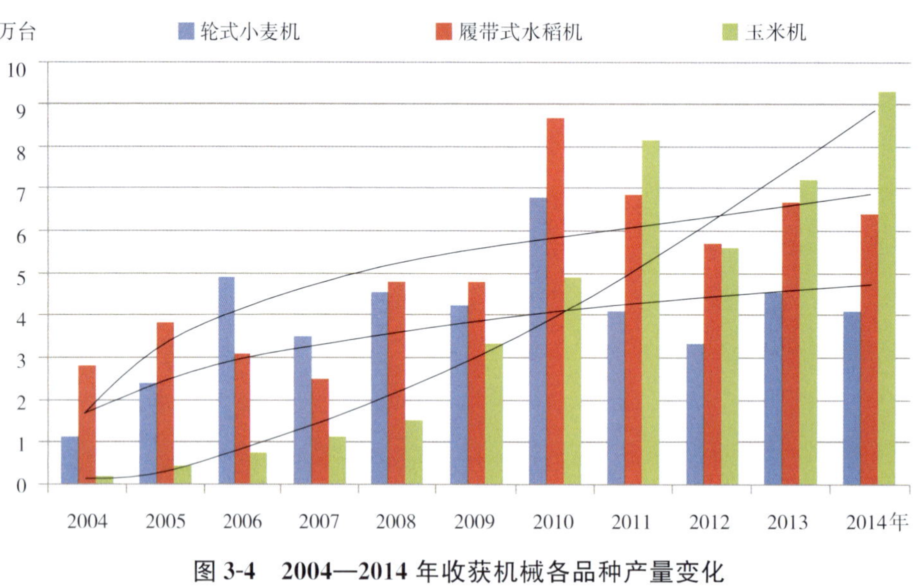

图3-4　2004—2014年收获机械各品种产量变化

三、耕整种植机械

经过10年的发展，我国耕整地机械产品链条不断延伸，产品对区域的适应性显著提高，市场继续稳步发展，有力地保证了我国农业机械化发展的需要。

（一）产品区域性性特征非常明显

由于我国不同区域耕作种植模式和农艺要求不同，不同地区有不同的标准，对产品提出了不同的要求，尤其是水田和旱田在耕作种植的农业技术要求方面差异很大，对耕整种植机械提出了不同的标准。例如，大中型耕整地机械主要集中在东三省和新疆区，东北三省旱田垄作区不同省份垄作距离最大相差20厘米以上，对机具幅宽、性能要求较高；而春耕也是东北三省一项重要的作业项目，要求耕整地机械具有灭茬、旋耕、起垄、镇压等功能，一次作业达到待播状态。中型耕整地机械主要集中在黄淮海平原的冬麦区，这一区域属于旱田平作区域，主要以旋耕为主，旋耕两次后进行播种。小型耕整地机械主要集中在四川省、贵州省和云南省等丘陵山区，这一区域属于水田区域，对水田犁、水田旋耕机、搅浆机等轻便、防水密封要求高，同旱田同类产品差别较大。在10年黄金时期，复式耕作机械也获得较快发展，灭茬旋耕联合整地机、免耕联合整地机、深松机、液压翻转犁、圆盘耙等成为耕作机械中发展最快的支撑产品。

（二）产品谱系有较大拓展

我国农机具企业围绕保护性耕作、中低

产田改造、农业结构调整、农艺等对机具需求，研发新型产品，提升制造能力，加快产品结构调整步伐，不断拓展了产品谱系。经过10年发展，以悬挂犁、牵引犁、圆盘耙、钉齿耙、镇压器、旋耕机、秸秆还田机、深松机、联合整地机等系列产品为代表的耕整地机械的制造能力进一步完善。河南豪丰、西安亚澳、山东大华、山东禹城等企业加快了技术改造力度，产品技术水平提高很快，不断缩小与国际先进水平的差距。目前，我国设计制造的产品品种基本覆盖了耕整种植作业的所有领域，能够满足不同区域耕整地作业的需求。

四、植保机械

我国长期以来，以小型植保机械为主，包括手动式与背负式。近几年，由于农业生产的需要，开始发展喷杆式喷雾机，风送式喷雾机。植保机械是在农作物中期管理中，确保农作物高产、稳产的重要农业机械之一。主要类别有喷杆式喷雾机和风送式喷雾机两个类别。主导产品有：大中型喷杆式喷雾机（高秆作物植保机械），中小型风送式喷雾机（果园用植保机械），小型喷雾机（水田用植保机械）。自走式高地隙植保机械、航空植保机械、精量低污染施药机械、超低量或防滴式低量雾化装置等，应用了大量信息技术，是植保机械家族的高端产品，代表了未来发展方向。

我国植保机械厂家大约有300多家，长期以来产品以小型喷杆式喷雾机为主，工作效率低、防治效果差，“跑、冒、滴、漏”现象严重，大中型植保机械一直是我国植保机械的薄弱环节，这一情况在10年黄金时期有了初步改观，大中型自走式高地隙植保机械、风送式植保机械和航空植保机械，从崭露头角到获得快速发展，形成了地面与航空植保机械的协同发展的互动局面，大大提高了我国农作物病虫害专业化防治的装备水平。

植保机械的发展方向是：一是计算机信息技术化，运用于有害生物的检测、定位和防治。二是机具喷药智能化，就是运用图像识别技术，实现自动对靶，变量施药。三是绿色、安全、环保，就是加装保护性喷射、废药回收、自动混药、自动清洗等部件，提高机具的有效性、安全性和环保性。我国植保机械的主要差距是：品种单一，小型喷雾器占主导地位；技术落后，大型喷杆式、风送式喷雾机仍处于仿制、组装或小规模生产阶段；核心零部件基础薄弱，如液泵、喷头、液压系统、变速箱等基本靠国外进口。

五、排灌机械

经过10多年的努力，我国的排灌机械得到迅猛发展。排灌机械主要包括：水泵、喷灌装备和滴灌装备。

泵：截至2014年年底，我国泵制造业企业约有2 000余家，年产量超过450万台。产品涉及农田排灌中使用的离心泵、轴流泵、混流泵、潜水电泵、井泵等设备，品种、型号、规格较为齐全。目前，水泵制造种类与国外一流企业基本相近，但是制造水平较低，特别是在大型和特种泵制造水平方面差距很大；而在常规泵的生产方面，已经达到国外同类产品的技术水平。在10年发展中，产品集中研发的主要方向有：水泵的大型化、高

速化、机电一体化；泵产品成套化、标准化、系列化和通用化；多品种、性能广、寿命长及高可靠性；高效率、小型化；泵用密封、轴承生产大型化和专业化。

喷灌设备：我国喷灌设备机型多样，能够满足不同地区的需求。主要包括：轻小型喷灌机、人工拆移管道式喷灌系统、绞盘式喷灌机、滚移式喷灌机、双悬臂式喷灌机、拖拉机悬挂式喷灌机、中心支轴式喷灌机和平移式喷灌机，产品技术成熟，并远销欧美等发达地区。大型灌溉装备的需求明显增加，喷灌设备正朝着低压喷洒、降低能耗、机型变种、系列成套、智能控制、综合利用方向发展。

滴灌：研发了膜下滴灌，滴灌系统中的关键设备技术已成熟完善，并开发了低压低能耗滴灌技术，可以更大程度降低推广使用成本，产品远销世界各地。目前，正朝着低压灌溉、降低能耗、水肥一体化综合利用方向发展，产品将更广泛地应用信息技术，提高智能水平，开发太阳能光伏提水技术，实现绿色环保，推动农业产业革命。

六、收获后处理机械和畜牧机械

参考国民经济行业分类，收获后处理机械是指，对农副土特产品进行初或粗加工的机械设备，按照加工对象不同可分为，米、面、棉、油、糖、茶、薯类、种子、果品、蔬菜、饲料等十几个门类，如碾米、磨面、轧花、榨油、制糖、制茶等专用机械设备。主要品种有：各类粮棉油糖茶粗加工设备。包括：碾米机械、粮食加工机械、油料加工机械、棉花加工机械、茶叶机械、挤奶设备、谷物烘干设备、种子清选处理机械、瓜果类洗涤分级机械等。畜牧机械有：青饲收获机械、割草机、翻草机、打捆机、饲料加工机械等。

我国各类收获后处理机械以中小型单机为主，主要服务于中小城镇、乡村和偏远地区，由于小型设备技术水平落后，劳动生产率低，加工质量差，这种中小型的单机多为过渡性产品。随着传统农业生产方式的转变，对收获后处理提出了新的要求，重点是水稻、小麦、玉米和薯类等主要粮食作物的深加工和综合利用，实现加工品种的多样化、系列化、专用化，提高基础原料加工的质量和品质，粮食产品加工将进一步向食品制造业延伸。为适应收获后处理的需要，以小型单机设备为主的产品结构已难以适应农村发展的实际需求，未来收获后处理机械的发展趋势将出现 3 个转变，即由粗加工向精加工转变，由单机向成套化转变，由简单机械向自动化、智能化转变。

我国畜牧业可以分为牧区畜牧业和农区畜牧业。前者的特点是放牧，饲料来源是天然草场和部分人工草场。后者以舍饲为主，饲料来源是农产品、饲料粮、秸秆和野草野菜等，只利用山坡和零星草地放牧。因此，畜牧机械门类主要有：草原建设与改良设备、饲草料收获储藏设备、饲草料深加工设备、畜禽饲养设备、畜产品采集加工机械、检测仪器设备等。

畜牧业各阶段对技术装备的需求不同，构成了复杂繁多的畜牧机械产品家族。牧草收获的产品有：割草机、搂草机、方捆压捆机、圆捆卷捆机、圆捆缠膜机、青饲收获机等饲草收储设备。饲草料深加工的技术装备

有：秸秆复合处理设备、微生物处理技术及设备、优质高效青饲切碎机、高品质草粉设备、粗饲料压块压粒成套设备、叶蛋白深加工设备、挤奶设备。畜禽饲养管理的技术装备有：草食家畜饲养设备、投饲取饲搅拌机具、清粪设备、畜粪脱水发酵干燥设备。

随着我国畜牧业向集约化经营、规模化方向发展，对牧草收储设备、草原建设与改良的保护性耕作机械、饲草料深加工技术装备将产生强烈的市场需求。我国牧草收贮机械化作业水平还很低，虽然牵引式割草机、横侧向搂草机、方捆捡拾压捆机、小型圆捆捡拾卷捆机均有一定推广应用，但机型急需更新，应大力发展各类性能先进的方捆压捆机、圆捆卷捆机、圆捆缠膜机、青饲收获机等饲草收储设备，提高我国牧区饲草料收贮效率和质量。

第四节　制造装备、工艺水平和先进管理技术的应用

农业机械化的发展与生产制造工艺水平提高和生产管理技术应用有着密切关系。10年来，农机企业通过加强技术改造、提升制造工艺水平和积极采用先进的生产管理技术，使企业制造体系日趋完善，制造能力不断提高，生产制造了门类齐全、品种多样、机型丰富的农业机械装备，满足了农业生产现实需求，推进了农业现代化发展进程。

一、企业持续实施技术改造，提高装备工艺水平

农业机械装备具有作业环境恶劣、结构更复杂、零部件精度要求高、制造难度大等特点。满足市场对产品品种和质量的要求，需要高水平的生产制造工艺和生产管理技术作为支撑。近年来，农业机械化骨干企业加强了新工艺、新技术、新方法等方面研究和应用，并通过持续加大技术改造的力度，使我国农业机械装备的关键产品、核心零部件的生产制造水平得到大幅度提升。如福田雷沃国际重工股份有限公司公司过去10年间技术改造累计投入20.3亿元，通过技术改造不断拓展了产品线宽度，提升生产工艺水平和生产能力，并依靠高水平、高效率的生产制造体系，不断满足市场需求。与整机制造企业技术改造同步，核心零部件制造企业也持续加大了技术改造投入，并且涌现出一批高水平的农机零部件制造商（如潍坊谷合传动技术有限公司、山东雷沃桥箱有限公司等），这些制造商不断调整产品结构，提升生产制造水平，在行业核心零部件领域中确立了领先优势。

同时，在国家推进信息化、工业化融合及智能制造的背景下，部分骨干农业机械装备制造企业大力推进智能制造，提升产品生产制造的管理能力和水平，例如开始运用生产信息化管理系统进行生产制造过程管理，引入TPS（丰田生产方式）、Lean Production（精益制造）等管理技术，强化了制造过程精细化管理，改变了以往粗放的生产方式，生产制造水平明显提高，生产效率和质量获得质的飞跃。

二、农机制造水平取得突破性进展

冲压工艺技术、焊接工艺技术、涂装工艺技术、机械加工工艺技术、装配工艺技术这5种制造工艺技术被称为农业机械装备生产制造的五大关键制造工艺技术，这5种关键制造工艺技术直接保证了生产制造过程中产品系统、整机的功能和性能，决定着产品质量和可靠性，对保证制造成本和提高生产效率发挥着重要作用。过去10多年来，我国农业机械取得了突破性发展，整体制造技术水平逐步向世界接轨。

（一）骨干企业的冲压工艺技术基本达到国外同类水平

冲压制造工艺技术是农业机械装备应用最普遍的制造工艺之一。

过去10年间，中国农机行业中部分骨干企业冲压能力建设直接从高起点做起，在冲压制造工艺方面进行了技术升级和技术改造，并取得了新突破。目前部分中国自主品牌的骨干农机装备制造企业的冲压制造工艺技术代表了国内冲压制造技术的最高水平，并基本上达到国外同类产品的制造水平。主要体现在以下两方面：

（1）部分骨干企业追求精益制造的理念在逐步增强，尤其体现在敢于引进国外先进的冲压工艺技术方面。例如，部分行业骨干企业敢于开展冲压工艺技术创新，坚持“先进的技术带来高效的生产效率”的理念，投入巨资从海外引进了全球先进水平的紧凑型数控多边折弯中心、数控激光切管机等代表世界冲压工艺技术水平的数字化生产装备，可实现对标准板材、管材的冲压、剪切和折弯，从而快速、精准、高效地生产出高质量的金属板材工件。

（2）部分骨干企业不断采用了先进的冲压制造装备提高自动化、柔性化的生产制造能力。例如，针对冲压加工产品品种多、零件结构形状多样化的特点，采用高效率、高精度的数控转塔冲压装备、高精度数控折弯装备和金属板材柔性加工线等数字化工艺装备和技术，大大提升了农机装备产品对平板件和冲压成型件的生产柔性化需求，满足了钣金零件加工的要求。

（二）焊接工艺技术开始与国外先进水平接轨

焊接制造工艺技术在收获机械、拖拉机、播种机械、烘干机械等农业机械装备生产过程中得到广泛应用。目前，国内部分骨干企业不断改进和提升焊接技术，并积极吸收汽车行业和其他行业的先进的焊接工艺，使过去较为落后的焊接制造工艺技术有了大幅度提高，在某些方面达到汽车领域的焊接制造工艺技术。主要体现在以下几方面：

（1）开展焊接工艺技术研究和创新。10年前，农业机械装备领域的焊接工艺技术较为落后，质量不高，特别是某些键零部件焊接变形问题一直是困扰行业的瓶颈问题。经过不断研究创新，通过大力推进电阻焊、塞焊、热熔钻等先进焊接工艺技术的应用，目前关键零部件变形问题已经基本得到了解决。另外，在行业中，推行采用混合气体（氩气+二氧化碳其他）保护焊技术，有效地提升了焊接质量。

（2）开始大规模采用数字化焊机等装备

的使用和推广。数字化焊机又称"焊接机器人"，同传统的焊接技术相比，数字化焊机作业技术是通过软件控制来实现的，且通过各相互独立的功能模块调整功能和性能，所以数字化焊机功能可以多样化。另外数字化焊机减少了传统焊机焊接过程中人为因素影响，从而提升了焊接质量，保证了焊接工艺的一致性和稳定性。

(3) 大力推进焊接自动线建设。近几年，国内农业机械装备骨干企业大力推进了焊接自动线建设，确保了农业装备关键焊接部位的焊接质量，提高了焊接效率和质量，促进了劳动生产率的提高和产业工人劳动强度的改善。

(三) 骨干企业涂装工艺技术基本接近汽车工艺标准

1999 年，国内农业机械装备行业第一条电泳涂装生产线应用于福田雷沃国际重工股份有限公司，如今，涂装工艺技术改变了我国农机传统的喷涂工艺操作方式，标志着农机涂装工艺技术开始了与汽车生产涂装工艺技术接轨。电泳漆膜具有均匀、平整、光滑的优点，在硬度、附着力、耐腐、冲击性能、渗透性能明显优于传统涂装工艺。2005 年，骨干农机企业开始推行"阴极电泳涂装工艺技术"，与阳极电泳技术相比，阴极电泳技术又具有漆膜厚更均匀、防腐性更好、涂料更安全、涂料利用率高、烘干展平性好等特点，特别适合作业环境恶劣的农业机械装备，充分体现了农业机械涂装工艺技术发展的新水平。

当前，国内骨干企业的涂装工艺技术已具备全过程机械化、自动化水平，基本形成了采用集中化调漆和自动化供漆系统等，具有高效、节能、环保等特点。随着涂装工艺技术发展及机器人喷涂系统开始应用，涂装工艺的自动化、智能化水平将得到不断提升。

(四) 加工制造工艺向柔性"专机+加工中心"模式发展

随着农业装备产品种类、品种、配置和功能越来越多、结构越来越复杂，原有的加工制造方式已经不能满足农业机械装备生产的需要，自动化、柔性化、数字化加工工艺成为农业机械装备生产制造的基本要求。我国农机加工制造工艺技术已经从"普通加工+专机"的模式，发展到"专机+数控加工中心"的模式，加工制造工艺水平有了大幅度的提升。

数控加工中心与传统的机械加工装备相比有着明显的优势：综合机械加工能力优越，效率是普通设备的 5～10 倍；功能更全，可把铣、镗、钻、攻螺纹和切削螺纹等功能集中在一台设备上，节省了加工过程的大量时间和费用；零件加工的适应性强、灵活性好，能加工轮廓形状复杂或尺寸难以控制的零件；加工精度高，加工质量稳定可靠；生产自动化程度高，可以减轻操作者的劳动强度，有利于满足生产管理自动化和柔性化的要求。

同时，重型、大型拖拉机的变速箱箱体等关键零部件制造工艺复杂，加工精度高，制造难度大，单靠普通的机械加工设备很难达到要求。国内骨干农机装备制造企业均采用高精度、高效率、柔性化加工中心和进口刀具，并配合离线编程、在线测量、刀具自动化管理等技术的使用，使机械加工工艺实

36.75千瓦，后逐渐增大到80马力58.8千瓦；该机消化吸收了当时国外众多机型的精华，采用切、轴流双滚筒，双层鱼鳞筛，离心风机，风扇式复脱器，行走采用液压无级变速装置；产品结构紧凑，湿脱性能好，分离损失小，价格适中，非常适合当时农村联产承包分田到户的作业要求。这是我国拥有完全自主知识产权的创新产品，在我国收获机械研发中具有里程碑式的意义。

本章统稿人：党东民

本章编写人：党东民、张鹏、吴海华

第四章　农机化科技进步

科技进步是农机化发展的决定性力量，农机化科技是现代农业科技的重要组成部分。2004 年以来，围绕贯彻落实《中华人民共和国农业机械化促进法》《国家中长期科学技术发展规划纲要（2006—2020）》等法律法规及政策举措，加大农机化科技创新、成果转化、技术推广等支持力度，自主研发能力显著提升，增产增效型、资源节约型、环境友好型农机化技术及多功能、高效化、智能化农机科技创新取得重大进展，主要作物关键、薄弱环节机械化技术全面推广，农机农艺融合体系初步形成，科技保障能力显著增强，为促进农机化和农机工业又好又快发展，农业发展方式转变和农业现代化建设发挥了重要作用。

第一节　自主研发能力显著提升

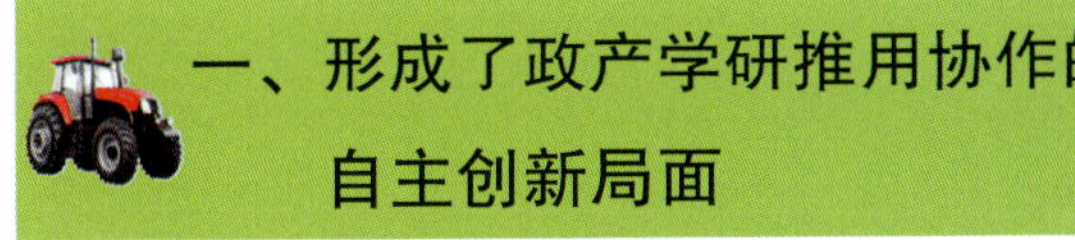

一、形成了政产学研推用协作的自主创新局面

（一）国家高度重视农机化科技进步

2004 年以来，《农业机械化促进法》颁布实施为农机化科技进步提供法律保障。连续多年中央 1 号文件系统部署了农机科技发展、农机农艺融合应用、农机科研体制改革等方向和目标，引导我国农业装备产业科技发展。国务院相继出台了《关于促进农业机械化和农机工业又好又快发展的意见》《国家中长期科学技术发展规划纲要（2006—2020）》等，重点发展新型、大马力农业装备等多功能农业装备与设施，提升国产化水平和技术档次，改变大型高端拖拉机、新型农业装备主要依赖进口的状况。农业部、工业和信息化部、科技部相继出台了农机化、农机科技、农机产业等方面的规划，全力推进农机农艺融合、促进农机装备应用，引导农机制造产业健康发展。各地方依据自身资源

和本地产业优势，制定相应政策性文件，大力发展地方农机产业，助推特色农业机械技术应用，形成产学研推协同推进农机化科技进步的良好局面。

（二）着眼重点作物、薄弱环节及技术瓶颈的突破，布局实施了重大科研任务。

2004年以来，中央财政投入近18亿元，带动地方财政配套和企业自筹等社会投入30多亿元，科学布局实施了现代化农业与机械化耕作技术研究与示范、大田作物机械化生产关键技术研究与示范、现代化农业农机装备研究与示范等农机化技术研究，实施了精准农业技术与装备、现代农机智能装备与技术研究、智能化农机技术与装备等农机信息化、智能化高技术研究，实施了多功能农业装备与设施研制、秸秆收集固化成型关键技术及装备、大型农用动力与作业装备研制、现代节能高效设施园艺装备研制与产业化示范、现代草原畜牧业装备与设施研制、农产品产地商品化处理关键技术与装备等重点农机研发，实施了现代多功能农机装备制造关键技术研究、农业与食品行业制造与自动化生产线关键技术与示范等重大关键装备制造技术研究。通过实施公益性行业、科研院所技术开发、农业科技成果转化等专项，有力地支持了一批技术集成、优势特色、区域薄弱等农机化技术研发。

表4-1　2004年以来农机化及农机领域主要国家科技计划项目（课题）

序号	项目名称	项目类别	实施年度	总投入（万元）	财政支持（万元）
1	现代农业技术装备研制开发	国家科技攻关计划	2004—2006	4 000	2 000
2	现代化农业与机械化耕作技术研究与示范	国家科技支撑计划	2006—2008	3 500	3 500
3	精准农业技术与装备	国家“863”计划	2006—2010	13 761	5 361
4	多功能农业装备与设施研制	国家科技支撑计划	2007—2009	31 577.3	9 490
5	现代草原畜牧业装备与设施研制	国家科技支撑计划	2007—2010	9467	3467（中央）、2000（地方）
6	新型施药技术与农用药械	国家“863”计划	2008—2010	7 000	3 290
7	大型农业动力与作业装备研制	国家科技支撑计划	2009—2011	4 856	1 856
8	秸秆收集固化成型关键技术及装备	国家“863”计划	2009—2011	4 931	1 931
9	现代农机智能装备关键技术研究	国家“863”计划	2010—2011	5 776	2 776
10	土壤植物机器系统应用基础技术研究	国家“973”计划	2010—2012	233	233
11	现代多功能农机装备制造关键技术研究	国家科技支撑计划	2011—2013	29 373	12 973
12	农业与食品行业制造与自动化生产线关键技术与示范	国家科技支撑计划	2012—2014	5 998	2 898
13	智能化农机技术与装备	国家“863”计划	2012—2015	27 580	11 380
14	农业精准作业技术与装备	国家“863”计划	2012—2015	6 505	6 505

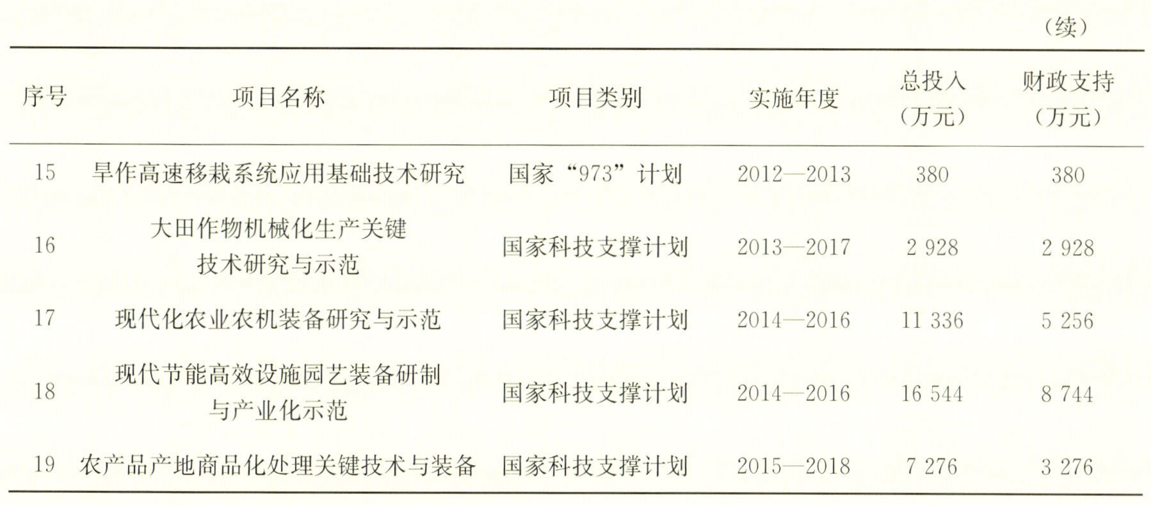

（续）

序号	项目名称	项目类别	实施年度	总投入（万元）	财政支持（万元）
15	旱作高速移栽系统应用基础技术研究	国家“973”计划	2012—2013	380	380
16	大田作物机械化生产关键技术研究与示范	国家科技支撑计划	2013—2017	2 928	2 928
17	现代化农业农机装备研究与示范	国家科技支撑计划	2014—2016	11 336	5 256
18	现代节能高效设施园艺装备研制与产业化示范	国家科技支撑计划	2014—2016	16 544	8 744
19	农产品产地商品化处理关键技术与装备	国家科技支撑计划	2015—2018	7 276	3 276

二、自主创新体系逐步健全

（一）初步形成了农机化学科群和研发平台体系

围绕战略性前瞻技术、重大关键共性技术、重大装备验证以及成果转化等，国家从战略层面统筹部署建设了一批国家重点实验室、国家工程实验室、国家工程技术研究中心，目前，已建设土壤植物机器系统技术、拖拉机动力系统等 2 个国家重点实验室，农业生产机械装备国家工程实验室、太阳能干燥国家地方联合工程实验室、现代农业装备国家地方联合工程研究中心 3 个国家工程实验室（研究中心），以及农业机械、设施农业、农业智能装备、农业信息化、草原畜牧业装备、种子加工装备、粮食加工装备、农产品智能分选装备 8 个国家工程技术研究中心，成为了农机化和农机领域创新的核心载体。土壤植物机器系统技术国家重点实验室是首批依托企业建设的 36 个国家重点实验室之一，重点开展土壤—植物—机器系统应用基础、土壤和植物信息获取及病虫草防控技术与装备、农药雾化工程技术与装备、农业装备智能化技术等方向的应用基础、战略前沿、关键共性技术研究。拖拉机动力系统国家重点实验室重点开展非道路用柴油机节能减排、大功率拖拉机负载换挡传动系统、拖拉机智能控制等关键技术研究。农业生产机械装备国家工程实验室以促进粮食生产规模化和技术应用标准化为重点，重点开展农作物物理机械特性、农作物种子数控干燥、精密播种和栽插、联合收获过程与控制、秸秆捡拾打捆和压缩成型等关键技术研究及产品中试验证。太阳能干燥国家地方联合工程实验室重点以牧草为对象，开展物料干燥特性及干燥工艺、太阳能成套装备、太阳能干燥集成技术等研究及产品中试验证。现代农业装备国家地方联合工程研究中心重点开展耕整机械、种植机械、收获机械、农机具、零部件的试验及质量检测研究。

表 4-2 农机化及农机领域国家级创新载体情况

类　别	名　称	依托单位
国家重点实验室	土壤植物机器系统技术国家重点实验室	中国农业机械化科学研究院
	拖拉机动力系统国家重点实验室	中国一拖集团有限公司
国家工程实验室（研究中心）	农业生产机械装备国家工程实验室	中国农业机械化科学研究院
	太阳能干燥国家地方联合工程实验室	中国农业机械化科学研究院呼和浩特分院
	现代农业装备国家地方联合工程研究中心	中联重科股份有限公司
国家工程技术研究中心	国家农业机械工程技术研究中心	中国农业机械化科学研究院 广东现代农业装备研究所
	国家设施农业工程技术研究中心	上海都市绿色工程有限公司 同济大学
	国家农业智能装备工程技术研究中心	北京市农林科学院
	国家草原畜牧业装备工程技术研究中心	中国农业机械化科学研究院呼和浩特分院
	国家种子加工装备工程技术研究中心	酒泉奥凯种子机械股份有限公司
	国家粮食加工装备工程技术研究中心	开封市茂盛机械有限公司
	国家农产品智能分选装备工程技术研究中心	合肥美亚光电技术股份有限公司
	国家农业信息化工程技术研究中心	北京市农林科学院

农业部按照因地制宜、区域特点、学科优势、保障安全等原则，以关键技术研究和技术集成组装示范为目标，以学科研究方向为依据，重点依托高等学校、部属研究院所及部分行业骨干企业，构建布局了现代农业装备、设施农业工程学科群，形成了 1 个综合性重点实验室、8 个专业性/区域性重点实验室、5 个农业科学观测实验站组成的现代农业装备学科群，以及 1 个综合性重点实验室、4 个专业性/区域性重点实验室、3 个农业科学观测实验站组成的设施农业工程学科群，着力于促进农业机械化健康、协调、可持续发展。水稻、玉米、小麦、大豆、油菜、棉花、柑橘、苹果、马铃薯、甘薯、花生、麻类、甘蔗、甜菜、茶叶、蚕桑、食用菌、梨、葡萄、荔枝和龙眼、香蕉、大宗蔬菜、西甜瓜、牧草等 24 个现代农业产业建有 37 个农业设施装备功能研究室。

表 4-3　现代农业装备学科群构成情况

类　　别	名　　称	依托单位
综合性重点实验室	农业部现代农业装备重点实验室	农业部南京农业机械化研究所
专业性（区域性）重点实验室	农业部旱地农业装备技术重点实验室	黑龙江省农业机械工程科学研究院
	农业部水田农业装备技术重点实验室	华南农业大学
	农业部丘陵山地农业装备技术重点实验室	四川省农业机械研究设计院
	农业部草原畜牧业装备技术重点实验室	中国农业机械化科学研究院呼和浩特分院
	农业部渔业装备与工程技术重点实验室	中国水产科学院渔业机械仪器研究所
	农业部土壤—机器—植物系统技术重点实验室	中国农业大学
	农业部农机动力与收获机械重点实验室	山东时风（集团）有限责任公司
	农业部种子加工技术装备重点实验室	酒泉奥凯种子机械股份有限公司
科学观测实验站	农业部草原畜牧业装备科学观测实验站	中国农业科学院草原研究所
	农业部林果棉装备科学观测实验站	新疆农业科学院农业机械化研究所
	农业部农机制造工艺科学观测实验站	福田雷沃国际重工股份有限公司
	农业部北方农业装备科学观测实验站	西北农林科技大学
	农业部南方农业装备科学观测实验站	安徽农业大学

表 4-4　设施农业工程学科群构成情况

类　　别	实验室名称	依托单位
综合性重点实验室	农业部设施农业工程重点实验室	中国农业大学
专业性（区域性）重点实验室	农业部农业设施结构工程重点实验室	农业部规划设计研究院
	农业部设施农业节能与废弃物处理重点实验室	中国农业科学院农业环境与可持续发展研究所
	农业部设施农业装备与信息化重点实验室	浙江大学
	农业部西北设施园艺工程重点实验室	西北农林科技大学
科学观测实验站	农业部东北设施园艺工程科学观测实验站	沈阳农业大学
	农业部黄淮海设施农业工程科学观测实验站	山东农业大学
	农业部西南设施养殖工程科学观测实验站	重庆市畜牧科学院

教育部依托所属高校在农业装备技术领域建立了 3 个重点实验室、1 个工程技术研究中心。中国机械工业联合会在中国农业机械化科学研究院、山东时风（集团）有限责任公司、中国一拖集团有限公司建立了拖拉机、收获机械、植保机械、生物质能装备等行业性工程技术研究中心或实验室。北京、山东、河南、江苏、黑龙江、甘肃等省（直辖市、自治区）建立了省级的重点实验室和工程研究中心。建立了拥有全天候工况模拟、耕作播种机械、植保机械、收获机械、种子加工机械、节水灌溉机械、草原畜牧业装备、

农机智能化技术等一批具有较高技术水平的试验研究仪器设备及验证系统。

（二）依托产业技术创新战略联盟，初步构建了产学研协同创新体系

以大中型骨干企业和行业龙头企业为主体、大学、科研院所联合构建产业技术创新战略联盟是深化产学研合作的重要内容，是一种新型的产学研协同技术创新型组织，优势互补、系统集成、分工合作、统筹推进创新活动，成为了新的经济社会发展环境下政府推进技术创新的重要途径。以2007年科技部、财政部、教育部、国务院国有资产监督管理委员会、中华全国总工会、国家开发银行等部委推动组建的国家农业装备产业技术创新战略联盟为标志，我国农机化及农机技术创新进入产学研协同创新的新阶段。国家农业装备产业技术创新联盟由中国农业机械化科学研究院牵头15家产学研单位组建，现集聚了14家骨干企业、17所著名大学、11所研究院所共42家单位优势科技资源，代表了行业高端制造、技术发展和人才等先进生产力。联盟组建运行促进形成以中国农业机械化科学研究院、中国一拖集团有限公司、山东五征集团有限公司、福田雷沃国际重工股份有限公司、现代农装科技股份有限公司、江苏常发农业装备股份有限公司、山东常林机械集团股份有限公司、常州东风农机集团有限公司等农用动力与农机具制造骨干企业为主体、专精特社会化协作配套的产业集群，推动产业发展。构建了以企业为主体、产学研结合、“一个基地、两种模式”协同创新的产业技术创新体系，围绕产业技术创新链，以国家级创新载体为核心、转制院所牵头、骨干企业为主体、产学研结合，形成了共性关键及重大产品技术协同创新的农业装备创新基地；形成了大学理论和模式创新、研究院所应用技术研究、企业产品集成开发的纵向一体化协同创新模式，支撑了农业装备应用创新；形成了大学智能信息化技术研究、研究院所系统集成创新、骨干企业整机集成与制造的横向一体化协同创新模式，支撑了重大农机装备创制。山东、江苏、天津、安徽、黑龙江、新疆、新疆生产建设兵团等地方农业装备产业技术创新战略联盟积极探索地方科研力量整合与国内优势科研力量的对接，推进区域特色农机及农机化科技创新，推进了一批特色农机企业发展。湖南农业大学牵头组建了国家南方粮油作物协同创新中心，青岛农业大学、江苏大学等构建区域协同创新中心，提升区域农机化和农机技术研发水平。

（三）企业创新能力不断提升，创新主体地位进一步显现

初步形成了骨干企业引领、中小企业配套与区域支撑，包括零部件厂商、整机厂商、专业设计厂商等组成企业体系，各类农机及专业配套企业超过8 000家，其中规模以上企业超过2 000家，在创新技术产业化方面发挥了主导作用，可自主研发和生产4 000种左右农机产品，满足了国内90.0%以上的市场需求。企业研发规模及实力不断壮大，目前，已有20多家企业建立企业技术中心，200多家企业设有技术研发部门，研发投入占营业收入比例达到3.0%左右；研发条件不断改善，骨干企业大多拥有数字化设计平台、技术模拟实验试验、验证测试、性能考核及田间测试等仪器设备及设施，依托各类产学研

合作创新平台推进骨干企业、科研院所及高校的先进仪器设备及设施向中小企业开展共享服务，满足中小企业产品开发需求；企业拥有各类科技人员总数超过 1.1 万人，占总从业人员总数的 3.0%左右，其中高级职称人员约占 10.0%，中级职称人员约占 25.0%，科技人员科技论文发表数与 2004 年相比增加了 3 倍左右，科技人员队伍规模不断壮大、知识及年龄结构不断优化；企业专利申请量与 2004 年相比提高了 10 倍左右，其中，福田雷沃国际重工股份有限公司、中国一拖集团有限公司、中国农业机械化科学研究院授权专利拥有数均超过 600 项，产品核心竞争力不断增强。企业研发实现了从单一产品研发向系列化、多品种、集成配套研发转变，实现了从产品改进设计向产品技术研发转变，并呈现了向自主创新、产品与制造技术融合、智能高端创新的发展趋势。目前，已有福田雷沃国际重工股份有限公司、中国一拖集团有限公司、山东五征集团有限公司、江苏常发农业装备股份有限公司、山东常林机械集团股份有限公司、常州东风农机集团有限公司、酒泉奥凯种子机械股份有限公司等行业骨干企业建立了国家级企业技术中心。福田雷沃国际重工股份有限公司技术中心具备拖拉机、收获机械等整机，以及发动机、轮胎等零部件产品开发及质量保障能力；中国一拖集团有限公司技术中心具备大中小型系列拖拉机、柴油机等产品开发、检验测试、质量保障能力；中国农业机械化科学研究院、福田雷沃国际重工股份有限公司、中国一拖集团有限公司、山东常林机械集团股份有限公司等企业设有博士后科研工作站；中国农业机械化科学研究院、福田雷沃国际重工股份有限公司、新疆机械研究院股份有限公司、新疆科神农业装备科技开发股份有限公司并分别是科技部、国务院国资委、中华全国总工会认定的第一批、第三批、第四批、第五批国家创新型企业（试点）。企业国际化研发逐步起步，在立足国内市场的同时，我国农机积极实施“走出去”的战略，充分利用国际国内两个市场、两种资源优势，紧跟农机化及农机技术及产业发展趋势，不断提升主导技术发展的能力，中国一拖集团有限公司收购法国 McCormick France 公司，布局拖拉机专用动力换挡传动系统研发；福田雷沃国际重工股份有限公司初步构建形成了包括欧洲、日本研发力量的多位一体的全球研发体系；中联重科股份有限公司打造北美农业装备研发团队，布局欧洲研发中心；中国农业机械化科学研究院积极推进我国先进农业和农机技术及产品集成“走出去”；山东五征集团有限公司、常州东风农机集团有限公司等骨干农机企业积极拓展产品海外市场。

（四）形成了一支具有较大规模的农机化科技人才队伍

目前，30 多家省级以上科研院所、2 000多家规模以上企业、50 多所设有农机化等相关专业的高校、60 多家省级以上试验鉴定、推广、监理等机构，农机化科技人员总数超过18 000人，其中，高级职称人员约占 18.0%，中级职称人员占 28.0%左右；企业科技人员约占 59.0%、科研院所科技人员约占 26.0%、高校科技人员约占 9.0%，鉴定推广监理等科技人员约占 6.0%。在收获技术与装备、农用动力技术与装备、植保装备、定位变量作业装备、农机数字化设计及制造、农产品分选分级等技术创新及应用领域形成了一批创新人才团队，其中中国农业机械化科学研究院“收获技术与装备创新团队”入选科技部重点领域创新团队。

三、先进农机产品满足农机化发展需求

在适合中国现代农业生产特点的多功能作业关键装备、经济型农林动力机械技术、定位变量作业智能机械技术、设施农业装备技术等重大技术突破，农机新技术研究紧跟国际前沿，显著提高我国农机化及农机工业水平，有效缩短了与世界先进水平差距，我国农机产品种类由3 000多种增加到近4 000种，自主农机产品市场占有率达到 90.0%，基本满足中国特色农业机械化发展需求。旱作作物栽植技术、农作物生产过程监测与水肥药精量控制施用技术，奠定农机作业与先进农艺技术协调融合、农业全程信息化和机械化技术体系发展的理论基础。

（一）农林动力机械向节能、大型、高效化发展

达到非道路欧Ⅰ-欧Ⅱ排放标准的小型节能拖拉机，成为适合国情的在用1 500万台小型拖拉机替代技术。200 马力级拖拉机技术获得自主知识产权并进入产业化阶段，大功率柴油机、动力负载换挡等核心技术支撑 300 马力级、400 马力级及以上拖拉机开发，液压无级变速传动系（CVT）、CAN BUS 总线等技术支撑大型自走式农机装备的发展。

（二）多功能作业装备满足关键环节机械化发展

突破了复式整地、定位施肥、精量播种、高速栽插、高效施药、全价收获、节约用水等关键技术，形成了大中小马力段配套粮食全程作业装备配套体系，技术延伸拓展应用于棉花、番茄、甘蔗、花生、马铃薯等优势经济作物环节装备。谷物联合收割机由新疆—2 基本型升级到喂入量 4～6 千克/秒，纵轴流脱粒分离技术增强多功能适应性，玉米和水稻收获机械适合国情、发展提速，8 千克/秒、10 千克/秒等大喂入量联合收割机智能化等关键技术研发紧跟国际趋势，与国际先进技术平齐发展。采棉机实现自主化，从完全依赖进口达到市场占有率 30.0%，3 行采棉机满足小规模棉花收获需要，5 行、6 行大型采棉机关键部件及智能化核心技术取得突破。加工番茄、甘蔗、花生、甜菜等经济作物收获技术装备逐步示范应用推广。水稻高速插秧机打破日韩企业技术垄断。大型喷灌机组实现水肥药一体高效施用，支持了水资源节约型规模化种植业发展。

（三）定位变量作业智能机械技术初步应用

突破了土壤、动植物信息快速获取解析、多源信息融合与作业控制、定位导航作业等关键技术，形成水、肥、种、药变量施用技术及装备，在农业生产中初步应用，节水 15.0%～25.0%，化肥和农药利用率提高 10.0%以上。田间除草机器人、无人机作业施药机以及集成自动导航技术的拖拉机、联合收割机、插秧机等智能农机装备实现示范应用。粮食作物、瓜茄类蔬菜从种子、种植生长过程、保质采收、产后加工的生产装备智能技术及体系初步构建形成，推进高品质

规模化制种、高质量秧苗规模化生产、精量播种与精细管理、高效低损收获、保值增值分选等农机化及农机技术智能化发展。

（四）设施农业装备技术持续提升

突破了低碳环控型温室和高光效轻简温室结构及配套设施、节能与绿色能源利用、环境调控及精细耕整地、精量播种、育苗嫁接、肥水一体化等高效生产配套装备，形成具有高抗逆、低能耗、环境智能可控、配套装备完善的设施园艺工程技术体系，提升了设施结构的抗逆性能、能源与资源利用效率、智能化控制水平，运行能耗降低 30.0%，产量提高 20.0%～50.0%。立体无土栽培技术应用较平面栽培提高产量 200%以上。

（五）健康养殖技术与装备促进养殖业节本增效

突破了节能节地型新型养殖设施、环境调控、养殖数字化监控与远程管理、饲料快速溯源与在线检定等技术，以及优质牧草太阳能保质干燥、奶牛全日粮混合饲喂等饲料加工、个性化饲喂设备，以及养殖场废物自动化处理技术，形成了猪、鸡、水产、奶牛养殖成套技术与设施设备，减少草加工损失 15.0%～30.0%，奶牛产奶量提升 8.0%左右，节能达到 30.0%以上，集约化养殖环境与生态持续得到有效改善，较现有养殖模式的综合生产效益提高 10.0%。

第二节　农作物机械化生产模式及适用新技术研究全面推进

一、构建了主要农作物全程机械化生产模式

农作物生产全程机械化模式研究的核心是实现作物生产、机械、人、环境（自然环境和社会环境）之间的协调推进。2012 年中央 1 号文件提出：“探索农业全程机械化生产模式。”2013 年中央 1 号文件提出：“集成推广区域性、标准化高产高效模式”。近 10 年来，围绕玉米、水稻、油菜、棉花、马铃薯、牧草、花生、甘蔗、苹果和茶叶等大宗农作物机械化生产需要，在机械化关键技术研究、机械化技术体系集成研究、区域机械化共性技术研究、设施种植养殖装备研究、农业工程模式与农业装备适用性评价等方面取得了显著突破，并在生产实践中广泛应用。

（一）构建了覆盖不同种植制度、生产规模的技术模式、工程模式和技术路线

形成了适宜北方一年两熟小麦—玉米轮作地区的周年秸秆覆盖免耕播种模式和周年秸秆覆盖少免耕播种模式；适宜北方一年一熟区玉米种植的碎秆覆盖少耕模式、整秆覆盖少耕模式、高留茬少耕模式；适宜黄土高原一年一熟区以种植小麦、玉米为主的秸秆覆盖免耕播种、秸秆覆盖少耕播种、小杂粮保护性耕作、根茬固土免耕播种等技术模式；适宜东北冷凉垄作区以种植玉米、大豆为主的留高茬原垄浅旋灭茬播种技术模式、留高茬原垄免耕错行播种技术模式、留茬倒垄免耕播种技术模式，以及水旱轮作类型区以种植水旱两作的稻麦（油）轮作和稻薯轮作等 80 多种技术模式。形成了吉林单季稻区、江

苏稻麦区、湖北稻油区、湖南双季稻区和内蒙古玉米一熟区、山东玉米、小麦连作区等典型的农作区作物全程机械化生产工艺路线、技术要点、机具配套、操作规程及运行机制。这些集成技术的示范推广，为转变农机化发展方式，推动特色、区域农机化协调发展，确保农机化发展质量，发挥了重要的科技引领和支撑作用。

表 4-5　粮食作物高产高效生产主要技术模式

重点区域		技术模式
东北玉米产区	东北北部玉米区	1. 早熟耐密品种＋等行密植＋适时追肥＋赤眼蜂防治玉米螟＋适时机械收获＋深松整地；2. 早熟耐密品种＋大垄双行＋追施氮肥＋赤眼蜂防治玉米螟＋适时机械收获＋深松整地
	东北西部灌溉玉米区	1. 耐密适熟品种＋深松保护性耕作＋精量播种＋合理保灌＋综合生物防治＋机械收获；2. 耐密适熟品种＋旋耕保护性耕作＋精量播种＋膜下滴灌＋综合生物防治＋机械收获
	东北西部旱作玉米区	1. 早熟耐密品种＋全膜覆盖＋机械双垄沟播＋赤眼蜂防治玉米螟＋适时机械收获＋深松整地；2. 早熟耐密品种＋半膜覆盖＋机械覆膜播种＋赤眼蜂防治玉米螟＋适时机械收获＋深松整地
	东北中南部平原玉米区	1. 耐密适熟品种＋深松整地＋等行距种植＋适时早播精播＋缓释复合肥侧深施；2. 耐密适熟品种＋深松整地＋大垄双行＋适时早播＋缓释肥侧深施
	东北中南部山地丘陵玉米区	1. 高产耐密适熟品种＋小垄等行密植＋秋旋整地起垄＋适时早播＋缓释复合肥侧深施；2. 高产耐密适熟品种＋小垄等行密植＋免耕适时早播＋速效与缓释复合肥结合
东北水稻产区	东北南部稻区	1. 中、晚熟品种＋大棚机插硬盘旱育秧＋机械插秧＋配方施肥＋间歇灌溉＋病虫害统防统治＋机械收获；2. 早、中熟品种＋无纺布抛秧盘旱育秧＋抛摆秧＋配方施肥＋间歇灌溉＋病虫害统防统治＋机械收获
	东北中部稻区	1. 中熟品种＋大中棚抛秧盘育秧＋人工抛摆＋配方施肥＋间歇灌溉＋病虫害统防统治＋机械收获；2. 中熟品种＋旱育稀植超稀植手插秧＋配方施肥＋间歇灌溉＋病虫害统防统治＋机械收获；3. 中熟品种＋大棚机插硬盘旱育秧＋机械插秧＋配方施肥＋间歇灌溉＋病虫害统防统治＋机械收获
	东北北部稻区	1. 稻谷品质安全化＋旱育壮秧智能化＋全程生产机械化＋ 叶龄指标计划管理；2. 集中浸种催芽＋钵育秧盘＋全自动化播种育壮秧＋机械栽植＋机械收获＋病虫害统防统治
黄淮海小麦产区	黄淮海南部水浇地麦区	1. 半冬性品种＋秸秆还田＋深松深耕＋旋耕整地＋机械条播＋机械镇压＋灌越冬水＋重施拔节肥水＋机械喷防＋机械收获；2. 半冬性品种＋秸秆还田＋少免耕沟播＋灌越冬水＋重施拔节肥水＋机械喷防＋机械收获
	黄淮海南部稻茬麦区	高产多抗品种＋稻秆全量还田＋适期适量机条播＋三沟配套＋重施拔节孕穗肥＋机械喷防＋机械收获
	黄淮海北部水浇地麦区	1. 冬性品种＋秸秆还田＋深松深耕＋旋耕整地＋机械条播＋机械镇压＋灌越冬水＋重施拔节肥水＋机械喷防＋机械收获；2. 冬性品种＋秸秆还田＋少免耕沟播＋灌越冬水＋重施拔节肥水＋机械喷防＋机械收获
	黄淮海旱地麦区	1. 抗旱冬性或半冬性品种＋秸秆还田＋少免耕机械沟播＋机械喷防＋机械收获；2. 抗旱冬性或半冬性品种＋秸秆还田＋旋耕整地＋机械条播＋机械镇压＋机械喷防＋机械收获

（续）

重点区域		技术模式
黄淮海夏玉米产区	黄淮海中南部夏玉米区	1. 高产耐密优良品种＋适宜单粒精播种子＋贴茬精量直播＋合理保灌＋化肥机械深施＋适时机械晚收；2. 耐旱稳产优良品种＋适宜单粒精播种子＋贴茬直播＋雨养旱作＋化肥机械深施＋适时机械晚收
	黄淮海北部夏玉米区	1. 中早熟耐密优良品种＋适宜单粒精播种子＋抢早贴茬精量直播＋合理保灌＋化肥深施＋适时机械晚收；2. 中早熟耐旱稳产优良品种＋适宜单粒精播种子＋抢早贴茬直播＋雨养旱作＋化肥深施＋适时机械晚收
长江中下游水稻产区	长江中下游双季早稻区	1. 早熟品种＋工厂化育秧＋机插秧＋配方施肥＋间歇灌溉＋病虫害统防统治＋机械收获；2. 早、中熟品种＋软盘保温育秧＋点抛秧＋配方施肥＋间歇灌溉＋病虫害统防统治＋机械收获；3. 早、中熟品种＋无盘旱育秧＋点抛秧＋配方施肥＋间歇灌溉＋病虫害统防统治＋机械收获
	长江中下游双季晚稻区	1. 早、中熟品种＋精量播种＋软盘湿润育秧＋点抛秧＋配方施肥＋病虫害统防统治＋机械收获；2. 迟熟晚稻品种＋适时稀播＋湿润育秧＋划行移栽＋配方施肥＋病虫害统防统治＋机械收获；3. 早、中熟晚粳品种＋精量播种＋软盘湿润育秧＋点抛秧＋配方施肥＋病虫害统防统治＋机械收获
	长江中下游单季籼稻区	1. 中熟品种＋集中育秧＋机插秧＋配方施肥＋间歇灌溉＋病虫害统防统治＋机械收获；2. 中迟熟品种＋集中无盘旱育＋人工点抛秧＋配方施肥＋间歇灌溉＋病虫害统防统治＋机械收获
	长江中下游单季粳稻区	1. 适宜熟期品种＋软盘旱育秧＋精确点抛秧＋精确施肥＋定量灌溉＋病虫害统防统治＋机械收获；2. 适宜熟期品种＋塑盘旱育秧＋机插秧＋精确施肥＋定量灌溉＋病虫害统防统治＋机械收获
长江中下游油菜产区	长江中下游稻油两熟区	1. 中早熟耐密品种＋机械联合耕播＋基施硼肥＋化学封闭除草＋一促四防＋机械收获；2. 中早熟耐密油菜品种＋机械开沟＋人工撒播＋基施硼肥＋化学封闭除草＋一促四防＋机械收获；3. 中晚熟品种＋机械耕整＋育苗移栽＋基施硼肥＋一促四防＋机械收获
	长江中下游旱油两熟区	1. 抗倒抗病品种＋育苗移栽＋基施硼肥＋一促四防＋机械收获；2. 抗倒抗病品种＋人工撒播＋基施硼肥＋化学封闭除草＋一促四防＋机械收获；3. 抗倒抗病品种＋翻耕直播＋基施硼肥＋化学封闭除草＋一促四防＋机械收获
	长江中下游稻稻油三熟区	早、中熟晚稻品种＋早熟油菜品种＋机械开沟＋集中育苗＋免耕移栽＋基施硼肥＋一促四防＋分段收获
西南西北玉米产区	西南丘陵玉米区	1. 耐密中晚熟高产品种＋宽窄行分带间套＋膜侧栽培＋水肥耦合＋病虫害综合防治；2. 耐密中熟高产品种＋趁墒机播＋培土垄作＋适雨施肥＋病虫害综合防治
	西南高山高原玉米区	1. 耐密中熟高产品种＋抗旱早播＋适雨施肥＋地膜全覆盖＋病虫害综合防治；2. 耐密中熟高产品种＋坐水种＋地膜全覆盖＋水肥耦合＋病虫害综合防治
	西北旱作玉米区	1. 抗逆玉米品种＋全膜双垄沟播＋氮肥分次施用＋病虫草综合防治＋机械收获；2. 抗逆玉米品种＋地膜覆盖＋氮肥分次施＋病虫草综合防治＋机械收获

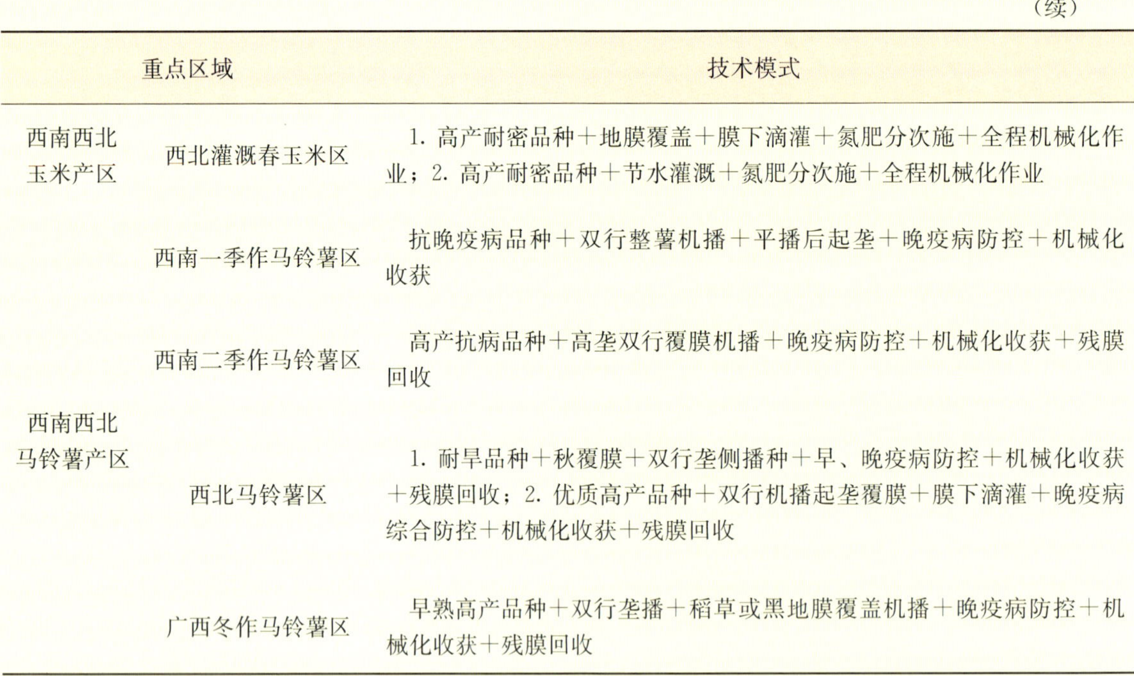

（续）

重点区域		技术模式
西南西北玉米产区	西北灌溉春玉米区	1. 高产耐密品种＋地膜覆盖＋膜下滴灌＋氮肥分次施＋全程机械化作业；2. 高产耐密品种＋节水灌溉＋氮肥分次施＋全程机械化作业
西南西北马铃薯产区	西南一季作马铃薯区	抗晚疫病品种＋双行整薯机播＋平播后起垄＋晚疫病防控＋机械化收获
	西南二季作马铃薯区	高产抗病品种＋高垄双行覆膜机播＋晚疫病防控＋机械化收获＋残膜回收
	西北马铃薯区	1. 耐旱品种＋秋覆膜＋双行垄侧播种＋旱、晚疫病防控＋机械化收获＋残膜回收；2. 优质高产品种＋双行机播起垄覆膜＋膜下滴灌＋晚疫病综合防控＋机械化收获＋残膜回收
	广西冬作马铃薯区	早熟高产品种＋双行垄播＋稻草或黑地膜覆盖机播＋晚疫病防控＋机械化收获＋残膜回收

（二）关键环节机械化技术取得突破，为农业生产提供了先进适用的作业装备

新型玉米气吸式玉米精量播种机播种机、田间管理机和收获机，成为农垦农场和农机合作社等规模化作业的主要机型。油菜高效种植、联合收割、通用型油菜籽清选与烘干等油菜生产机械化装备应用，油菜收获总损失率降低至8.0%以下。以解决华北棉花全程机械化生产为目标，筛选了适合机采棉花品种，创新机采棉种植模式，创建了株高、株型等符合指杆式机械采收要求的棉花群体，研发了新型指杆式棉花收获装备，建立了华北棉花生产全程机械化技术模式。花生、马铃薯、大蒜等机械化种植、收获技术及装备取得突破，花生铺膜播种机比人工播种提高效率40～60倍，解决了膜上筑土带的技术难题；花生联合收获机，实现了沙壤土、轻质壤土地区花生联合收获。

（三）品种选育、栽培农艺与农机互相适应，形成了典型区域重点作物机械化生产技术

大宗作物优势产区机械化技术体系日渐成熟，逐步推广应用，全国油菜机械化种植、水稻机械化种植、玉米机收水平每年约提高1个、3个和5个百分点。制定了全国玉米生产机械化技术指导意见，明确了黄淮海地区实行60厘米等行距平作种植模式；东北地区实行65厘米等行距垄作种植，并逐步向60厘米等行距平作方向发展，制定了夏玉米机械化生产技术模式，明确了玉米主产区机械化生产技术与装备发展方向。甘蔗、棉花等大宗经济作物机械化生产取得突破性进展，林果业、畜牧业、渔业、设施农业和农产品初加工机械化协调推进。围绕油菜机械化生产需要，农机农艺结合，筛选培育出适合机械化作业性状的品种（系），制定了机械化技

术规程，形成华东、华中和西南等区域机械化技术模式。形成了甘蔗生产全程机械化的农机农艺融合技术规范，着力解决解决甘蔗生产全程机械化问题。

（四）以轻简型、省力化为目标，研发南方丘陵山区等粮经作物装备技术，推进薄弱区域农业机械化

围绕水稻、小麦、玉米、薯类、柑橘等重要粮经作物机械化，为丘陵山地机械化创制了一批适应性、经济性、可靠性及作业性能兼具的先进技术设备，初步形成配套农机化生产技术标准和规范，逐步推进丘陵地区水稻、玉米标准化和机械化生产，提高丘陵山区主要粮食作物收获效率8～15倍。针对苹果、柑橘、葡萄、梨、桃和茶叶等不同地区、不同树种特点，以及果园茶园机械作业农艺要求，形成了北方平原丘陵浅山果园、南方山地果园、平坡缓坡陡坡果园等果园种植、果园管理、运输机械化技术及装备体系，提高果茶园机械化水平，实现了轻简化作业，提高橘园运输效率5～6倍，提高喷药作业效率60.0%。

（五）推进设施种养以及种子育制种等新领域的装备技术突破

针对现代蔬菜育苗产业实用技术装备缺乏、育苗工艺标准化程度低等问题，形成了蔬菜育苗基质标准化生产工艺与配套设备、苗期生长发育调控技术与配套设备、精量播种工艺与配套设备、商品苗储运技术与配套装备，为蔬菜集约化育苗标准化、机械化提供可靠技术支撑。形成了苜蓿种植与收获机械化工艺、苜蓿干草的减损调制机械化技术以及高效青贮机械化技术等，确保苜蓿高效种收，并通过加工提高其产品附加值。围绕标准化、规范化、优质化的需求，形成了全株玉米、苜蓿、高湿高热地区栽培饲草及北方天然优质牧草青贮先进生产技术及饲草青贮加工工艺及装备技术，支撑了青贮饲料的高效利用和产业化发展。针对小麦、玉米、油菜种子小区育种试验的种植模式和农艺要求，实现了作物品种小区的精密播种、联合收获机械化精确作业、自动化快速测种与精选加工后的分量分装，形成了我国作物品种小区生产机械化作业技术规范。

二、新装备新技术提升农机化质量和效益

（一）多功能联合耕整地技术

联合耕整地技术打破了过去耕翻、耙磨、起垄等单一整地模式，向深松（深耕）、旋耕、灭茬、秸秆还田、起垄、施肥等技术集成化方向发展，并应用了激光、电子等先进技术，有效地提高了耕整地的质量。联合整地技术可减少机具进地次数2～3次，具有保护耕地耕层土壤，提高作业效率，降低作业成本的优势，具有明显的经济和生态效益，在东北地区，集深松（深耕）、旋耕、施肥、起垄于一体的联合耕整地作业，可节约成本225～375元/公顷。深松旋耕整地一次完成犁、耙、平地作业，在不翻土、不打乱原有土层结构的情况下，打破坚硬犁底层，加厚松土层，改善土壤耕层结构，从而增强土壤蓄水保墒和抗旱防涝能力。与传统的翻耕作业相比，深松30厘米地块，可提高耕地蓄水量400米^3/公顷，延长作物耐旱时间10天左右，提高产量10.0%～15.0%。

（二）保护性耕作技术

保护性耕作技术体系核心是用秸秆残茬覆盖地表，实行少（免）耕施肥播种，尽量减少耕作，合理深松（深耕），用化学药物来控制杂草和病虫害，从而减少土壤风蚀、水蚀，提高土壤肥力和抗旱能力的先进农业耕作技术，具有改善土壤结构、培肥地力、提高抗旱能力、减少风蚀水蚀、节本增效等优点。近年来重点突破了秸秆还田、秸秆覆盖、免耕播种、轮作倒茬等装备关键技术，形成了干旱、半干旱保护性耕作技术体系，在北方一年一熟区、北方一年两熟区、黄土高原一年一熟区、东北垄作区和黄淮海水旱轮作区得到推广应用。

（三）精量种植技术

精量播种技术是指用精量播种机械将作物种子按农艺要求的播量、行距、株距、深度精确播入土壤的技术体系。精量播种技术的关键是精量排种器，分为机械式和气力式，气力式又包括气吸式、气吹式和气压式等。目前，国内外多数高端精密播种机械使用结构紧凑、排种通过性好的气吸式排种器。近年来，通过集成免耕播种技术、种肥施用技术，形成了一系列比较成熟的小麦、玉米、大豆、油菜、花生等作物精量播种技术及机具。与传统播种方式相比，精量播种可减少种子使用量和间苗用工量，以东北地区的玉米为例，应用精量播种技术每公顷可减少用种量15～25千克、增产400千克左右，同时采用化肥机械深施提高利用率10.0%～15.0%，节省化肥40.0%。

（四）高效植保技术

通过开展高效低污染安全施药技术、高效施药装备及搭载平台技术、施药作业过程自动控制技术等研究，为高秆作物高效施药、水田超低空低量施药、密植型果园仿形定向施药、篱架型作物高效施药、蔬菜高效施药等提供技术装备支撑，研制出适合于玉米、甘蔗等高秆作物、棉花、油菜、大豆、水稻、果树及温室作物病虫草害防治的高效施药机械，提高了农药利用率15.0%～20.0%，节省农药原药30.0%～40.0%，为高秆作物、水稻、果树及温室作物病虫草害的高效安全防治提供了装备技术支撑。

（五）联合收获技术

谷物联合收割机广泛应用，谷物联合收获技术与装备升级发展到3、4、5、6千克/秒喂入量，满足了我国较高作业效率和规模化服务的需求。大型收获机械的静液压驱动底盘、纵轴流脱粒分离、测产、在线监控和导航定位等技术的应用，实现了联合收获技术与装备的大型化、智能化升级，喂入量由6千克/秒提升到8、10千克/秒，通过互换割台，完成水稻、小麦、玉米、大豆、油菜等多功能联合收获。典型经济作物专用收获技术与装备逐步产业应用，油菜、棉花、油菜、甘蔗、番茄、块根块茎类等经济作物收获技术与装备通过引进和试验研究，形成了适应我国种植农艺的专用产品技术。

（六）精准农业技术

基于定位导航、自动控制、信息决策等高新技术的精准农业技术，是农机化和农机技术发展的主攻方向。在精准农业农田信息采集、变量智能农业装备、精准生产管理决策模型、精准农业集成技术等层面，取得了车载农田土壤信息快速采集技术、多平台作物信息快速获取技术、精准农业生产设计与管理决策模型技术、农田作业机械智能导航控制技术、精准农业智能变量作业装备、精准农业技术集成平台等重大共性关键技术，应用构建了支持我国主要大田作物、设施农业精准生产的重大技术、重大产品和重大系统原型，初步形成我国主要农作物和设施农业精准生产作业的技术系统。

（七）农产品智能分选分级技术

集成近红外、激光等光电技术和电荷耦合元件技术（CCD 技术），实现对农产品杂质、霉变、破损等识别清选，以及根据大小、成熟度等内外部品质进行分等分级。内外部品质、棉花异型纤维快速清理、禽蛋隐性缺陷在线检测等关键技术应用，显著提升果蔬、棉花、禽蛋等农产品品质。谷物清选机、水果分级机、马铃薯分级机等实现了产业应用，满足大米、小麦、枸杞、各种杂粮、茶叶、豆类、蔬菜、葡萄干、瓜子等农产品清选分等分级需要。

三、农机农艺技术融合体系初步形成

农机农艺融合是建设现代农业的内在要求和必然选择，重点是建立农机与农艺相互依赖、相互促进、协调发展的现代农业生产方式。近 10 年来，农机农艺融合受到高度关注，政策举措得力，推进成效十分显著。

（一）建立了农机农艺融合保障措施和政策体系

农业部出台了《关于加强农机农艺融合加快推进薄弱环节机械化发展的意见》，发挥农机购置补贴的调控作用，优先保证重点和薄弱环节作业机械购置补贴，支持开展了深松整地、秸秆还田、机插秧、高效植保等增农机化技术应用；实施农机化推进工程，推进农机化综合示范区县建设，为农机农艺融合提供了良好的基础设施条件。

加强农艺技术研究，部分作物将机械适应性作为科研育种、栽培和养殖方式推广的重要指标，有针对性地示范推广了农机农艺结合紧密的机型、作物品种和种植养殖方式。加强农机技术研究，开展田间作业、设施栽培、健康养殖、精深加工、储运保鲜等薄弱环节机械化技术及装备研发。加强农机农艺技术集成，针对重点薄弱环节，制定和完善了区域性农机化技术路线、模式和作业规范。

充分利用重点农机化技术推广、农作物高产创建示范、现代农业示范、农业标准化生产等项目，开展了水稻育插秧、玉米、油菜、花生、马铃薯机械化技术示范，以及甘蔗、棉花、大豆、牧草生产机械试验选型和示范推广。推广应用了保护性耕作、旱作节水、现代养殖、设施农业、农村节能减排技术，薄弱环节机械化技术获得突破和发展。

（二）形成了典型区域主要作物农机农艺融合技术体系

按照发展机械化为基本方向、标准化为基本要求、制度创新为根本保障、农业生产经营组织为主要示范力量的思路，着力推动农机农艺融合，目前已经建立了农业装备适用性评价方法，形成了主要作物、典型区域农艺农机相适应的技术体系；建立了 30 多项农业工程技术标准和评价指标体系，为指导农业工程技术的集成应用、区域重点工程集成模式及区域重点研究与方向，推进农机农

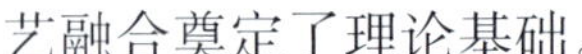

艺融合奠定了理论基础。

农业部在全国建立水稻、玉米、油菜、棉花、大豆、花生、甘蔗等作物50个农机农艺融合示范区，通过农科教结合、农机农艺结合、研发推广结合，基本解决了水稻、玉米、油菜、棉花、马铃薯和花生等机械化生产的装备技术“瓶颈”，加快突破我国农机化发展薄弱环节。例如，积极推进玉米标准化、规模化种植，在一定区域范围统一品种和种植模式，规范不同区域玉米种植行距，规范不同轮作制度前后茬作物的种植要求，因地制宜确定玉米机械化收获技术路线和适宜机型，提出和发展了以摘穗为主的玉米机收技术路线，形成了“机械摘穗＋秸秆粉碎还田”、穗茎兼收、玉米青贮和机械摘穗后秸秆处理4种基本模式。针对南方油菜机械化收获问题，按照农艺农机融合的技术路线，围绕分段收获和联合收获两种技术路线，筛选产量高、炸角率低分支较短、果荚位置较高、成熟度相对一致的高产双低油菜品种，建立适合机械作业的配套技术流程和技术规范，促进了油菜低损收获机械化发展。

第三节　新装备新技术的引进消化吸收紧跟技术发展前沿

一、政策支持新装备新技术的引进消化吸收

2004年11月1日实施的《中华人民共和国农业机械化促进法》规定“国家支持引进、利用先进的农业机械、关键零配件和技术，鼓励引进外资从事农业机械的研究、开发、生产和经营。”《国务院关于促进农业机械化和农机工业又好又快发展的意见》（国发〔2010〕22号）提出要“坚持自主开发和引进、消化、吸收、再创新相结合的发展道路，建立以企业为主体、市场为导向、产学研相结合的农机工业技术创新体系”；要“通过与国外企业合资、合作生产等方式，积极引进国外先进技术，逐步降低高端产品进口依赖程度”，“中央财政要加大投入力度，支持农机工业技术创新能力建设、科技成果产业化以及技术和智力引进。”2011年国家工业和信息化部《农机工业发展政策》提出“支持引进、消化吸收新型高效农业机械设计制造技术，增强产品开发和制造能力。对关键零部件制造在技术引进、技术改造、融资以及兼并重组等方面予以支持。”农业机械化发展规划、农机工业发展规划、科技技术发展规划等都将农机化及农机装备引进消化吸收再创新，作为提升农业装备产业技术水平和竞争力的重要手段，给予积极支持。

二、多形式多渠道引进消化吸收国外先进技术

围绕全程全面农业机械化的薄弱环节以及农机装备技术升级、产业转型的需求，中国农业机械化科学研究院、中国农业大学、农业部南京农业机械化研究所、农业部农业机械化技术开发推广总站等中央直属研究院所、部属研究院所及推广机构、高校，以及黑龙江农业机械工程科学研究院、青岛农业

大学等地方科研院所、高校，通过与国外企业、科研机构、高校等技术交流、联合研发、国际科技合作等多形式、多渠道，先后引进了大马力拖拉机、多功能收割机、现代农机具、农林飞机等国外先进技术，得到了“十一五”、“十二五”国家科技支撑计划、国家高技术研究发展计划（“863”计划）、国家国际科技合作与交流专项、引进国际先进农业科学技术计划（“948”计划）等中央财政科技计划的支持。

农业部南京农业机械化研究所的“先进油菜收获技术及关键部件引进”、“大中型拖拉机配套农机具的引进”和“先进棉花收获机械化技术及关键部件的引进”，及农业部农业机械化技术开发推广总站“保护性耕作系列机具与关键技术引进”、新疆农业科学院农业机械化研究所的“国外脱水杏制品加工技术引进试验示范”、青岛农业大学的“柔性精密播种机综合技术的引进”、山东华盛农业药械股份有限公司的“农药机械化循环喷雾技术及机具”等10多个项目获得引进国际先进农业科学技术计划支持。

2004年以来，中国农业机械化科学研究院等单位投入近1亿元，其中国家国际科技合作与交流专项支持3 500多万元，与美国、澳大利亚、加拿大、意大利等国家开展了大型联合收割机控制技术、大型自走式喷杆喷雾机、精准施药技术与装备、甘蔗生产全程机械化关键技术装备、玉米规模化制种关键技术装备、酿酒葡萄生产机械化关键技术装备等农作物生产技术装备，高效奶牛健康养殖、农畜废弃物资源化能源利用技术装备等养殖技术装备，激光光谱小麦品质信息智能在线获取技术、高品质橄榄油加工工艺技术及装备、环保型农产品木质纤维新型复合材料制品研制、米糠全价利用关键技术等农产品加工技术装备，以及基于废水处理的规模化微藻能源利用技术与装备等生物质能源利用技术装备等技术引进和合作研发，取得了系列高地隙自走式喷杆喷雾机、自走式精量喷杆喷雾机、整秆式甘蔗收获机、甘蔗种植机、甘蔗高地隙中耕施肥机等数十项具有自主知识产权的新技术成果，满足国内需求，使我国相关领域技术水平达到国际先进水平。

三、引进消化吸收再创新加速技术发展步伐

近年来，我国先后引进消化吸收并创新形成了智能控制技术、导航技术、关键零部件数字化设计与先进制造工艺等一批关键技术，推进了自动导航作业拖拉机、智能谷物联合收割机、高效植保机械等一批新产品的开发，助推产业技术发展升级。高效分离清选技术与装置为稻麦豆通用割台和联合收割机的升级提供技术支持，作业机具监管控一体化技术与装置实现关键运动部件和液压系统性能的在线监测、故障自动预警和远程协同自动诊断，基于多参数融合的田间施肥技术与装置实现基于处方图的变量配方施肥等，推进了耕整、播种、施肥、收获等作业机具的多功能、复式联合发展。农业装备数字化设计、主动可靠性设计技术和模拟仿真、虚拟样机试验系统、复杂部件铸型快速精益制造、关键零部件及整机智能制造工艺等技术缩短了农机产品从设计开发到产业化的周期，

提高了农业装备规模化、柔性化制造水平，推进了我国拖拉机、联合收割机、植保机械等农机产品制造升级及系列化发展。

国外先进的水稻、玉米、甘蔗、油菜等作物生产机械和旱作节水农业、保护性耕作技术引进消化吸收，精量播种、化肥深施、高效植保、低损收获、秸秆还田等增产增效技术转化应用，重要农时和薄弱环节农机化水平显著提高。大型收获机械、与大马力拖拉机配套的大型免耕精量播种施肥作业机械，为保障粮食生产能力提供了急需的技术装备支撑；玉米籽实与茎秆收获装备技术促进了玉米全价值收获利用，推动玉米收获机械化的快速发展；普及型、大型智能等系列化的采棉机满足了农户、规模化农场等多种种植规模的机械化收获需要；甘蔗收获技术装备解决了制约甘蔗机械化生产技术瓶颈，与种植、施肥施药等作业机械配套，提高了我国甘蔗生产全程机械化生产水平。

第四节　农机化科技成果转化与技术推广成效突出

一、新型农机化技术推广体系基本形成

农机化技术推广体系是我国农业技术推广体系的重要组成部分，围绕贯彻落实《农业技术推广法》，根据我国经济社会发展的实际情况，按照公益性和经营性推广分类管理的原则，坚持创新驱动，基本形成了法律保障、政府主导、公益性推广和经营性推广互相补充、农科教结合、一主多元的新型农机化技术推广体系。各级农机化技术推广机构是新型农机化技术推广体系的“一主”，发挥好农机化技术推广工作的主导作用；农机化科研院所、农机化大中专院校、专业合作社等推广主体根据市场经济和农业生产的需要，积极推广先进适用的农机化技术。

（一）国家农机化技术推广机构稳定壮大

2004 年以来，我国各级农机化技术推广机构稳定壮大，成为新型农机化技术推广体系的主导力量，总体上呈现以下特点：

1. 县级以上的机构不断增加　截至 2013 年年底，我国有国家农机化技术推广机构 1 个，省、市、县三级农机化技术推广机构 2 573个，比 2004 年增加了 136 个，其中，其中，省、市、县三级推广机构的变化分别为增加 5 个、减少 9 个、增加 140 个（图 4-1）。

2. 县级以上推广机构的人员不断充实　截至 2013 年年底，全国省、市、县三级农机化技术推广机构共有人员22 335人，比 2004 年增加1 144人，其中，省、市、县三级推广机构的人员分别增加了 259 人、16 人和 869 人。平均每个推广机构的人数稳定在 8.7 人左右，地市级和县级机构的平均人数分别为 8 人和 12.4 人。与 2004 年相比，省级机构的人员明显增加，平均每个机构增加了 5 人图（图 4-2）。

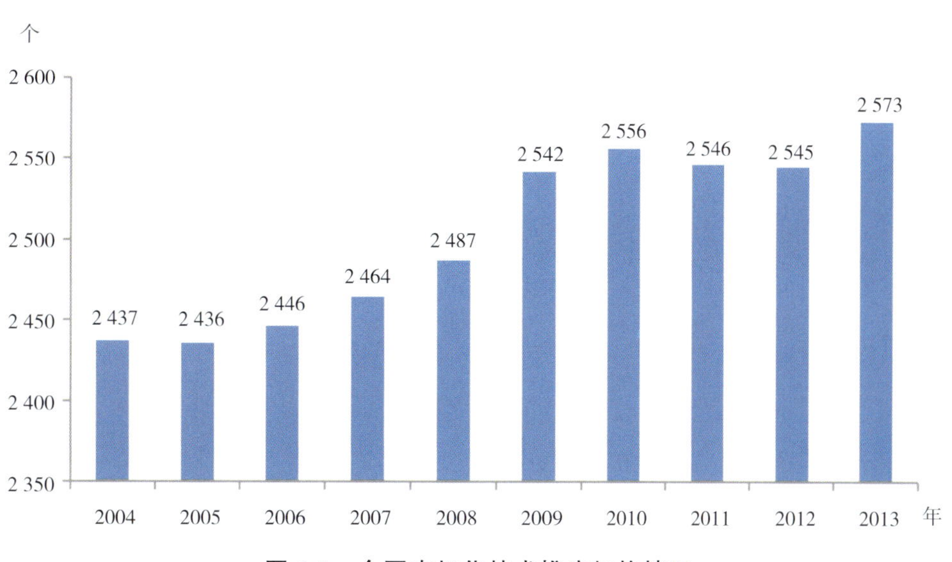

图 4-1　全国农机化技术推广机构情况

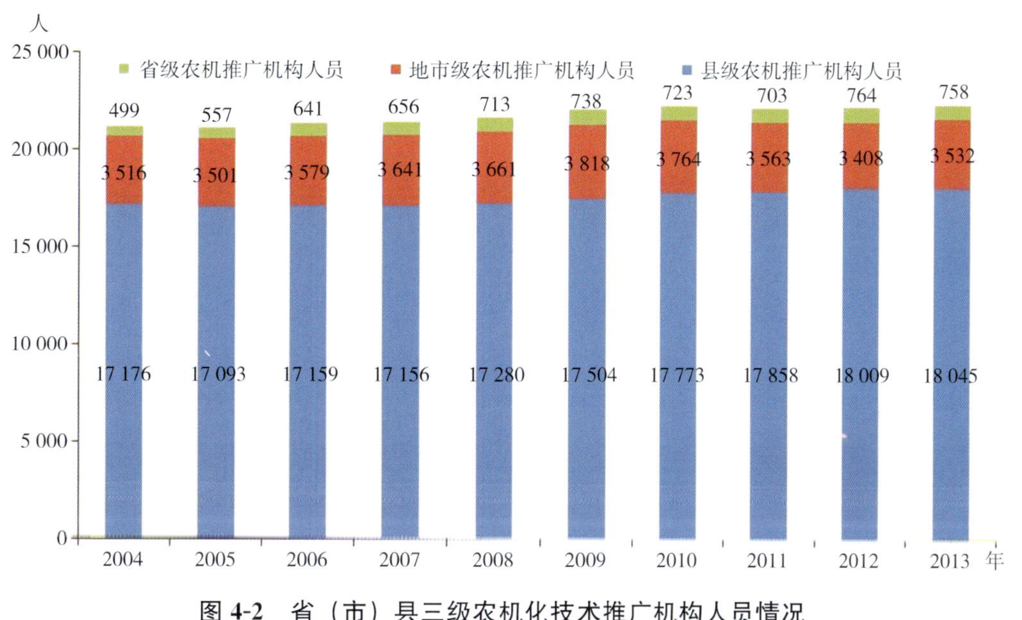

图 4-2　省（市）县三级农机化技术推广机构人员情况

3. 人员结构在波动中优化，科技人员比例有所提高　与 2004 年相比，2013 年全国省、市、县三级农机化技术推广机构的科技人员比例增加了 0.1 个百分点。其中，省级机构的科技人员比例增加 1 个百分点，县级机构增加了 0.8 个百分点。平均每个机构的科技人员数为 5.4 人，与 2004 年持平，但省级机构的科技人员数量明显增多，平均每个机构增加了 4 人，增幅近 30.0%（图 4-3）。

（二）农机化科研机构、大专院校稳定发展

农机化科研机构、大专院校队伍在经历了机构和人员合并减少以后，开始走向数量稳定和结构优化，在新型农机化技术推广体系发挥了技术研发、指导咨询、辐射扩散等

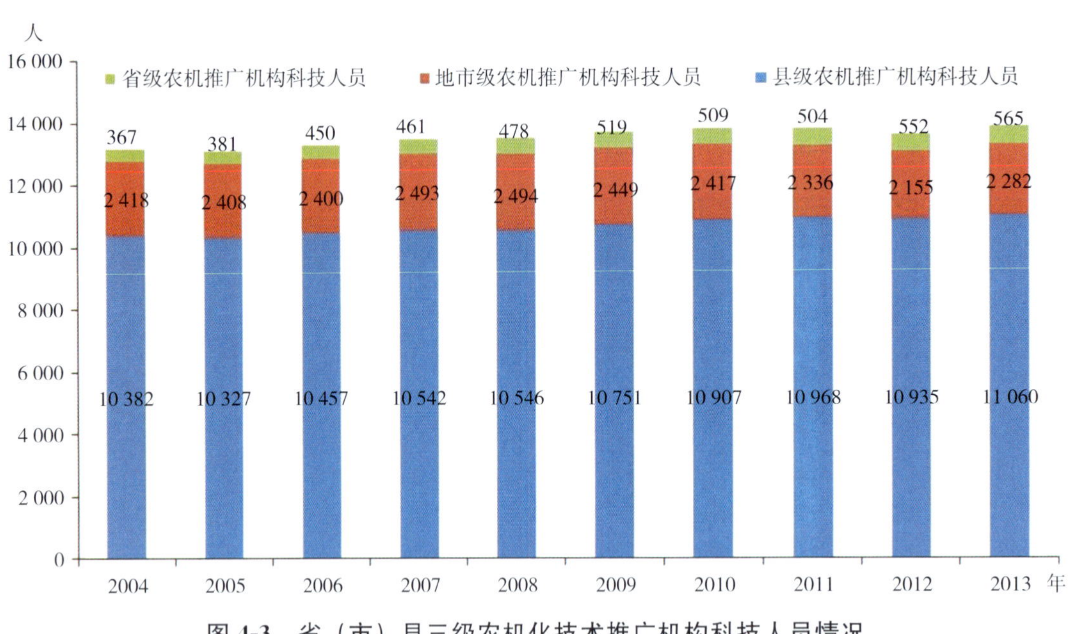

图 4-3　省（市）县三级农机化技术推广机构科技人员情况

重要作用。2004—2009 年，农机化科研机构和人数均经历了较大幅度的缩减过程，机构数和人员数、科研人员数分别减少了 20 个、943 人和 523 人，2011 年以后逐步走向稳定，到 2013 年年底，分别有 80 个、3 051人和 2 030人。农机化科研机构的人员队伍不断优化，地市级、省级农机化科研机构中科技人员占机构总人数的比例分别提高了 2.01 和 2.8 个百分点，平均增加了 2.3 个百分点（图 4-4、图 4-5）。

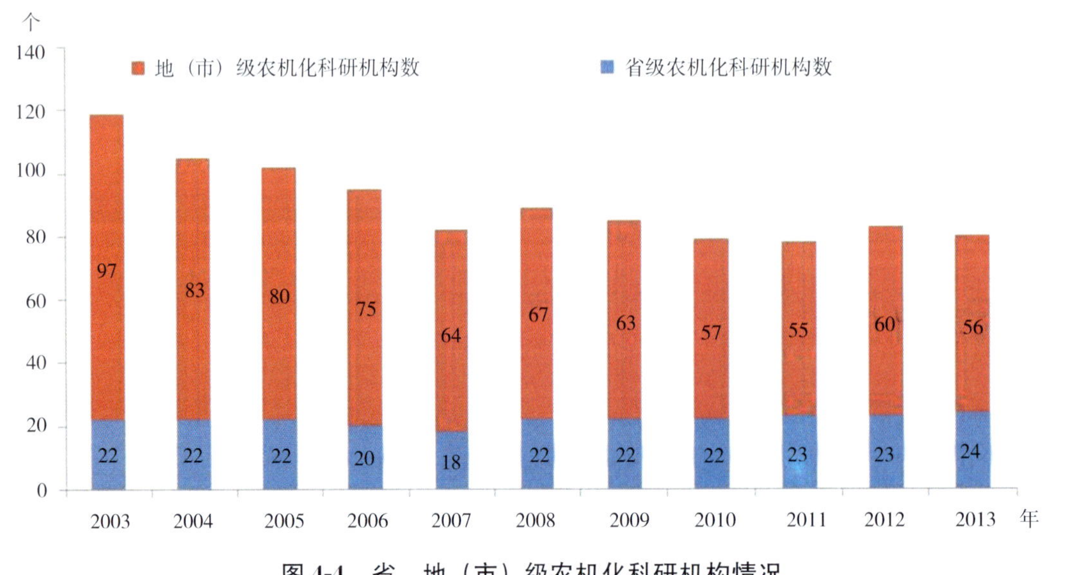

图 4-4　省、地（市）级农机化科研机构情况

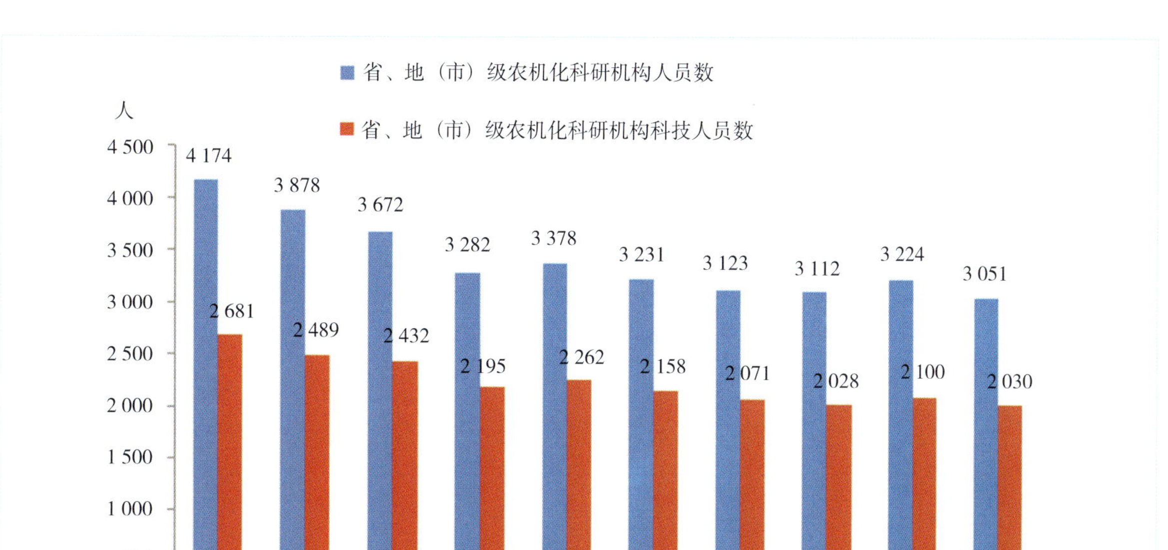

图 4-5　省、地（市）级农机化科研机构人员情况

农机化教育培训机构主要包括农机化大中专和农机化学校两类。农机化教育培训机构的数量、人员和人员结构也经历了减少和优化的过程，机构数、人员数、科研人员数分别减少了 427 个、7 588 人和 4 065 人，2011 年以后逐步走向稳定，到 2013 年年底分别有1 754个、19 689人和13 057人，农机化教育培训机构的人员队伍不断优化，科技人员占机构总人数的比例分别提高了 3.5 个百分点（图 4-6、图 4-7）。

图 4-6　农机化教育、培训机构情况

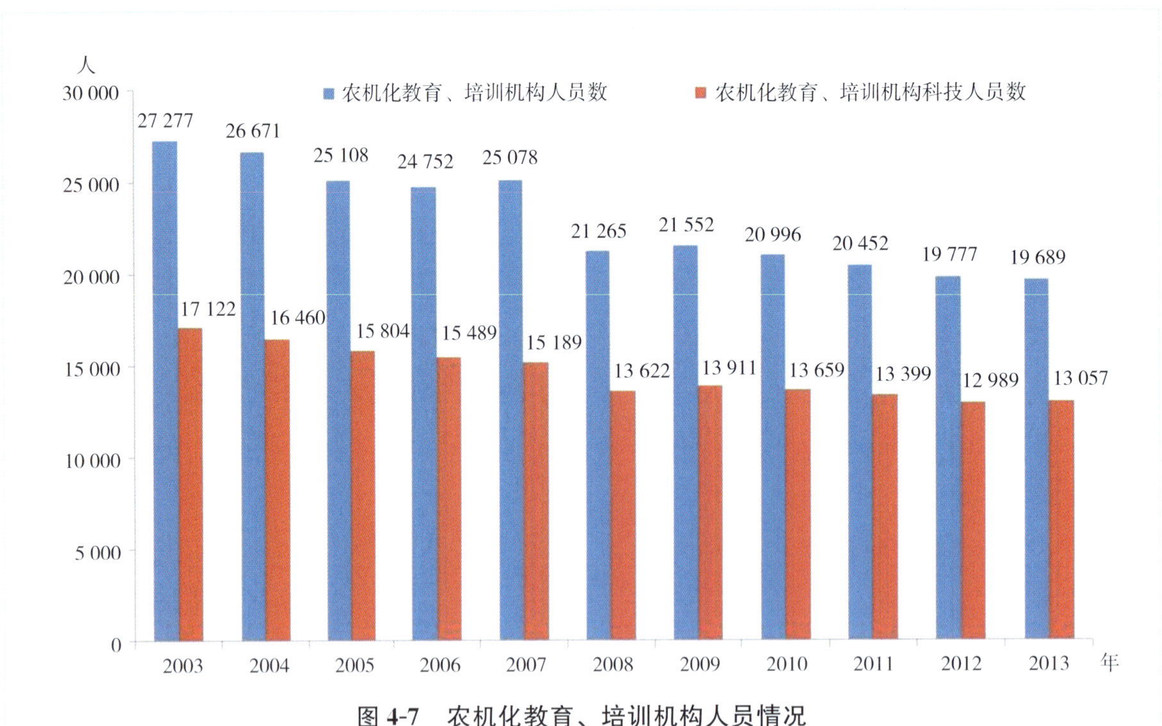

图 4-7　农机化教育、培训机构人员情况

（三）农机化作业服务组织及农机户等推广主体发展迅猛

2004 年以来，以农机专业合作社、专业服务组织和农机户为代表的农机化作业服务组织发展迅猛，成为带动农民使用先进农机化技术的推动力量，是新型农机化技术体系的重要组成部分。截至2014年年底，我国有各类农机化服务组织及农机户4 308.6万个，其中各类农机户4 291.1万户、农机化作业服务组织 17.5 万个。2014 年年底，农机原值 50 万元以上（含 50 万元）的农机作业服务组织 7.5 万个。

二、转化推广了大批先进适用技术成果

按照增产增效并重、农机农艺融合、良种良法配套，生产生态协调的基本要求，推进农业技术集成化、劳动过程机械化、生产经营信息化，围绕机械化保护性耕作、植保和收获等关键环节，农业部以农业机械化主推技术等形式，先后示范推广了适合不同规模及种植区域的大型复式联合整地、保护性精密播种、精量植保机具及配套中耕作业机具等，取得了良好的经济和社会效益。

（一）推广高效多功能的农用动力技术，满足不同种植条件的动力需求

拖拉机节能环保型技术推广应用，使小型拖拉机排放达到非道路欧Ⅰ、欧Ⅱ排放标准，同时可节油 8.0%～10.0%。200 马力级拖拉机实现了产业化，搭建了我国大型拖拉机研发平台，为 300 马力级、400 马力级拖拉机研发奠定了基础，拖拉机电控负载换挡、负载传感的液压提升控制、CAN BUS 总线等关键技术获得突破。示范推广变地隙、变轮距、姿态可控可调的农用动力底盘技术，形成了可以挂接作业机具的农用动力机械，满足山地丘陵田间作业以及高秆作物植保作业需求。

（二）推广耕整及种植机械系列化技术，提高农机利用率和经济效益

重点推广了中小型拖拉机配套的高效作业机具，以及与大型拖拉机配套的多功能复式作业机具，如多功能联合整地机、玉米高速气力式茬地精密播种机、大豆窄行密植平作高速精密播种机、茬地小麦精少量播种机等。多功能联合整地机一次作业完成灭茬、深松、碎土、合墒和镇压等环节复式作业。玉米高速精密播种机集成了种子定向、免耕防堵、分层精量施肥、种肥监测、横向分段与单体结合的电液自控仿形等技术，形成了6、9、13行的产品体系。大豆高速精密播种机集成了单体精确仿形、高速气吸式排种、种肥监控等技术，形成了10、18和24行的产品体系。小麦精少量播种机集成了波纹圆盘开沟、侧深施肥和控制式密齿排种技术，一次完成开沟、播种、施肥和镇压复式作业，作业行数达到48、60行。集成超级稻少量精播成毯育秧与精准插秧、低损伤稻芽谷排种器与精量穴直播栽培技术等高效栽插技术，基本完善了插秧技术装备体系，满足水稻种植要求。

（三）推广高效施肥、植保和节水灌溉等机械化技术

围绕精量施用、精细作业等要求，重点推广了高效宽幅、变量喷雾、节水喷灌以及结合视觉技术的机械化除草技术，满足早期及中后期田间管理作业需求。推广了拖拉机牵引、动力底盘挂接、自走式高地隙等植保机械，解决了喷杆自动悬浮平衡技术、穿透性防飘移喷雾技术、药剂精量注入技术和系统恒压技术等精量喷雾作业关键技术。

（四）推广农作物高效收获装备技术，提高了劳动生产率

谷物联合收割机基本实现升级换代，喂入量覆盖4、6、8、10千克/秒等，导航作业、自动测产、割台仿行强化、高效纵轴流脱粒与清选减损、工况监控等开始应用，并实现与后续秸秆收集作业配套。玉米联合收获机形成了2、4行等主导产品体系，包括摘穗收获、籽粒收获、茎穗兼收、青贮收获等形式，并结合不分行收获技术应用，满足了不同地区种植模式玉米收获需求。采棉机形成3、5、6行等产品体系，基本满足新疆兵团、西北内陆、黄河流域棉花主产区机械收获作业需求。甘蔗、花生、蔬菜、葡萄、甜菜及部分根茎类中草药等简易型或分段收获机械化装备技术开始应用，提高了劳动生产率，降低了农民劳动强度。

（五）推广产地处理与加工装备技术，推广促进农产品减损保质增效

围绕农产品优质、安全、高效和节能加工处理的要求，在产地处理、储藏、分选、加工等关键环节，重点推广了果蔬干燥成套设备、移动式湿冷保鲜装备、棉花加工成套装备、茶叶加工成套设备、高品质蛋白与油脂联产加工等技术成果，满足了谷物初加工、油菜籽、籽棉、禽蛋、果蔬、茶叶、农作物种子等农产品加工需求，实现了农产品流通过程中的保质增效。

三、主要作物生产机械化技术全面应用

（一）水稻生产机械化技术

2004年以来，围绕提高水稻生产全程机

械化技术水平，农业部先后建立水稻机械化技术示范县500多个，以示范机械育插秧、机械收获等技术为重点，有效提高了我国水稻生产全程机械化技术水平的提高。形成了以水稻机插秧为主、机直播为补充的水稻种植机械化技术体系，发展了规格化育秧、双膜育秧、软盘育秧、工厂化育秧等配套机械化育秧技术，有效地提高了我国水稻种植的机械化水平。据统计，机插秧比传统手工插秧的稻谷产量高600千克/公顷，节约秧田80.0%以上，节约稻种40.0%以上，在育秧期少使用农药1～2次，提高生产效率10～25倍。以示范水稻联合收获技术为重点，重点推广应用全喂入和半喂入式联合收获技术，并发展了秸秆还田技术和籽粒清选等配套技术，基本解决了我国的水稻收获机械化问题，水稻收获机械化水平从2004年27.0%左右，提高到2014年80.0%以上。

（二）玉米生产机械化技术

围绕提高玉米机械化播种质量和机械化收获水平，重点推广了免耕播种、精量播种、机械化收获等技术，一批科技含量高、适应性强、性能稳定可靠的新技术、新机具得到大面积推广应用，玉米生产机械化水平迅速提高。目前已经基本解决了玉米收获模式和玉米割台的行距适应性问题，形成了适宜我国玉米生产的割台，集成示范了满足不同区域种植农艺的摘穗收获、穗茎兼收、籽粒直收等玉米收获机械化技术体系，玉米收获机械化水平从2004年2.0%提高到2014年的57.8%。与人工作业相比，机械作业每亩可节约人工费用40～60元，生产效率提高20～25倍。推广了“机械摘穗＋秸秆粉碎还田”的作业模式，有效解决了玉米秸秆处路问题。

（三）油菜生产机械化技术

围绕油菜生产机械化薄弱环节，重点推广了油菜直播、移栽和收获等机械化技术，在全国建立油菜机械化技术示范点60多个。我国油菜种植有垄作、平作、等行种植、宽窄行种植等，机械化精密直播的作业效率更高，节约劳动力优势更加明显，重点推广油菜联合精量直播技术，一次性完成开沟、破茬、种床旋耕、气力精量播种、施肥、少耕等联合作业，较撒播播种方式节约种子用量0.15～0.25千克/亩*，节约肥用量15～25千克/亩，较人工撒播＋人工开沟方式节约劳动用工10个/亩以上。机械化移栽可以延长油菜生长时间，解决多茬作物接茬矛盾，提高复种指数和单位面积农作物产量。围绕分段收获和联合收获两种技术路线，针对茬口要求不紧的直播油菜、低产油菜、小田块种植的油菜，以及收获季节多雨的地区，重点推广低损切割、高效脱粒清选等联合收获技术；在低密度、高产地块，对株形高大的移栽油菜、倒伏油菜，以及只种植一季油菜作物的西藏、内蒙古东部等地区，重点推广油菜割晒、捡拾等分段收获技术。联合收割作业的损失率和含杂率可分别控制在8.0%和6.0%以下，分段收割作业的损失率和含杂率可分别控制在6.5%和5.0%以下。据统计，油菜机械化直播的效率大约是人工的15倍，机械化移栽的效率约是人工的5～7倍，油菜机械化联合收获的效率大约是人工的20倍。

---

* 1亩＝1/15公顷。

（四）甘蔗生产机械化技术

重点推广整地、种植、中耕培土、植保、灌溉、收获等甘蔗生产机械化技术，加快甘蔗生产机械化进程，提高甘蔗综合机械化水平至目前30.0%左右。在大面积缓坡地地区，以大中型拖拉机、联合收获机作业为主，推广大型高效全程机械化；在丘陵坡地地区，重点发展轻简型机械化生产，实行轻简栽培，推广以联合收获和分段式为核心的机械化收获作业；在山区坡耕地，推广微小型耕种收机械化，重点解决甘蔗砍运等问题，满足甘蔗收获、种植、中耕管理、施药等机械化生产需要。与人工作业相比，全程机械化可提高工效50倍以上，甘蔗机械化节约成本效果明显，收获节本25元/吨左右，栽植节本80元/亩左右，中耕节本25元/亩左右，施药节本5元/亩左右。

（五）棉花生产机械化技术

农业部重点组织开展了棉花生产机械化技术试验示范，推广棉花覆膜播种、联合收获等机械化技术。机械铺膜播种可一次完成平整地形、作畦、施肥、镇压、铺膜覆土、精量播种、铺设滴管带、镇压、覆土等多项作业的技术，亩均节种2.5千克，亩增加产量3.0%以上，与人工相比提高效率15～20倍，每亩节约人工放苗、封土、定苗工序的费用约为60元。同时，我国已经形成了2、3、4、5及6行采棉与打包一体采棉机系列产品，机械收获效率大约是人工的20倍，有力地推进了棉花收获机械化由新疆兵团棉区向其他主产区的大面积拓展。

（六）马铃薯生产机械化技术

针对马铃薯生产机械化水平低，农业部每年设立马铃薯机械化实验示范项目县3～5个，着力于解决播种、田间管理、收获等薄弱环节，推进实现全程机械化发展。播种环节重点推广了马铃薯“起垄—覆膜—播种”技术；田间管理环节针对北方干旱缺水的特点，重点推广机械化喷灌技术；收获环节重点推广机械化杀秧、分段收获和联合收获机械化技术；形成了马铃薯机械化技术体系和操作规范，集成示范了机械整地（深松）、起垄覆膜、机械播种、机械中耕除草、机械杀秧、机械收获、废膜拣拾回收的马铃薯全程机械化技术模式。

（七）大豆生产机械化技术

针对大豆生产机械化薄弱环节，重点推广了大豆机械化精量播种和收获机械化技术，大豆机械化精播每公顷可节约种子3～5千克。大豆收获机械化重点推广联合收获技术，机械化收获效率是人工收获的15倍，每公顷可节约用工1 500元以上。

（八）花生生产机械化技术

在播种环节重点推广了花生的机械化精量播种、机械化覆膜播种、机械化起垄—覆膜—播种技术，一次可完成筑垄、施肥、播种、喷药、覆膜、膜上筑土带等作业工序，比人工播种提高效率40～60倍。在花生收获环节，分段收获重点推广挖掘、捡拾、摘果及脱壳、分选等收获后处理技术，联合收获重点发展挖拔、挖抖、挖振等组合挖掘、蔓果分离、清选输送等技术。

本章统稿人：吴海华

本章编写人：吴海华、曹光乔、毛振强、张鹏、方宪法、杨炳南、马姝芩

第五章　农机市场与流通

2004以来，我国农机市场持续多年保持产销两旺，主要农机产品市场销售保持高位运行。

第一节　农机市场快速发展

一、拖拉机市场持续多年高位运行

国内拖拉机市场销售总量持续保持在每年170万台以上，其中大中型拖拉机市场持续多年迅猛增长，小型拖拉机市场2011年以来呈现下滑趋势。

（一）拖拉机市场连续11年高位运行

2004年以来，国内拖拉机市场销售总量持续保持在每年170万台以上，特别是2004—2010年持续增长，2010年达历史最高量，当年销量263.3万台（图5-1）。

（二）大中型拖拉机市场持续多年迅猛增长

2004年以来，大中型拖拉机一直是我国农机市场增势迅猛的品种，由2004年年销售8.5万台猛增至2014年的44.2万台，年均增长18.0%。从大中型拖拉机销量年度同比看，2004—2008年连续五年大幅度增长，形成了年销20万台的水平，2009年销量上升到30万台，2013年攀升至年销40万台（图5-2）。

（三）小型拖拉机年销量持续多年维持在160万台以上

国内小型拖拉机市场，2004—2010年总体呈逐年上升趋势，但2011年以来呈逐年下滑趋势（图5-3）。

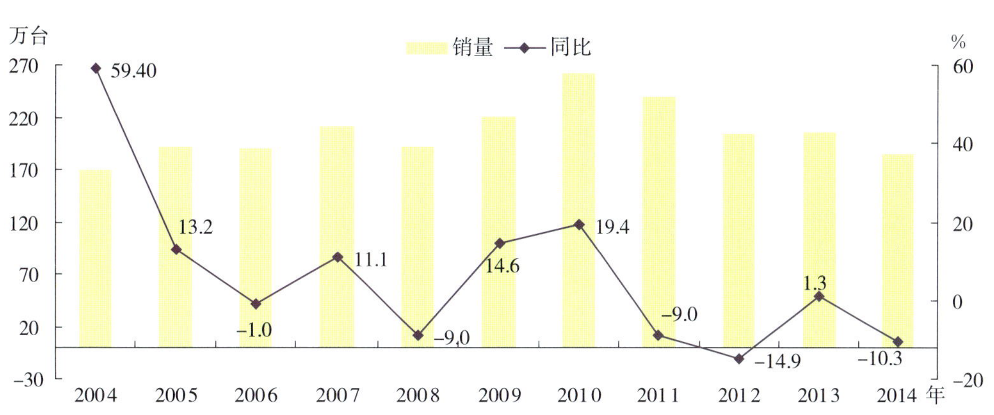

图 5-1　2004—2014 年拖拉机市场走势

资料来源：中国农业机械流通协会。

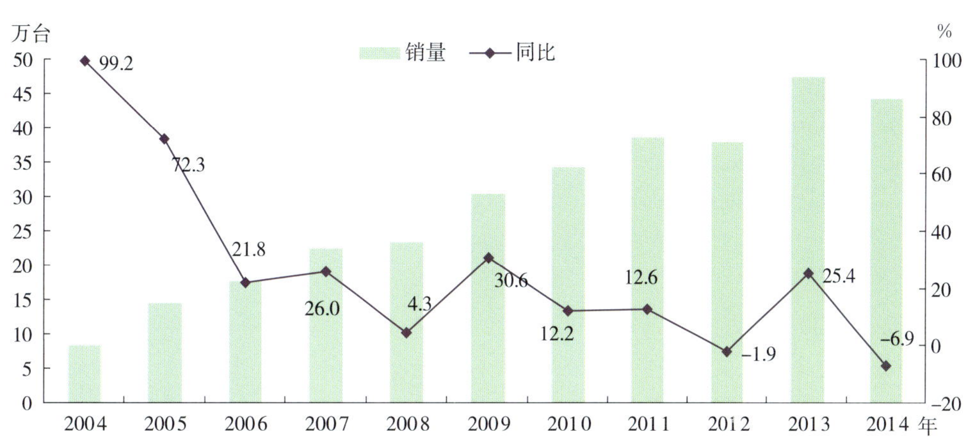

图 5-2　2004—2014 年大中型拖拉机市场走势

资料来源：中国农业机械流通协会。

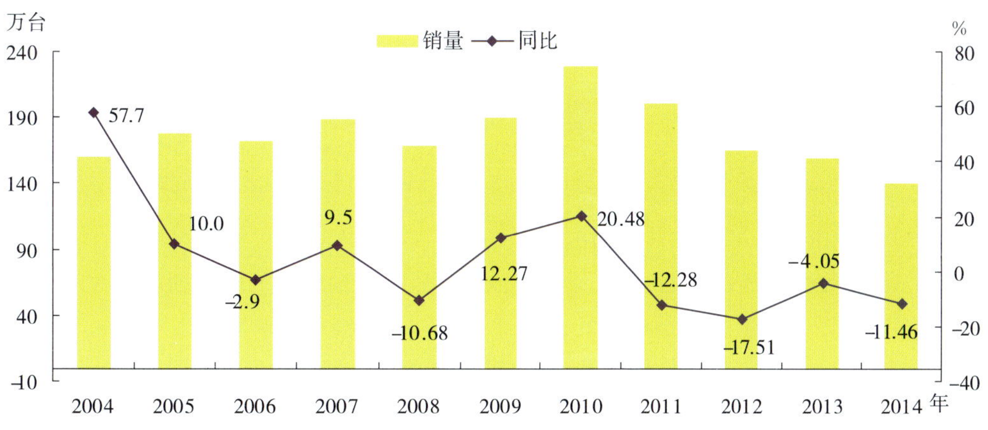

图 5-3　2004—2014 年小型拖拉机市场走势

资料来源：中国农业机械流通协会。

二、收获机械市场增势迅猛

国内收获机械市场，总体呈逐年攀升走势，其中玉米收割机2010年以来增势最猛。

（一）收获机械市场总体呈逐年攀升走势

收获机械市场销售，由2004年的21.7万台增长到2014年的83.3万台，增长近4倍。特别是2014年，在行业总体呈下行趋势情况下，我国收获机械市场却仍是稳步推高的发展态势，全年累计销售各种型号的收割机83.3万台，同比增长8.4%（图5-4）。

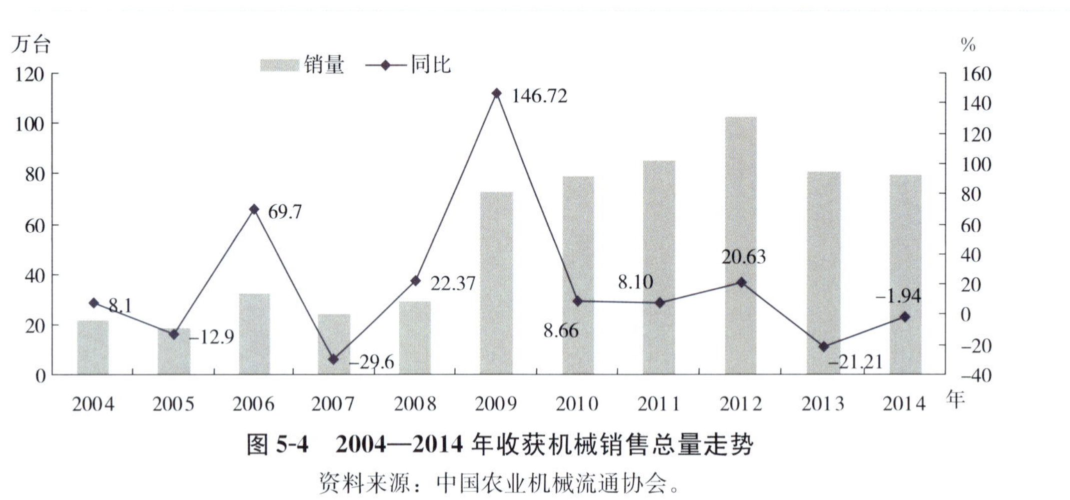

图5-4 2004—2014年收获机械销售总量走势

资料来源：中国农业机械流通协会。

（二）轮式谷物联合收割机（小麦收割机）市场呈逐年攀升走势

轮式谷物联合收割机（小麦收割机）市场，总体走势呈逐年攀升态势。其中，最高销售年份是2009年，销量达6.1万台，但2014年销售5.1万台，同比上年下降4.6%（图5-5）。

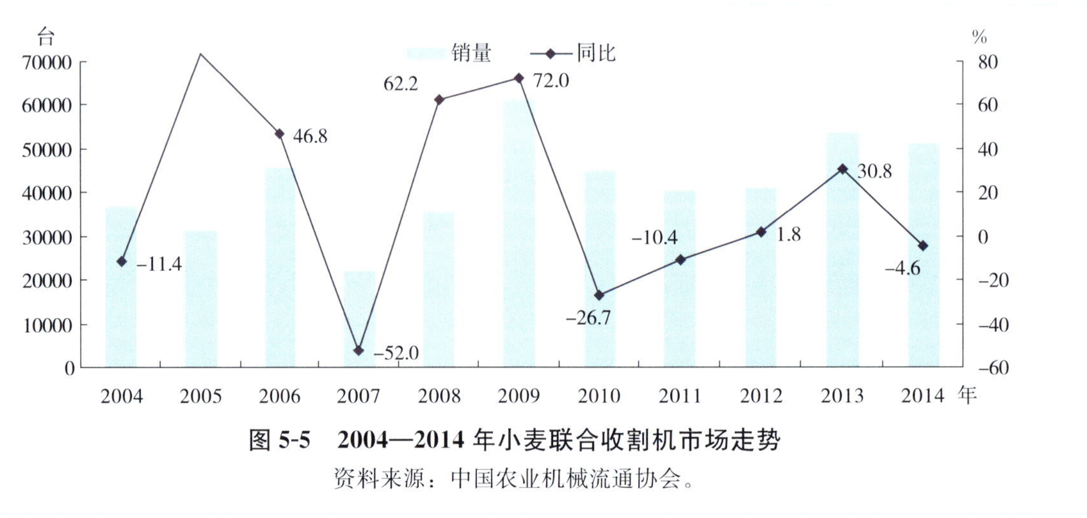

图5-5 2004—2014年小麦联合收割机市场走势

资料来源：中国农业机械流通协会。

（三）水稻联合收割机市场呈逐年上升趋势

水稻联合收割机市场总体也是呈逐年上升趋势，最高年份为2012年，2013年以来市场有所下滑（图5-6）。

图 5-6　2004—2014 年水稻联合收割机市场走势

资料来源：中国农业机械流通协会

(四)玉米收割机市场2010年以来快速增长

2004—2009 年是玉米联合收割机缓慢增长期，2010 年以来进入快速发展期，2014 年销量达到 8 万余台，增幅 24.3%（图 5-7）。

图 5-7　2004—2014 年玉米联合收割市场走势

资料来源：中国农业机械流通协会

三、插秧机市场需求稳步提升

2004 年以来，我国插秧机市场需求稳步提升，2013 年为最高年份，销量达 10.8 万台。2014 年市场出现下滑，下滑幅度达 28.7%（图 5-8）。

四、国内农机市场出现新变化

(一) 传统农机产品需求出现下滑

小型拖拉机 2011 年开始出现下滑，水稻

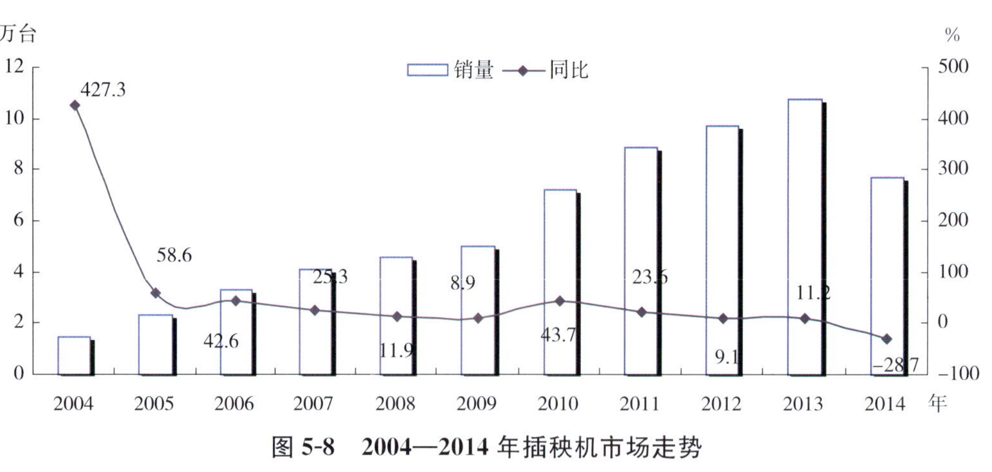

图 5-8　2004—2014 年插秧机市场走势

资料来源：中国农业机械流通协会。

收割机 2013 年开始出现下滑，插秧机 2014 年出现下滑。主要原因：一是过去多年农机补贴政策刺激，农机保有量急剧增加，使得一些传统农机产品总量已接近饱和，致使用户需求量下降。二是农机购置补贴政策调整后，农民观望情绪加重。如全款购机后，农民购机更加理性，确实需要的才购买，可买可不买的暂缓买；有补贴的才买，无补贴的暂不买。同时，补贴资金下达太晚，影响农民在农忙季节购机。

（二）农机产品向大型化、高效化发展趋势明显

拖拉机产品用户需求的马力段不断上移，小拖向中拖转移，中拖向大拖转移，二轮驱动向四轮驱动转移，四驱需求向 120 马力以上大马力升级。如近年来在中原地区，轮式谷物收割机 5 千克/秒以下产品需求持续萎缩，6～7 千克/秒（横轴流）产品成为销售主体；东北地区 6～7 千克/秒（纵轴流）产品需求下滑，8 千克/秒及以上产品需求增长。如手扶式插秧机加速向 6 行机发展，而 4 行机销售呈下滑趋势；乘坐式插秧机需求向多行发展趋势也很明显，6 行已成为市场主流机型。主要原因是土地流转加快，农业合作社、家庭农场、农业公司等新型农业生产经营主体加快发展，推动了农机产品不断向大型化、高效化发展。

（三）农机用户需求层次不断升级

用户购买农机不仅关注农机品牌和农机作业效率，同时更加注重产品的舒适性。如越来越多的用户在购买拖拉机时，要求带驾驶室、空调或同步器等，舒适、高效、节能的动力换挡产品逐渐受到用户青睐。

五、农机进出口贸易快速增长

2004—2014 年，也是我国农机进出口贸易持续稳定增长的 11 年。我国农机产品在满足国内市场需求的基础上，在国际市场上也开始表现出了一定的竞争优势。

（一）农机进出口总额持续增长

我国各类农机进出口总额，2004 年为 71.9 亿美元，2014 年达 454.9 亿美元，年均增长 16.2%。其中，农机出口金额连续多年

保持持续增长态势，农机进口金额 2011 年以来有所减少（图 5-9）。

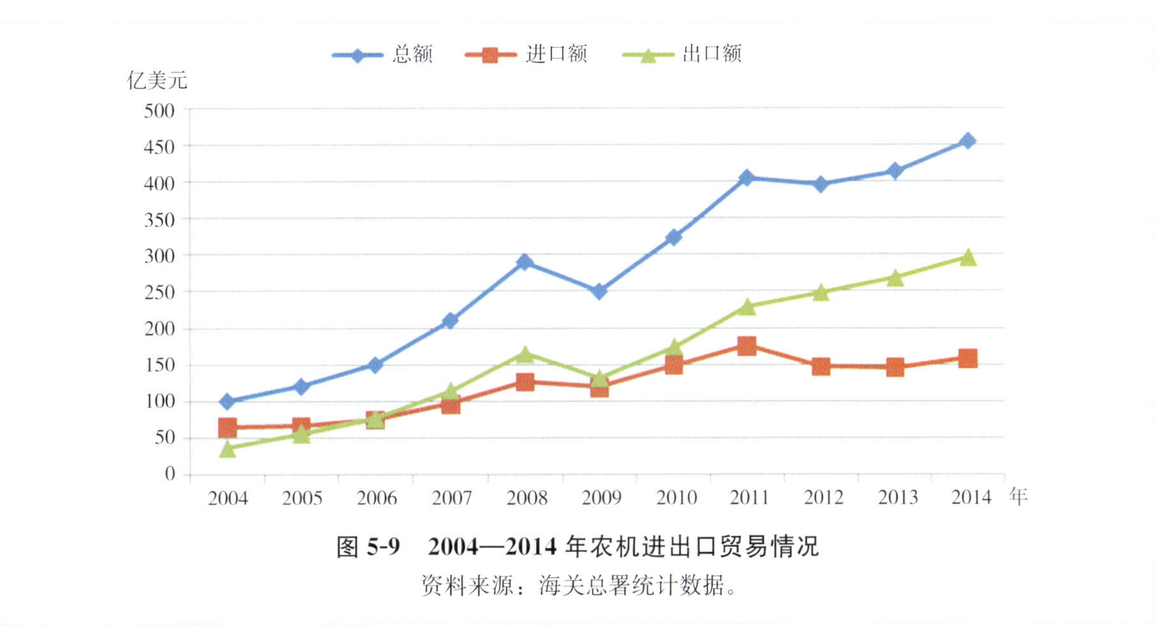

图 5-9　2004—2014 年农机进出口贸易情况

资料来源：海关总署统计数据。

（二）多年保持贸易顺差的基本格局

2004 年农机进出口贸易为逆差 27.8 亿美元，2005 年逆差减少到 9.6 亿美元。到 2006 年，农机产品进出口贸易由逆转顺，实现贸易顺差 1.9 亿美元。2007 年是农机产品出口量最大，出口 114.9 亿美元，同比增长 50.9%，高于全国机电产品出口增幅 18.6 个百分点，贸易顺差 18.7 亿美元。2009 年受国际金融危机影响，农机产品出口增速放缓出现了负增长，但从 2010 年开始实现了恢复性增长。2014 年农机产品实现出口 296.7 亿美元，同增长 10.4%。2004—2014 年，农机产品出口年均增长为 23.3%（图 5-10）。

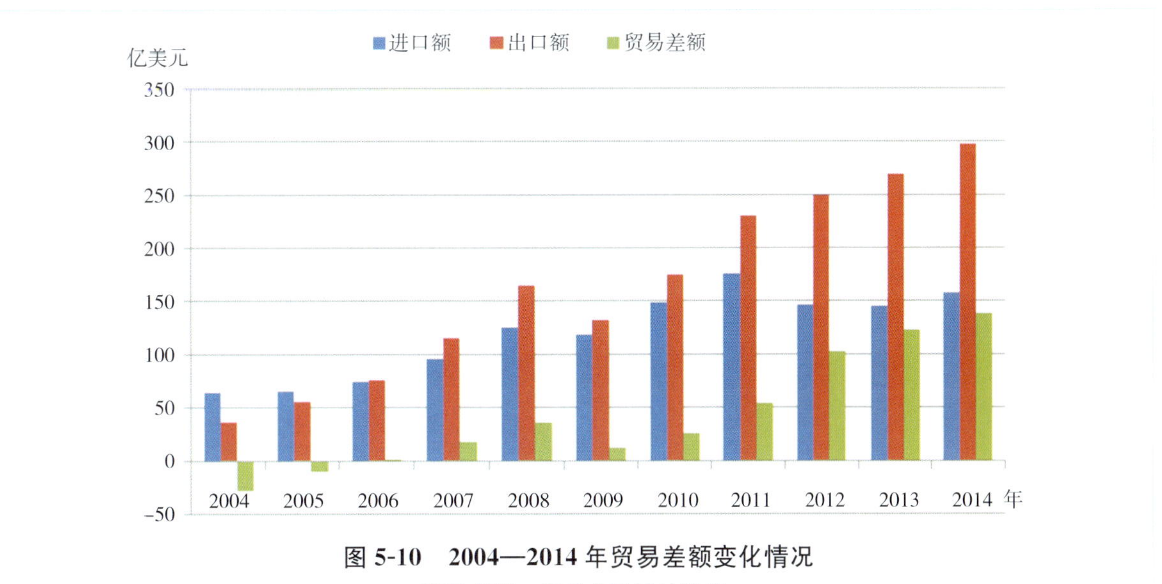

图 5-10　2004—2014 年贸易差额变化情况

资料来源：海关总署统计数据。

（三）出口市场多元化

亚洲是我国农机出口的传统市场，2004—2014 年出口占比呈下降趋势。2004 年出口 16.8 亿美元，占比 45.9%，到 2014 年出口 116.12 亿美元，占比下降为 39.1%。对欧洲和北美洲市场的出口保持了稳步上升的态势。欧洲是我国农机出口潜力最大的市场，2004 年出口 6.2 亿美元，占比 16.8%，到 2014 年出口 60.7 亿美元，占比提高到 20.5%。美国是我国农机出口单一国家最大的市场，2004—2014 年，出口占比基本保持在 1/5 左右（图 5-11）。

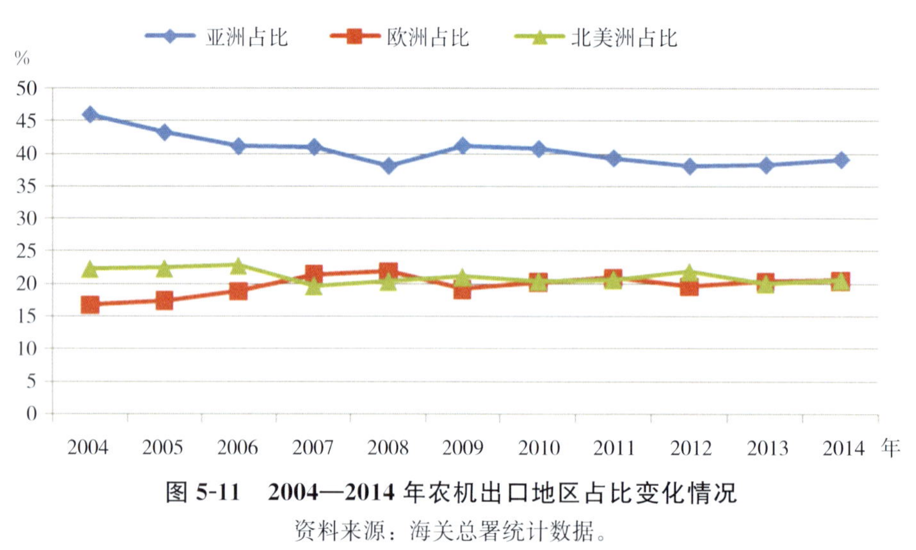

图 5-11　2004—2014 年农机出口地区占比变化情况

资料来源：海关总署统计数据。

第二节　农机流通行业快速发展

我国农机流通行业在经历了创立发展期（1961—1978 年）、转轨适应期（1978—1980 年）、稳定发展期（1981—1995 年）、系统转型期（1996—2003 年）后，2004 年进入了快速发展期。主要特征是农机流通主体覆盖面更广，农机流通方式不断创新，农机流通活力不断增强，形成了保障供应、满足需求、优质服务的行业属性，在服务农业生产、增加农民收入、促进农村经济发展等方面发挥了重要作用。

一、流通企业数量稳步增长

2004—2014 年，我国从事农机销售与服务工作的农机流通企业和农机经销网点数量持续增长，网点不断下沉，销售与服务的覆盖面不断扩大。农机流通企业 2004 年为 5 983家，2012 年突破万家，2014 年达到 11 711家，比 2004 年增加了近一倍，年均增幅达 6.9%（图 5-12）。

农机经销网点数量增长速度相对较慢，2004 年为73 422家，2014 年为83 876家，年均增幅为 1.3%（图 5-13）。

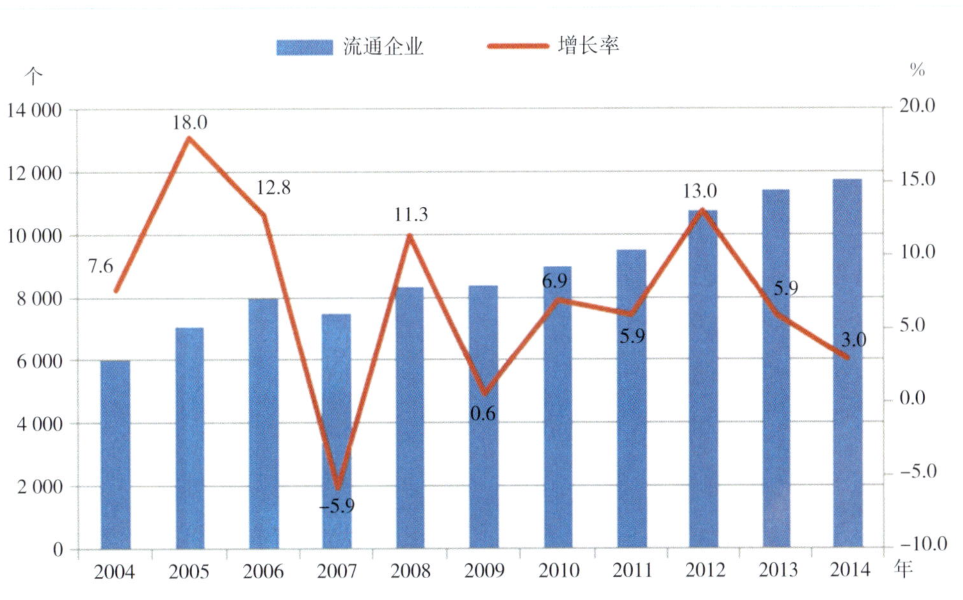

图 5-12 2004—2014 年全国农机流通企业数量

资料来源：农业部全国农业机械化统计资料。

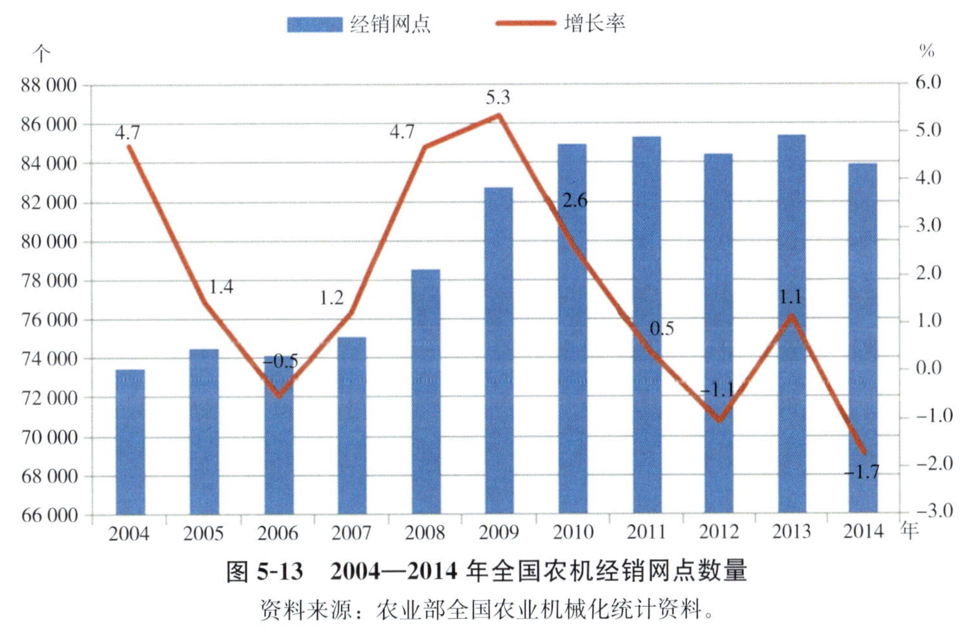

图 5-13 2004—2014 年全国农机经销网点数量

资料来源：农业部全国农业机械化统计资料。

二、从业人员数量逐年增加

2004—2014 年，农机流通行业从业人员不断增多。2004 年从业人员总数 191 049 人，2014 年达 280 374 人，年均增长 3.9%。农机流通企业从业人员 2004 年 52 921 人，2014 年突破 10 万人，达到 101 309 人，年均增长 6.7%（图 5-14）。

农机经销网点从业人员 2004 年 138 128

人，2014 年达到 179 065 人，年均增长 2.6%（图 5-15）。

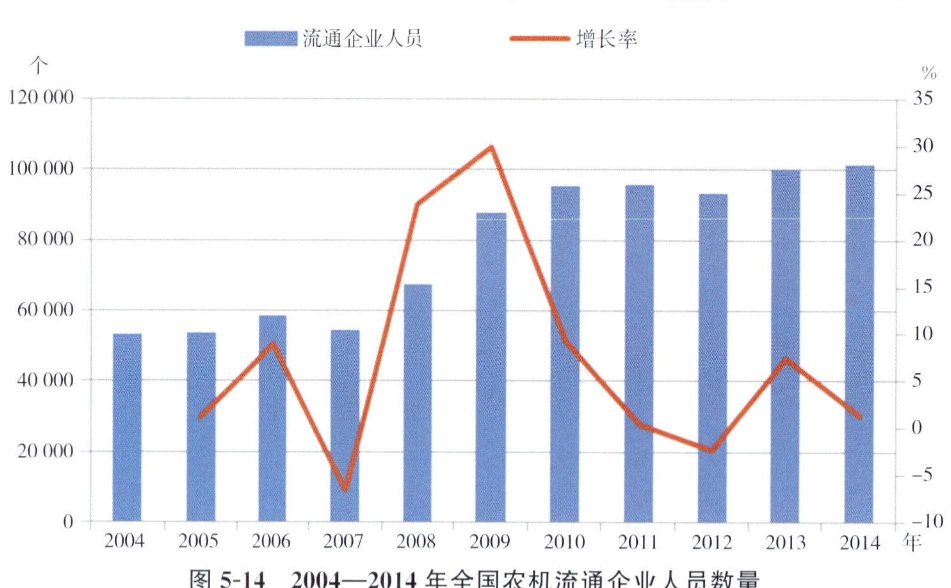

图 5-14 2004—2014 年全国农机流通企业人员数量

资料来源：农业部全国农业机械化统计资料。

图 5-15 2004—2014 年全国农机经销网点人员数量

资料来源：农业部全国农业机械化统计资料。

三、经营活力不断增强

2004 年以来，农机流通行业逐步形成了以民营和股份制企业为主体的流通格局，国有企业比重已下降到 5.0%以内。农机产品销售逐步形成了以农机流通企业（经销商）经销或代理为主体的产品营销体制。传统的买进卖出的销售方式已经改变，销售服务一体化，连锁、代理、配送等现代流通方式得到广泛应用，农机专营店、农机品牌店、农机连锁店、农机交易市场等新型销售模式在各地不断兴起并得到了较快发展。一批重点农机流通企业不仅注重品牌农机产品的销售，而且更加注重农机流通服务品牌的创建。这些企业通过加强自身建设，提升服务能力、维修能力和服务意识，从而实现了农机流通效率和服务质量的提升，打造了优质高效的农机现代流通服务品牌。

四、经营模式不断创新

（一）农机连锁经营快速发展，提高了农机流通行业组织化程度

农机连锁经营相对于家电等行业起步较晚，但是近年来发展势头迅猛。到 2014 年，我国各类农机连锁店有 3 000 多家，比较知名的农机连锁企业有四川吉峰农机连锁股份有限公司、江苏苏欣农机连锁有限公司、江苏利华农机连锁有限公司等。特别是四川吉峰农机连锁股份有限公司连锁经营呈较快发展势头，已经成为跨省区经营的大型农机连锁企业，并成为农机流通行业唯一的上市企业。目前，四川吉峰农机连锁股份有限公司在全国建有 200 多家连锁直营店、2 000 多家连锁加盟店；江苏苏欣农机连锁有限公司在省内及周边建有 40 多家连锁店；江苏利华农机连锁有限公司建有近 20 家连锁店。

目前，农机连锁经营的作用和优势日益凸显，通过规模经营，实行规范化、标准化与专业化经营管理，能够降低流通成本，提高流通效益。同时，连锁经营是杜绝假冒伪劣商品的有效措施，对规范农机流通秩序具有良好的效果。实践证明，农机连锁经营在改变农机流通“小、散、乱、弱、缺”行业格局，建立统一、开放、有序的大市场，实现农机生产、流通、消费的有机结合，形成适应社会化大生产要求的大流通方面，具有重要作用和深远意义。

（二）农机品牌店加速建设，提升了农机流通企业的形象和服务质量

农机产品市场集中度逐步提高，特别是大马力、高性能农机产品不断增多，农机生产与流通企业更加重视品牌战略，重视提升销售终端形象和服务质量，所以具有整机销售、配件供应、售后服务、信息反馈、技术培训“五位一体”功能的农机品牌销售店营销模式得到了较快发展。据不完全统计，到 2014 年，全国建有各类各级别农机品牌店约 1 000 多个。其中：中国一拖集团有限公司“东方红”品牌店 300 多个，福田雷沃国际重工股份有限公司品牌店 400 多个，中联重科股份有限公司品牌店 35 个，常柴股份有限公司专营店约 160 个；约翰·迪尔公司、久保田农业机械（苏州）有限公司、美国爱科集团等品牌店也在加快发展。

农机品牌店营销模式的推广和发展，增强了企业品牌形象和竞争力，促进了农机销售服务向规模化、专业化、专营化、标准化方向发展，对于改善流通环境、增强企业售后服务能力、规范农机维修配件市场经营秩序发挥了重要的作用。

（三）农机交易市场建设升级加快，方便农民用户选机购机

农机交易市场兴起于 20 世纪 90 年代，近十几年发展较快，已经成为我国农机流通领域的重要业态之一。农机交易市场作为农机销售的集散地，在活跃地方经济、方便农

民选择和购买农机以及规范市场行为等方面起到了较好的作用。据统计，目前全国农机交易市场有100多家，其中具有一定规模和影响的有30家，交易量较大、综合水平位居同行前列的市场有：河北庞口汽车农机配件城、黑龙江省汽车农机大市场、河南长葛市金桥农机商贸市场、河北大陆村农机市场、江苏徐州银地农机汽车大市场、安徽安庆青园农机五金机电城、江苏常州农机机电市场、宁夏固原农资城等。

农机交易市场的优势在于聚焦化、规模化和集约化，它迎合了用户的购买习惯和特点。市场选址一般都在交通较为方便的城乡结合部，比较贴近农民用户。市场品种比较齐全，用户挑选余地大。市场服务功能齐全，为用户提供一站式服务，方便了商户和用户。

（四）电子商务在农机流通领域应用步伐加快

越来越多的农机企业开始探索互联网营销，布局农机电商平台建设。目前，农机电商主要有3种类型，一类是类似于淘宝、天猫、京东等综合类电商平台。第二类是以吉峰易购、农机360等为代表的专业性电商平台。第三类是农机企业自身正在进行或者未来将要打造的自营电商平台。如东方红e购商城主要功能有：面向终端用户，利用农机360网电子商务平台，在互联网上建立与地面相协同的在线渠道管理，实现统一品牌形象管理、统一市场推广策划、统一售后服务标准，完成线上线下联动；具备品牌专营店在线用户捕捉、拦截、跟踪和交易的能力；实现二手农机转让和二手农机求购信息的发布功能，搭建东方红二手车交易平台。

综合来看，这三类电商平台各有优缺点。综合类电商平台流量大，覆盖面广及运营能力强，用户进入电商平台后虽有购买意愿，但由于其线索的精准跟踪不足，农机企业很难准确找到潜在购机者。专业性电商平台定位用户的精准度较高，但是所定位的用户未必有购买意愿。企业自建电商平台，投入大，流量小，日常维护成本高。因此对许多农机企业而言，目前仍只能依靠第三方电商平台开展业务。

（五）中国国际农机展迅猛发展

国际农机展的历史可以追溯到1959年，当时的主要功能是计划排产，名称为“全国农机产品订货交易会”。从1993年开始市场化运作。进入新世纪以来，国际农机展迅猛发展，特别是自2006年，展览面积超过10万米^2，国际化程度越来越高。2011年开始由中国农业机械流通协会、中国农业机械化协会、中国农业机械工业协会等三家协会共同主办，更名为“中国国际农业机械展览会”（CIAME）。2012年起，每年的展览面积均达20万米^2，多项指标创历史新高。国际农机展集中展示了农机企业的新产品、新技术和新理念，具有行业代表性和前瞻性，体现了国内乃至世界农机的发展趋势。目前，国际农机展已成为亚洲第一、世界知名的农机大展，被誉为农机界的“广交会”，是我国农机生产、流通、使用、科研院所，以及农机管理、鉴定、推广系统一年一度大交流的重要平台（图5-16）。

2004—2014年，农机流通行业虽然发展较快，但仍然不能满足我国农业机械化快速发展的需要，总体看目前仍然存在以下突出问题：

（1）市场集中度较低。大部分农机流通

企业规模较小，实力较弱，缺乏有实力的大型龙头流通企业。全国大部分农机流通企业销售额低于2 000万元，年销售额 10 亿元以上企业不足 10 家，百强农机流通企业销售额占全国农机总销售额不到 20.0%，县以下乡镇大量的农机经销网点规模更小。

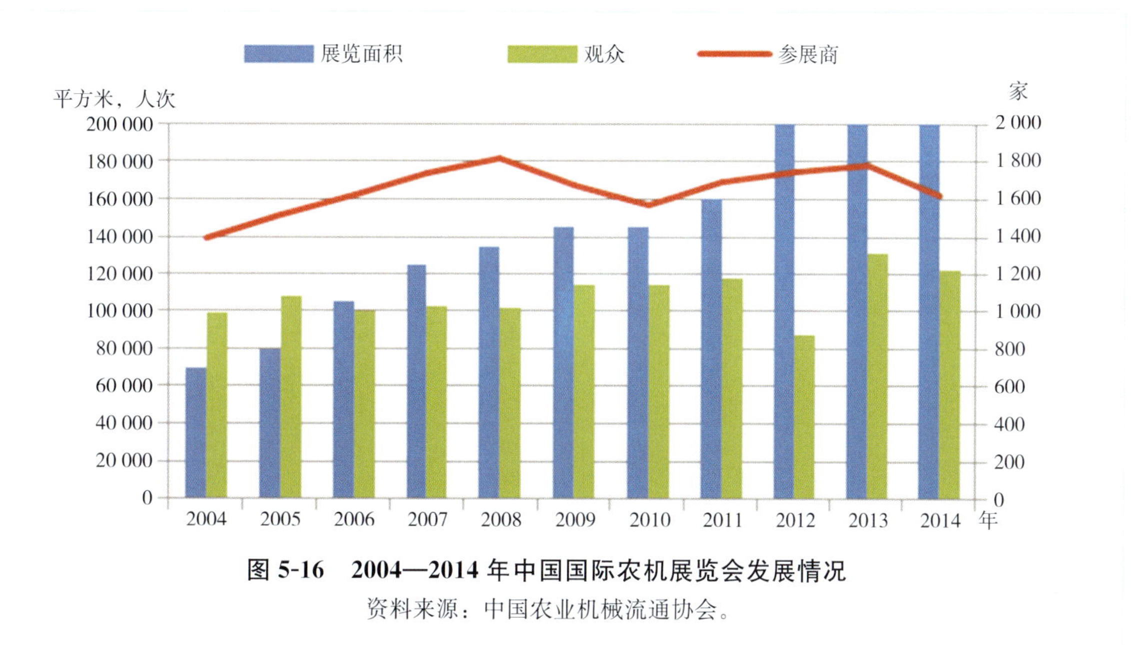

图 5-16　2004—2014 年中国国际农机展览会发展情况

资料来源：中国农业机械流通协会。

（2）流通基础设施较差。农机流通设施普遍较简陋，多数农机产品交易沿街为“市”、沿路为“市”。农机流通网点缺乏必要的维修、检测仪器和设备。据测算，农机流通行业平均利润率 1.0%～2.0%，自我积累发展能力较弱。

（3）流通秩序有待规范。农机流通行业没有行业准入门槛，部分不规范的经营主体在农机市场火爆时，也参与农机流通中，常有假冒伪劣农机配件流入市场，损害农民利益。

第三节　农机企业售后服务能力有较大提升

农机市场产销两旺，农机社会保有量快速增加，致使农机售后服务问题也越来越突出。为了不误农时，及时满足用户需求，农机企业在强化服务措施，提升服务能力方面，开展了大量工作，取得了较好的成效。

一、企业服务意识普遍有较大提升

（一）普遍认识到售后服务质量是企业营销成败的关键

农机产品普遍同质化严重，价格较低，企业间的竞争普遍由产品、价格竞争升级到品牌竞争和服务竞争上，所以提升售后服务就成为农机企业打造差异化竞争优势，提升品牌知名度、认知度和美誉度的重要途径之一。

（二）急农民所急想农民所想已成为企业做好售后服务工作的共识

农业生产季节性很强，农民受教育程度

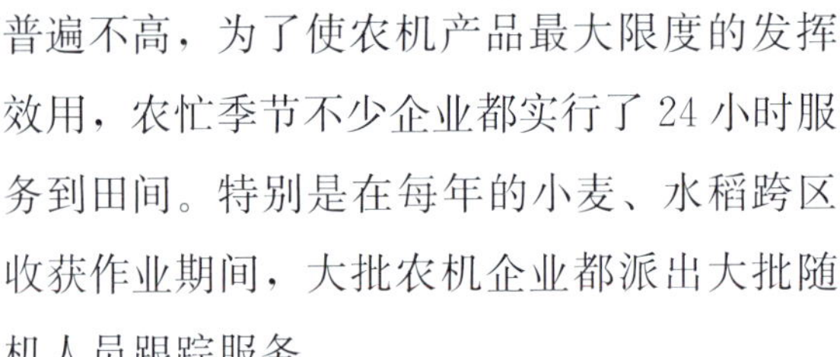

普遍不高，为了使农机产品最大限度的发挥效用，农忙季节不少企业都实行了 24 小时服务到田间。特别是在每年的小麦、水稻跨区收获作业期间，大批农机企业都派出大批随机人员跟踪服务。

（三）将售后服务措施落实到企业营销活动全过程

针对用户售后服务各个环节的多元化需求，不少企业致力于服务体制、服务保障、服务制度和服务文化的建设，取得了较好的效果。

（四）售后服务理念不断提升

许多流通企业结合实际，提出并认真践行了服务创造价值的理念。如江苏苏欣农机连锁有限公司早在 1998 年就提出“没有服务的销售，是不完整的销售”、“没有服务的营销不是真正意义的营销”，2002 年又提出“服务是农机流通企业的核心竞争力”，2006 年又提出“使用户舒心，工厂放心，员工安心”的服务理念，2012 年以来又创新了“服务是企业生存的基础，是企业存在的价值”的理念。安徽青园集团在全国范围内创造性提出了“保姆式”服务理念。

（五）企业服务文化不断创新

中国一拖集团有限公司与流通企业共同制定并实施了“金色服务”的品牌战略，把“金色服务”——“体贴、快捷、专业、增值”服务落实到营销服务工作的每一项具体环节中。福田雷沃国际重工股份有限公司针提出了“全心为你”的品牌服务战略，深化“专业、亲情、科学、便捷”的服务管理。山东五征集团有限公司提出了 OTO（一对一）的服务，在全国推行联保服务制度。

二、企业服务模式有创新

（一）推进“五位一体”销售服务模式

中国一拖集团有限公司、福田雷沃国际重工股份有限公司、常柴股份有限公司、久保田农业机械（苏州）有限公司、约翰·迪尔公司等几个大型农机企业率先在国内推行整机销售、配件供应、维修服务、用户培训、信息反馈的品牌销售店模式。

（二）发展连锁经营服务的模式

四川吉峰农机连锁有限公司、江苏苏欣农机连锁有限公司、黑龙江省农机公司等大型农机流通企业，相继推出农机连锁经营模式，实施农机连锁经营、连锁服务。这些连锁企业采取专业化连锁服务模式，做到全国或全省一盘棋，技术服务人员统一调配，统一服务标准。

（三）采取大市场加专营店服务模式

广东省农业机械总公司、徐州银地农机汽车大市场、山东牟平农机公司、湖北浠水青园国际农机机电大市场等，采取大市场加专营店销售服务模式，即在农机市场内设有各类农机品牌专卖店，并设有维修中心、配件中心、产品展示、培训室等功能区，为客户提供农机产品展示和专业服务。

（四）打造联盟服务和联动服务模式

在每年农忙季节，许多农机生产企业与流通企业、流通企业与流通企业以及流通企业与维修点之间加强联盟服务、联动服务，把许多流动服务车和固定维修工场之间有效的组织起来，明确权责，合理分工，以统一的外部形象，合力运作，实施联盟服务，上下左右互动，实行统一标准，统一要求，统一调度，实现资源共享，优势互补，从而保证了农忙季节企业的快捷和优质服务。

（五）推进服务下沉，让服务更加贴近用户

主要做法有：一是在乡镇以及重点村（寨）增设经营服务网点，并加大对乡镇销售服务人员的培训。二是同农机合作社、农机大户和重点农场合作，扩大基层服务网点覆盖面。这样既减轻企业的服务压力，又零距离接触用户，增加了企业与用户的互动和情感。

三、企业服务支撑体系得到加强

（一）加强企业技术服务人员培训，建设专业的服务团队

许多农机流通企业努力加强技术服务人员培训，每年多次安排或组织人员参加技术培训，不断提高服务人员能力素质。有的企业组织以赛代训等活动，培养了一批基层服务人才队伍，为做好服务工作打下了坚实基础。

（二）加强用户售前技术培训，有效提高机手素质

如山西省长治市农业机械总公司自建了“长治市城区农业科技培训学校”。学校拥有学员餐厅、学员宿舍、教室、倒杆场地、两个实习车间，可同时满足近百人的培训考试学习。几年来，共开展岗前技术培训驾驶员和机手 5 000 多人。

（三）增加硬件投入，建立农机维修中心

如湖北顺业农机有限公司，专门兴建农机维修中心一栋楼，面积 600 多米^2，中心配有 5T 行吊、龙门吊、机械叉车、手动叉车、车床、钻床、气泵、电焊机和专业修理发动机等设备 40 多种。

（四）强化回访，建立服务人员的评价和激励机制

很多农机流通企业和生产企业，以用户满意度为标准进行考核，跟踪监督服务质量。有的企业专门设立回访专员，跟踪服务进程，按用户签字的派工单，逐一进行电话回访。

（五）建立信息服务平台，全心服务用户

许多农机企业纷纷建立了客户呼叫中心，使遍及各地的客户服务请求、业务咨询、服务资源调配、服务过程跟踪、服务质量评价等环节实现了信息化、网络化管理。有的公司利用信息平台，宣传安全作业常识和机器维护保养知识，指导用户排除故障，提供跨区作业信息等。如福田雷沃国际重工股份有限公司先后投入近 4 000 万元建成国内领先的客户服务中心，实现了企业与客户的全时、无缝连通的信息传递枢纽。山东牟平农机公司成立了山东省第一家“客户服务中心”，开通了 7 部服务热线电话，配备了 20 多辆城乡免费送货车，服务人员占到全体员工的 40.0%，每年用于售后服务的费用高达 200 多万元。

四、农机售后服务发展滞后的主要原因

2004 年以来，虽然农机企业在售后服务工作上采取了不少措施，取得一定的成效，但从总体看，我国农机售后服务工作离用户的需求仍有很大差距，突出的表现在售后服

务的时效性还很不够。主要原因有：

（1）农机流通企业服务能力还普遍较弱。根据农机产品谁销售谁负责的“三包责任”规定，农机流通企业是“三包”期内的农机产品修理、更换、退货的第一责任人，只有确属生产者责任的，才可以向生产者追偿。但由于农机流通企业普遍规模小、实力弱，很多企业特别是基层农机销售服务网点，技术条件差，维修水平和质量不高，难以满足用户售后服务要求。

（2）同其他机械产品售后服务相比，农机产品的售后服务确有其特殊性。首先，农机服务半径大。农村地域辽阔、农民居住分散，给企业售后服务工作增加了很大难度。其次培训成本高。农民普遍受教育程度不高，农业机械又是重要的生产资料，结构复杂，使企业培训成本居高不下。再次季节性影响非常突出。受农时季节影响，每年春耕、三夏、三秋时，农机的服务需求高度集中，呈“爆发式”增长，给企业服务资源的调配带来困难。最后，农机使用周期长、维修成本高。一般机电产品，常年频繁使用，更新周期5～10年。而大中型农业机械，每年只使用一两季，实际使用时间仅为机电产品的1/4左右，实际更新周期更长，给企业持续的售后服务工作增加了难度，导致维修成本大幅增加。

本章统稿人：王玉狮

本章编写人：王玉狮、党东民、张华光、李贵元、邓志红、吴军旗

第六章　农机应用和服务

我国以家庭承包经营为核心的农村改革，允许农民个人或联户购置农业机械，千家万户成为投资和经营农业机械的主体，奠定了农机社会化服务的基础。农机应用和服务随着农村经营体系的创新而蓬勃发展，并伴随着现代农业建设而逐渐壮大。

第一节　农机作业服务组织发展

一、发展概况及重要作用

（一）发展概况

农机社会化服务是农业社会化服务的重要组成部分，包括农机服务组织、农机户为其他生产者提供的机耕、机播、机收、排灌、植保等各类农机作业服务，以及相关的农机维修、供应、中介、租赁等有偿服务。我国20世纪90年代初开始小麦跨区机械化收获，拉开了农机社会化服务的序幕。经过20多年的发展，逐步形成了农机大户、农机合作社、跨区作业服务队、维修配件站及经纪人服务队、农机作业公司等多种形式的农机服务组织，农机综合服务能力持续提升，经营效益明显增强。截至2014年年底，全国拥有农机化作业服务组织17.5万个，其中农机合作社4.9万个；农机户4 291.1万个，农机化中介服务组织0.7万个，农机维修厂及维修点18.9万个。2014年年全国农机化经营总收入5 360亿元，农机合作社作业服务面积41 928千公顷，农机跨区作业面积29 721.2千公顷。实践证明，农机社会化服务是构建集约化、组织化、专业化、社会化新型农业经营体系的重要支撑，是解决农业生产“谁来种”、“种什么”、“怎么种”重大问题的现实途径。

（二）重要作用

1. 提高农机利用率，农机服务组织成为

发展现代农业的主力军 我国农户经营规模普遍较小，经济实力不强，普通农户没有能力也没有必要购买全部农机。农机户联合起来，合理配置农机具，组建社会化服务组织，为农户提供规模化作业服务，可以减少农机具重复购置，提高使用效率和效益，这也是户均经营规模较小的国家发展农业机械化的成功经验。如韩国20世纪80年代提倡建立共同利用机具的机械化营农团，平均每2个村建有1个营农团。韩国1997年基本实现水稻全程机械化，综合机械化水平达到97.0%，每公顷耕地拖拉机及配套机具功率为5.2千瓦。2012年江苏省每公顷拖拉机及配套机具功率平均为6.4千瓦，水稻综合机械化水平为87.2%。这些数据对比反映出我国单位耕地面积动力较高，机械化水平不高，机具利用率有待提高。

2. 适应农村土地流转，有效提升农业生产组织化和标准化水平 随着我国城市化、工业化进程加速，农村青壮年劳动力逐步转移到非农产业，农村留守老人、妇女越来越多，劳动用工日趋紧张，农忙季节尤其突出。目前我国土地流转率已经达到了30.0%，农机服务组织通过订单作业，逐步实现集中规模化作业，提高了劳动生产率，提升了农业生产规模效益。同时，单个农户很难做到农业生产的专业化、标准化，农机服务组织改变了农户自耕自种的传统生产方式，加速了农业新品种、新技术和先进适用机械的推广应用，提高了农业现代化水平。

3. 促进农村服务产业蓬勃发展，实现农民增收增效 农机服务组织的发展促进了农村服务产业的兴起和壮大，为促进农村劳动力转移、增加农民收入发挥了重要作用。大量土地经营权的流转，为农村大量农业劳动力向二、三产业转移提供了条件，农民收入多元化，尤其是工资性收入增加明显。同时，农机驾驶、维修、中介等乡村农机从业人员5 462万人，服务性收入持续增加，2014年农机化利润达到2 106亿元，成为部分农民增收的重要渠道。

4. 加快农机化新技术示范推广，促进农业科技进步 农机服务组织通过整合土地、劳动力、机器和农艺技术等，主动承担配合农机部门开展新装备新技术的试验示范，加速了农机新技术扩散，促进了农机农艺融合，推动了农业科技进步，取得了良好的经济和社会效益。我国水稻种植机械化、玉米收获机械化以及经济作物农机农艺融合技术等，主要依靠农机服务组织先试先行，最后得到大面积示范推广应用。

二、扶持政策

农机社会化服务事业的蓬勃发展，专业化服务组织的成长壮大，离不开完备的法律法规和扶持政策体系的保障支撑，目前我国已经初步建立了农机服务组织的规范管理、财政扶持、金融保险、条件建设等方面的法律法规和政策体系。

（一）规范管理

2007年7月《中华人民共和国农民专业合作社法》颁布实施，为提供农机作业、社会化服务的农民组织创新奠定了法律基础地位，有效保障了农机服务组织的健康发展。同时实施的《农民专业合作社登记管理条例》和《农民专业合作社示范章程》，为规范农机服务组织管理提供了重要依据。

为规范农机跨区作业服务市场，农业部于2003年出台了《联合收割机跨区作业管理办法》，2004年出台了《拖拉机驾驶证申领和使用规定》，2007年10月份公布了《农机专业合作社示范章程》和《农机社会化服务作业合同》（范本），进一步促进农机服务向市场化、专业化、产业化方向发展。2014年8月，农业部等九部委印发《关于引导和促进农民合作社规范发展的意见》，从制定章程、依法注册、明晰产权、健全财务管理等12个方面做出具体要求。

（二）财政扶持

2010年5月，农业部、国家发展和改革委员会、财政部、科技部、水利部、商务部、国家林业局印发《关于支持有条件的农民专业合作社承担国家有关涉农项目的意见》。该意见规定，对适合农民专业合作社承担的涉农项目，涉农项目管理办法要将农民专业合作社纳入申报范围，并给予支持；新增的涉农项目，只要适合农民专业合作社承担的，都应将农民专业合作社纳入申报范围，明确申报条件。

农业部从2004年起开展农民专业合作组织示范项目建设，目前累计安排项目资金2.25亿元，扶持了1 188个农民专业合作组织。自2009年农业部在组织实施的“阳光工程”培训项目中，将农民专业合作社培训单独列出，安排了2 800多万元专门经费，在全国培训84 600名农民专业合作社经营管理人才和财务会计人才。

（三）金融保险

2009年2月，中国银行业监督管理委员会和农业部联合印发《关于做好农民专业合作社金融服务工作的意见》，要求各地农村合作金融机构要积极构建与合作社的互动合作机制，进一步加强和改进对合作社的金融服务。各级地方政府也下发了针对农机金融支持的相关文件。如2013年福建省农业厅与福建省农村信用合作联社共同发布了《关于金融支持农业机械化的指导意见》，该意见创造性地提出了“补贴收益权质押＋第三方保证”或“补贴收益权质押＋抵质押”等农机具专属信贷产品。2013年江苏省农业机械化管理局与中国民生银行南京分行推出了专门针对农机合作社的“惠农贷”产品，贷款款项主要用于农机合作社、农机设备采购、更新换代等。浙江省农业厅联合中国邮政储蓄银行浙江省分行出台了《中国邮政储蓄银行浙江省分行支持农业机械化实施方案》，试点推出农业机械抵押贷款，农业机械按揭贷款等产品。

2007年3月，农业部联合中国保监会下发了《关于切实做好拖拉机交强险实施工作的通知》，决定从2007年4月1日起全面实施拖拉机交强险制度。在此背景下，2008年和2011年江苏和北京分别开展了农机政策性保险试点；2009年、2010年陕西、湖北两省进行了农机安全互助保险的尝试与探索，随后2013年湖南省借鉴陕西、湖北等省经验，也开展了农机安全互助保险。

（四）基础设施建设

2010年国土资源部和农业部联合发布《关于完善设施农用地管理有关问题的通知》，该通知明确兴建农业设施占用农用地，不需办理农用地转用审批手续。为进一步完善现行的设施农用地政策，2014年国土资源部、农业部发布了《关于进一步支持设施农业健康发展的通知》，该通知明确将粮食规模化生产所必需的粮食晾晒场、存储场、烘干塔、农机农资仓库等配套设施纳入设施农用地范围。

为解决粮食烘干设施、农机库棚等建设难问题，部分省份也出台了相关扶持政策。如江苏省出台了《江苏省农机合作社机库和农机维修点建设项目管理办法》，该办法规定省级财政补助资金对每个农机机库及维修点建设项目采取定额补助方式，补助资金实行“以奖代补”。福建省出台《关于进一步支持设施农业健康发展的通知》，对规模化粮食生产所必需的配套设施用地予以明确，并且通过“先建后补”的方式鼓励合作社建造农机库棚。

三、农机服务组织发展与创新

我国农机服务经营主体发展迅速，形式多样，主要包括农机合作社、农机作业公司、跨区作业服务队、农机大户、农机协会以及从事中介服务的经纪人等。农机社会化服务模式主要有以下 4 种：一是“土地托管”模式，即农户与农机合作社或农机大户签订合同，将土地出租给农机服务组织经营，年底时合作社交付一定的粮食口粮或者直接给现金。二是“全程服务”模式，即农户自主经营承包土地，农机服务组织提供全程机械化服务，农业生产经营和农机作业服务相分离。三是“菜单服务”模式，即农户在农业生产过程中，选择让农机服务组织提供部分的机械化服务，并交纳相应的费用。四是“综合服务”模式，即农机服务组织自主承包农民流转出来的土地，直接成为农业生产主体。农机作业服务环节更加全面，并且向产后加工、销售延伸，增加产业链上的农业附加值。

（一）农机经营主体和服务模式

近年来，我国农机化作业服务组织数量及农机户数量稳步增加（图 6-1），年均增长率 2.9%。截至 2014 年年底，全国农机化作业服务组织及农机户数量达到4 308.6万个，其中农机化作业服务组织 17.5 万个，农机户4 291.1万个。

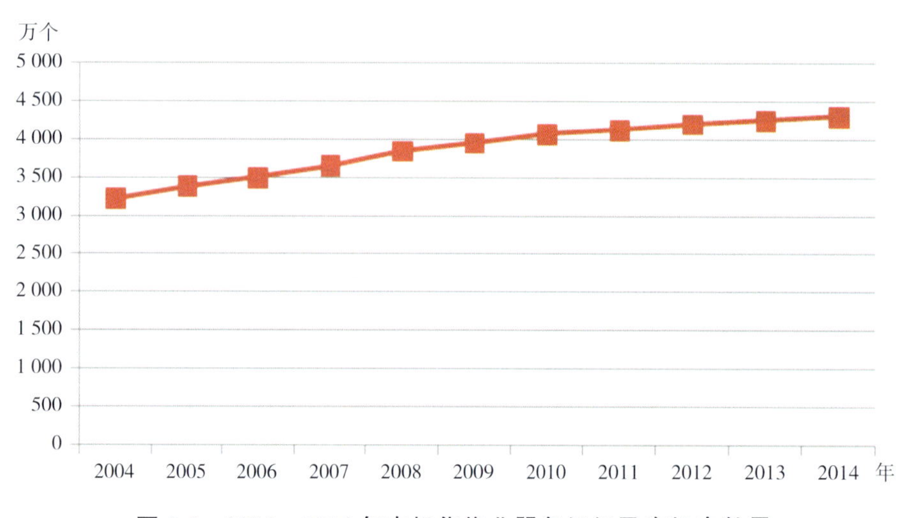

图 6-1　2004—2014 年农机化作业服务组织及农机户数量

10 年农机户数量稳步增长，2014 年达到 4 291.1万个，较 2004 年增长了 34.2%，年均增长率 3.0%。其中，农机化作业服务专业户 525 万个，较 2004 年增长了 45.4%，年均增长率 3.8%（图 6-2）；拥有农机原值 50 万元以上的农机户 3.5 万个，是 2008 年的 4.0 倍（图 6-3）。

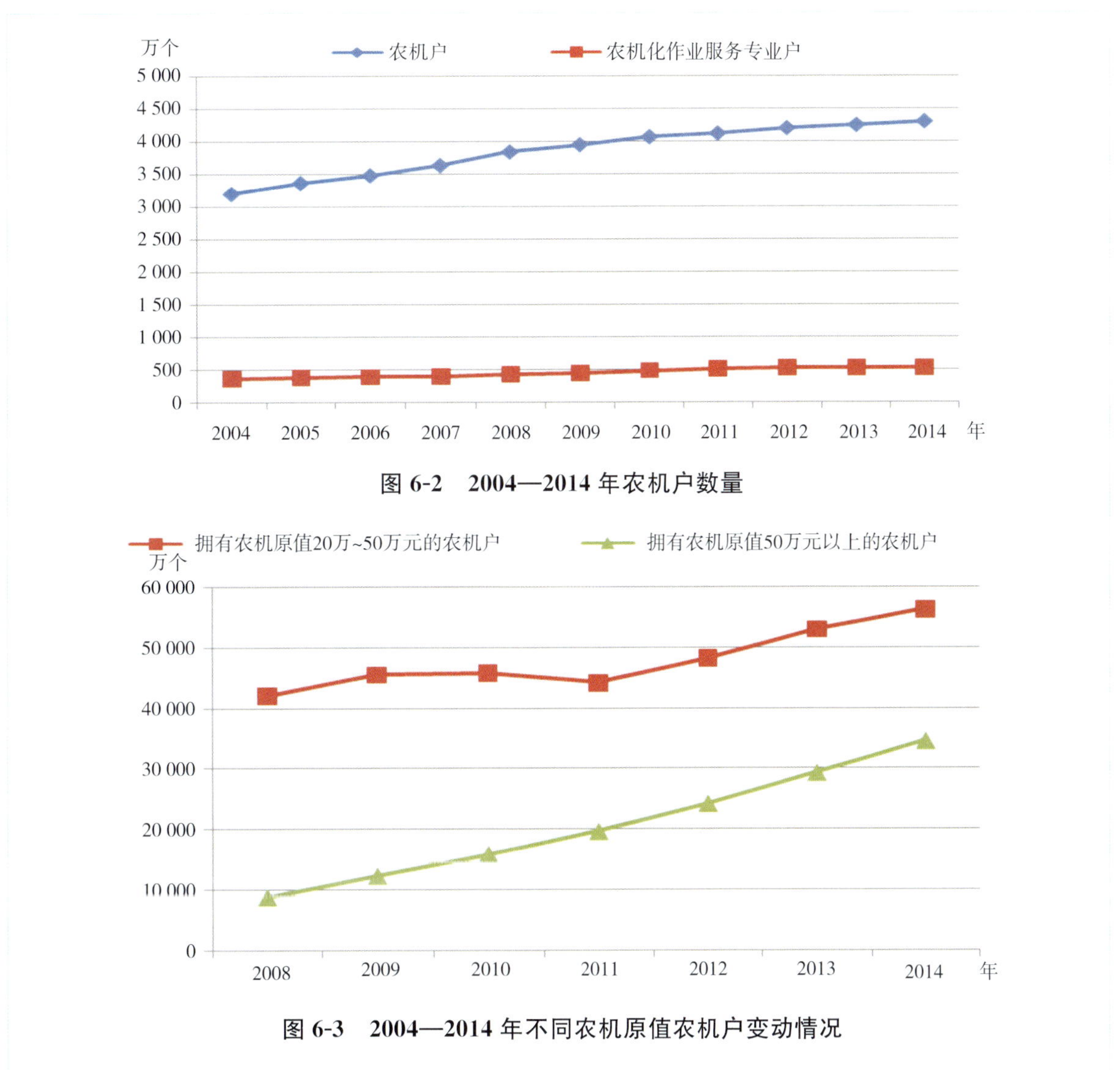

图 6-2　2004—2014 年农机户数量

图 6-3　2004—2014 年不同农机原值农机户变动情况

农机化作业服务组织数量波动较大（图 6-4），整体上呈下降趋势，2004—2007 年之前数量先呈现小幅度增加然后开始下降，2008 年急剧下降，下降幅度达到 33.9%。2008 年之后，农机化作业服务组织数量整体上有小幅度增加趋势。

（二）农机作业组织服务能力和经营效益

截至 2014 年年底，全国农机跨区作业面积达到29 721.2千公顷，比 2004 年增加了 14 577.6千公顷，增加了近 1 倍。随着农机购置补贴政策的深入实施，农机保有量大幅度增加，农户自购自用和区域内社会化服务比重显著增加，农机跨区作业面积有大幅度减少的趋势（图 6-5）。

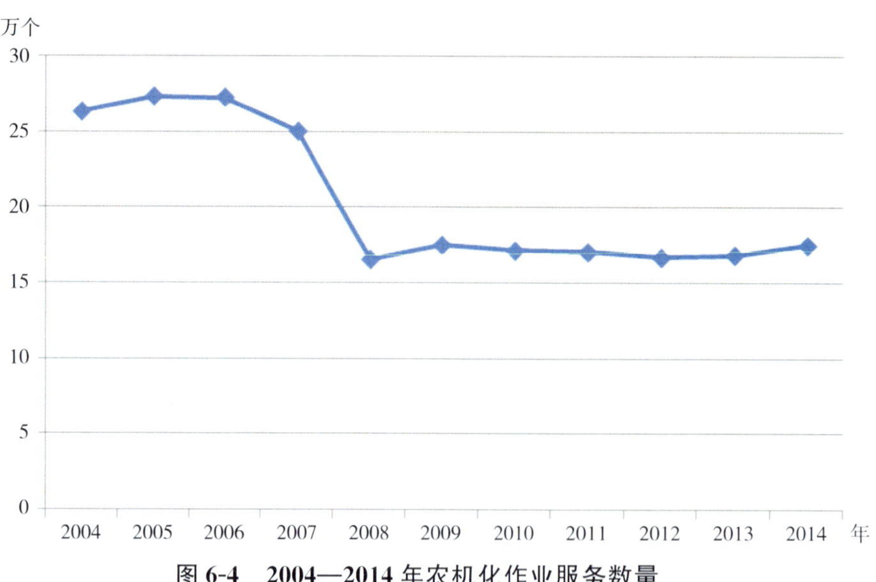

图 6-4 2004—2014 年农机化作业服务数量

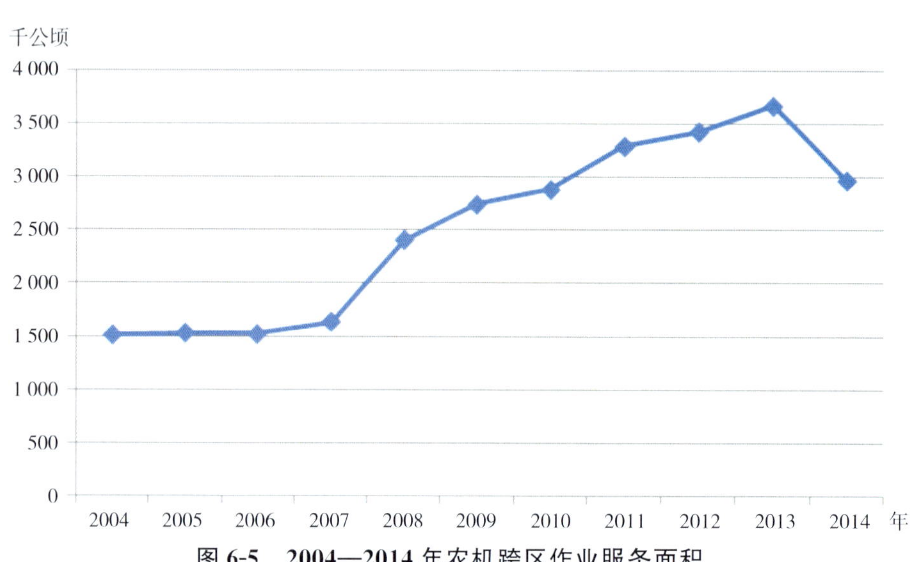

图 6-5 2004—2014 年农机跨区作业服务面积

2014 年农机合作社作业服务面积 41 928.9千公顷，比上年增加了 7.1%，约占全国农机化作业总面积的 13.0%左右；服务农户超过4 500万余户，平均每个合作社服务农户数量 985 户。2014 年全国农机合作社作业服务总面积是 2007 年的 4.3 倍；服务农户数是 2008 年的 5.4 倍。

2014 年全国农机化经营服务总收入达到 5 360亿元，农机经营服务总利润达到2 106 亿元，其中农机化作业收入达到4 468亿元，是 2004 年的 2.13 倍。农机跨区作业收入 249 亿元，是 2008 年的 1.8 倍（图 6-6）。农机合作社从事各类生产经营活动总收入达到 757 亿元，相当于社均年收入达 168 万元，比上年增长了 33 万元。其中田间作业收入 411 亿元、修理服务收入 77 亿元。

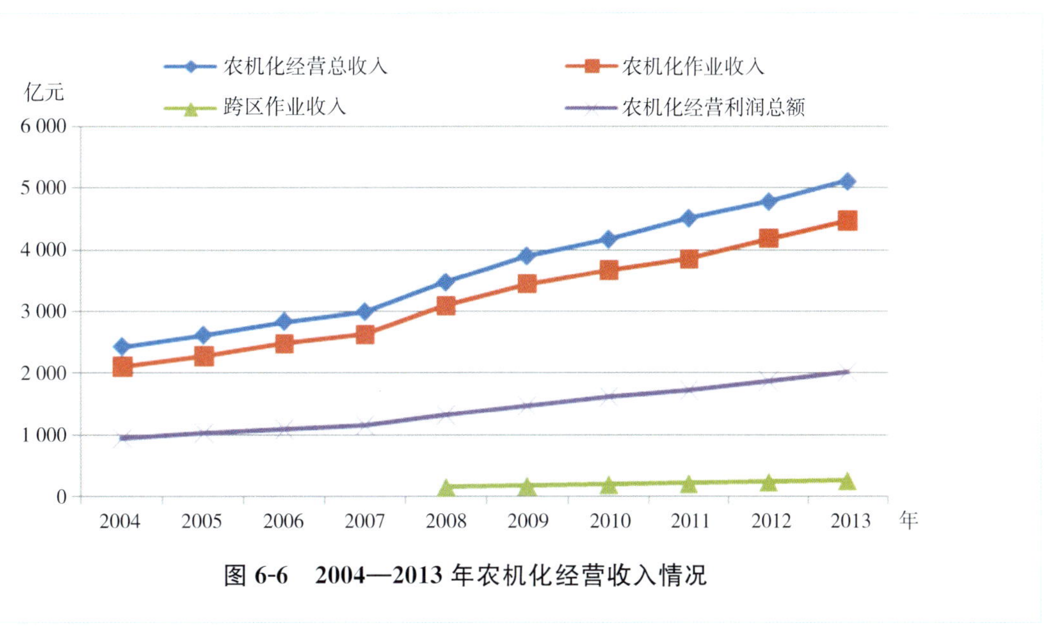

图 6-6　2004—2013 年农机化经营收入情况

同时，农机作业服务从产中环节向产前、产后延伸，如宁波市每年投入5 000多万元用于育秧、插秧、烘干等关键环节的作业补贴和重点推广机具的累加补贴。农机作业从种植业发展到林果业、畜牧业、渔业、设施农业、农产品初加工等领域。再如 2014 年江苏省新增烘干机1 568台套，新增设施农业机械 10 万多台套。全省农机合作社服务范围已覆盖全省所有涉农乡镇，服务领域由原来单一的农田作业，拓展至农机销售、维修和配件供应、农业运输、农机培训、跨区作业、农产品初加工、林果蔬菜生产等领域。

（三）农机合作社

从不同主体看，农机作业队数量呈现逐步减少趋势（图 6-7），农机作业队机具配置较为简单，作业项目单一，作业时间较为集中，队伍组织松散。2007 年《农民专业合作社法》颁布实施以后，农机合作社应运而生，逐渐成为农机社会化服务的中间力量。

农机合作社数量由 2007 年 0.4 万个增加到 2014 年 4.9 万个，年均增长率高达 41.3%（图 6-8）。2013 年全国农机合作社拥有农机具 279 万台（套），比上年增长 58.4%，其中大中型拖拉机数量达到 41.5 万台、联合收获机 34.1 万台、插秧机 13 万台、粮食烘干设备 0.9 万套。全国农机合作社拥有的资产总额达到 826.8 亿元，比上年增长 63.1%，其中农机原值达到 626.5 亿元。全国平均每个农机合作社拥有农机具 68 台（套），拥有机械原值 153 万元。

农机合作社数量达到1 500个以上的省份有 12 个（图 6-9），其中河南省以5 715个居首位，山东、江苏两省农机合作社数量紧随其后，且均超过 5 000 个。农机合作社耕、种、收、植保等作业服务面积累计11 967.2 千公顷。从成员数量上看，2013 年全国农机化作业服务组织人数为 171 万人。其中农机合作社人员数量为 110 万人，占 64.3%，比 2008 年 14.7%增加了近 50.0%，合作社成员数量有了明显快速增长。从区域上看，江苏省、山东省、河南省、重庆市合作社组织社员数量较多，具体情况见图 6-10。

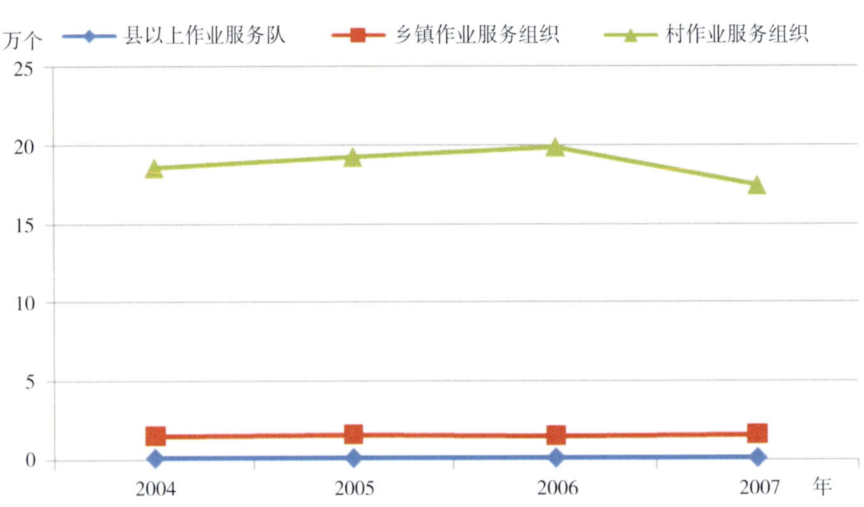

图 6-7　2004—2007 年县以上、乡镇等作业服务队数量

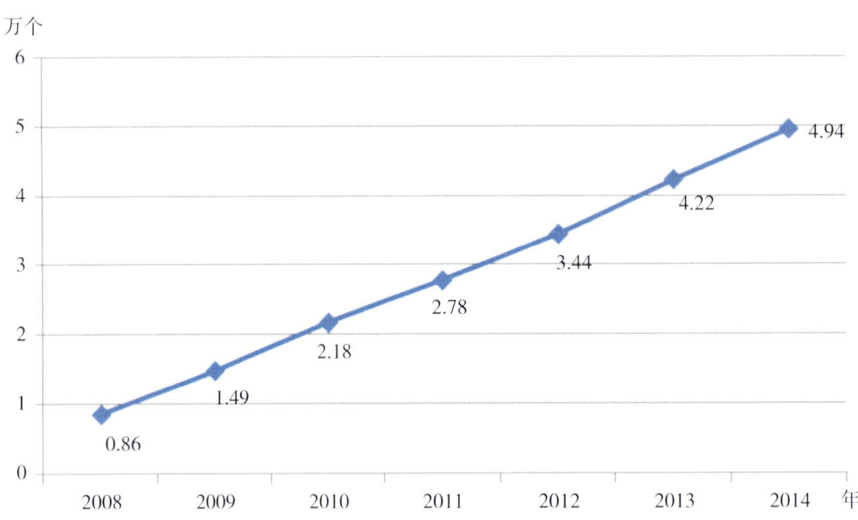

图 6-8　2004—2014 年农机合作社数量

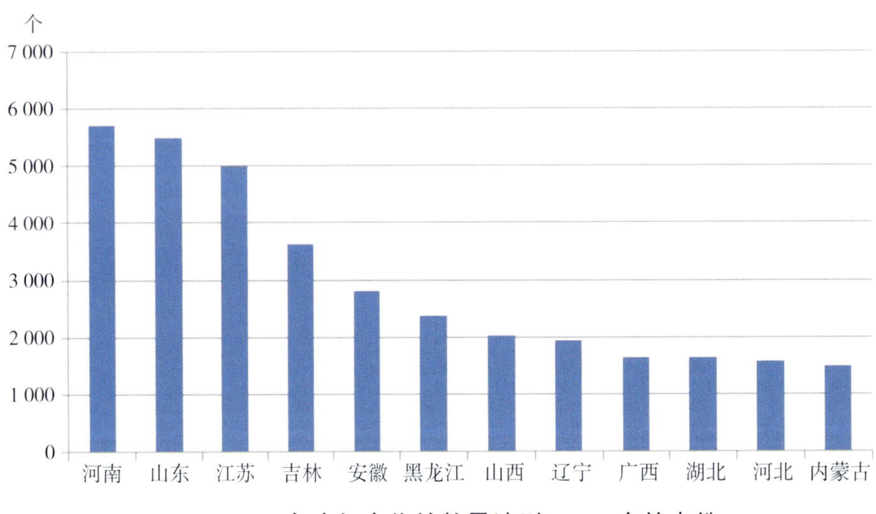

图 6-9　2014 年农机合作社数量达到 1 500 个的省份

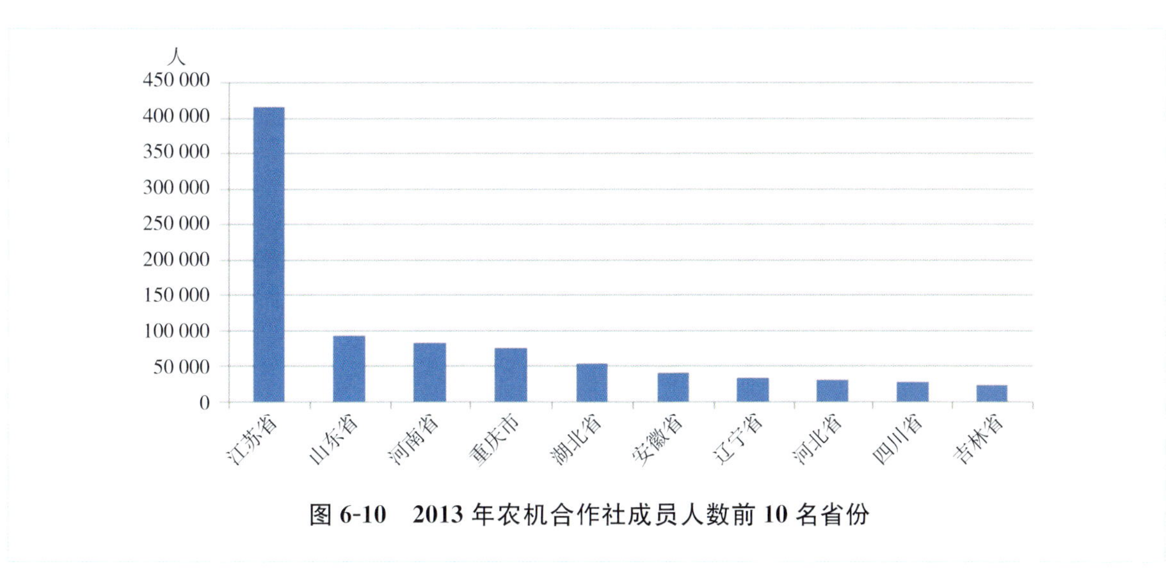

图 6-10　2013 年农机合作社成员人数前 10 名省份

我国农机合作社在迅速发展壮大的同时，还存在一些问题。

（1）合作社规范化管理水平有待提高。目前大部分合作社理事长的经营管理水平不高，职业化驾驶操作人员和财务人员缺乏，培训及维修服务能力薄弱。同时，合作社难于引进高素质的经营管理人才。据对全国 367 家农机合作社统计，农机合作社理事长身份大多数都是农机大户，文化水平集中在初中和高中，年龄集中在 40～50 岁之间，具体见表 6-1、图 6-11、图 6-12。

表 6-1　367 家农机合作社理事长前身份分布情况

单位：人，%

身份	农机大户	乡村干部	农业技术人员	普通农户	企业负责人	种养大户	其他身份
人数	217	50	38	30	12	10	19
占比	57.7	13.3	10.1	8.0	3.2	2.7	5.0

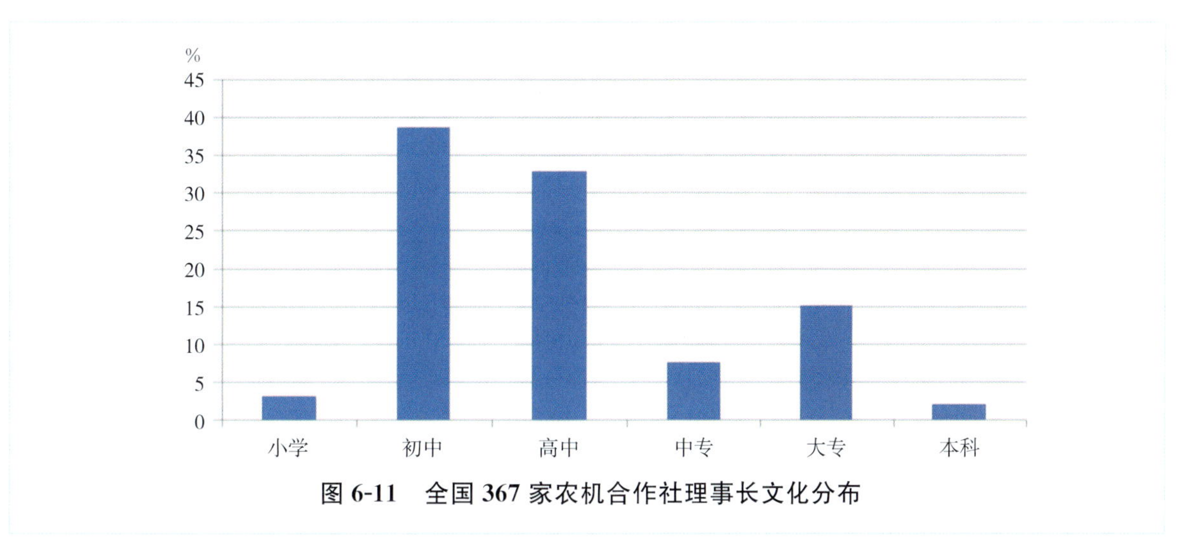

图 6-11　全国 367 家农机合作社理事长文化分布

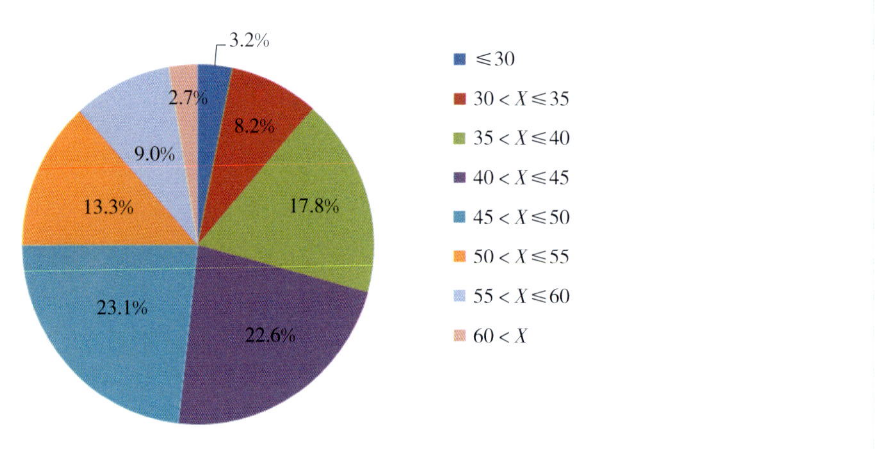

图 6-12　全国 367 家农机合作社理事长年龄分布

（2）合作社社员利益联合不够紧密，分配制度有待完善。农机合作社处于发展初期，合作社章程内容执行不到位、不规范；同时合作社组织机构不健全，社员大会、监事会发挥作用不力，缺乏民主管理和正常监督；合作社普遍存在成员异质性现象，产权结构普遍呈现异质化特征，即少数拥有大量股金的核心成员与大量拥有少量股金的普通社员并存，农机大户在合作社中往往拥有较大的股份，在利益分配中占优势。

（3）农机合作社基础设施仍薄弱，部分扶持政策难于完全落实。国家有关建设农业机械停放场库棚的用地政策难于落实，土地审批手续繁杂，制约了农机合作社配套设施的建设。大部分农机合作社没有机库棚，机具摆放户外日晒雨淋，加速了机具折旧和损毁。

（四）农机经销机构和中介组织

2004—2014 年农机经营企业由 5 983 个增加到11 711个，增加了近 1 倍，年均增长率 7.0%；农机经销点由 73 422 个增加到 83 876个，增加了 14.2%（图 6-13）。

从图 6-14 看出，随着农机作业市场完善和农村市场化、信息化体系建设，农机化中介服务组织数量有减少的趋势。

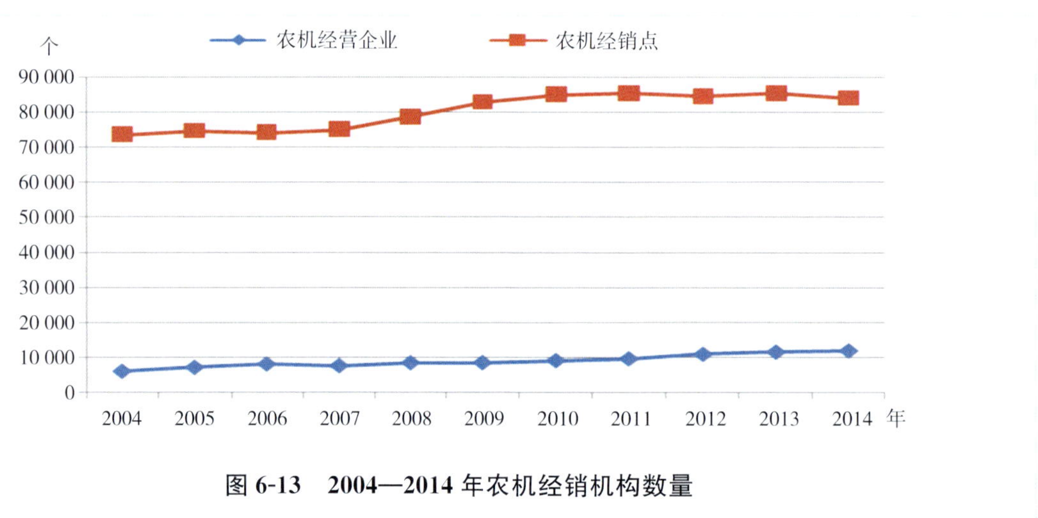

图 6-13　2004—2014 年农机经销机构数量

图 6-14 2008—2014 年农机化中介服务组织数量

第二节 农机维修体系发展

农机维修体系保障支撑农机社会化服务，经过多年发展，我国农机维修网络逐步优化，网点布局日趋合理，维修能力不断提高，形成了农机生产企业（包括经销商和售后服务机构）、农机服务组织（包括农机大户和农机合作社）和社会维修点（包括区域维修中心）等主体的农机维修服务网络体系。

一、农机维修网络分布

与农机保有量迅速增加相比，农机维修网点建设比较滞后。从图 6-15 中看出，2004—2014 年全国农机维修厂及维修点数量下降了 19.3%。其中一级维修点和专业维修点下降幅度最大，分别为 44.3%和 31.9%。

图 6-15 2004—2014 年农机维修厂及维修点数量

表 6-2　2004—2014 年农机维修厂及维修点数量

单位：个

年份	农机维修厂及维修点	其中：一级维修点	二级维修点	三级维修点	专项维修点
2004	233 998	2 233	8 720	116 715	101 751
2005	240 826	2 288	7 986	118 842	105 338
2006	240 683	2 245	8 476	117 561	102 447
2007	232 045	1 864	7 711	117 926	99 188
2008	216 330	1 193	8 362	110 007	87 084
2009	219 072	1 457	8 483	111 044	86 598
2010	217 018	1 590	8 181	112 163	84 409
2011	218 916	1 566	8 532	110 342	79 888
2012	210 038	1 437	8 244	110 214	77 357
2013	201 206	1 450	8 256	103 250	73 709
2014	188 824	1 244	7 433	96 386	69 314
10 年间减少幅度（%）	19.31	44.29	14.76	17.42	31.88

从地区分布上看，农机维修网点数量与农业机械保有量基本成正相关（图 6-16），其中，超过 1 万个农机维修网点的省份是河南、河北、山东、云南、四川、安徽、江西等省。

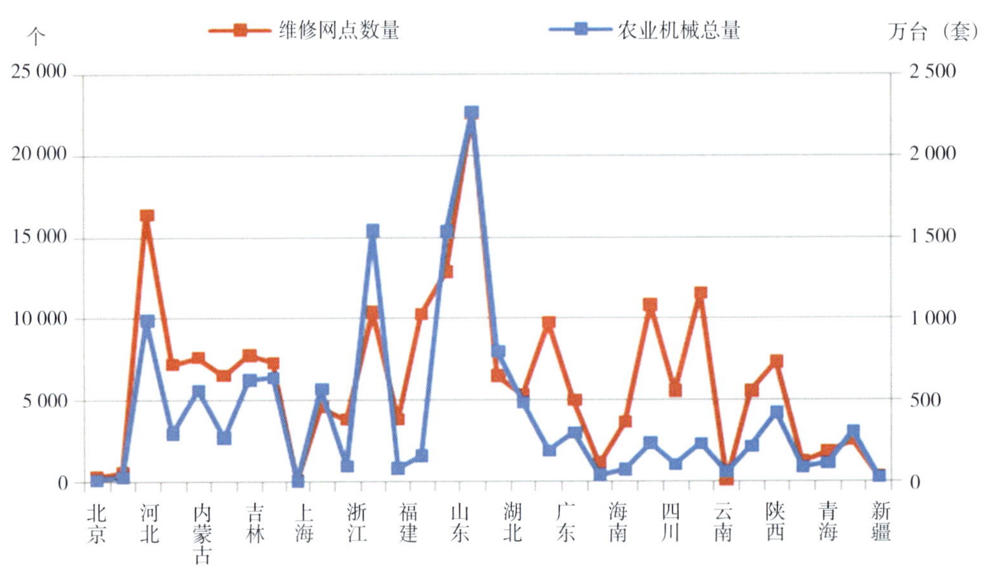

图 6-16　各省（新疆兵团）农机维修网点数量与农机保有量关系

二、农机维修业务

2013 年全国农机维修业务量和维修收入分别为 6 415 万台次和 197 亿元，平均每个维修网点的维修农机具 320.8 台次、收入 9.8 万元，较 2004 年分别增长 3.1%和 11.3%（图 6-17），低于同期经济社会发展水平。

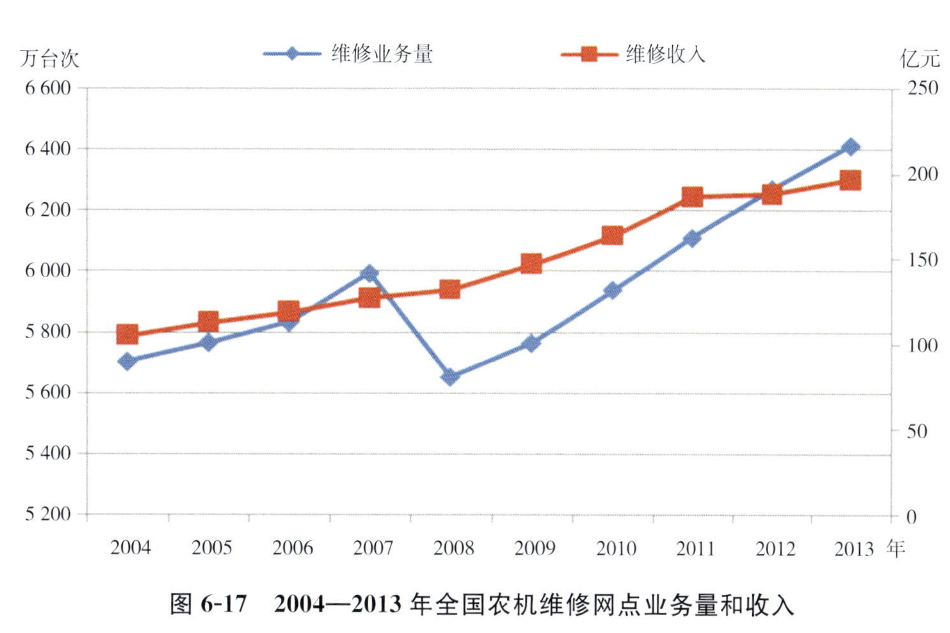

图 6-17　2004—2013 年全国农机维修网点业务量和收入

三、农机维修从业人员

全国农机维修人员数量略有增加，2014 年人员数量较 2004 年增加了 7.7%，其中持证上岗维修人员数量较 2004 年增加了 7.9%（图 6-18），成为农业系统中获得职业技能证书最多的群体，同时近 3 年农机维修工高级工及以上获证比例不断提高，比 2004 年增长 5 个百分点（表 6-3）。

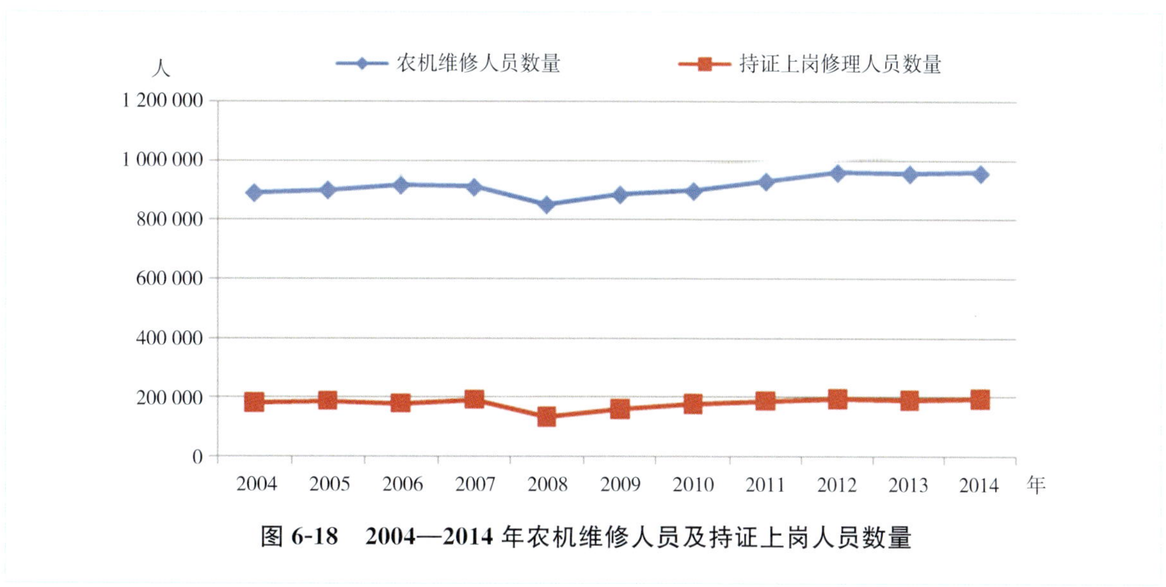

图 6-18　2004—2014 年农机维修人员及持证上岗人员数量

表 6-3 农机维修从业人员及农机修理工获证情况

单位：万人

项 目	2004年	2005年	2006年	2007年	2008年	2009年	2010年	2011年	2012年	2013年
网点从业人数	50.4	52.2	51.8	49.9	46.7	47.7	47.9	49.1	48.6	47.6
农机修理工获证人数	2 644	3 199	3 139	8 644	9 000	9 633	1 327	1 3193	17 523	13 397
其中高级工以上人数	96	253	233	0	148	881	909	1 022	1 719	1 722

四、企业售后维修服务水平

农机生产和销售企业按照《农业机械产品修理、更换、退货责任规定》，积极完成“三包”期内的维修业务。在2011—2012年对75家大中型农机生产企业开展的维修服务能力评价中发现，所有企业都组建了农机售后维修服务部门，且配备相应管理和技术人员。85.3%的农机生产企业达到A级以上服务能力标准（表6-4）。

表 6-4 参评农机生产企业维修服务能力建设情况

单位：%

维修服务能力	维修服务制度制定	维修人员培训	配件供应管理	签约维修网点监管	农机用户关怀
百分比	70.0	64.7	81.2	68.3	67.4

五、扶持政策

自2004年以来，《农业机械化促进法》《农机安全监督管理条例》《农机产品修理、更换、退货责任规定》《农机维修管理规定》相继颁布和修订，对从事农业机械维修的设施设备、职业技能人员等做出了详细规定。山西省从2011年起，每年投入600万元扶持农机维修服务网点升级改造。江西省自2013年起，每年安排2 000万元财政资金“以奖代补”扶持农机维修服务中心建设，计划4～5年建成维修中心400～500家，以实现就近、及时、高质量农机维修服务目标。江苏省先后投入财政资金2 230万元，扶持维修网点改造维修车间和停车场，更新购置维修设备。福建省2012年争取财政资金200万元实施农机维修示范点项目。在争取财政资金同时，各地还积极鼓励引导农机生产企业在维修服务方面与农机合作社和社会维修点联合、合作，借助资源优势，实现能力互补。

第三节 农机培训和技能鉴定

 一、农机手培训情况

农机化主管部门依托农机化教育培训机构，通过百万中专生计划、阳光工程培训项目、职业农民素质提升工程和短期培训班、新技术现场演示会等，开展了大量农机化管理、技术和实用人才培训。农机实用人才是新型职业农民的代表，我国现有5 000万农机手，其中500多万农机专业户，60.0%以上的粮食生产劳动过程依靠农机手完成，而且这个比例还将逐年提高。因此农机手素质决定了农机作业质量和农业科技到位率。截至2014年年底，全国农机化培训总人次数770.7万，其中农机手培训人次数628.3万，占81.5%（图6-19）。

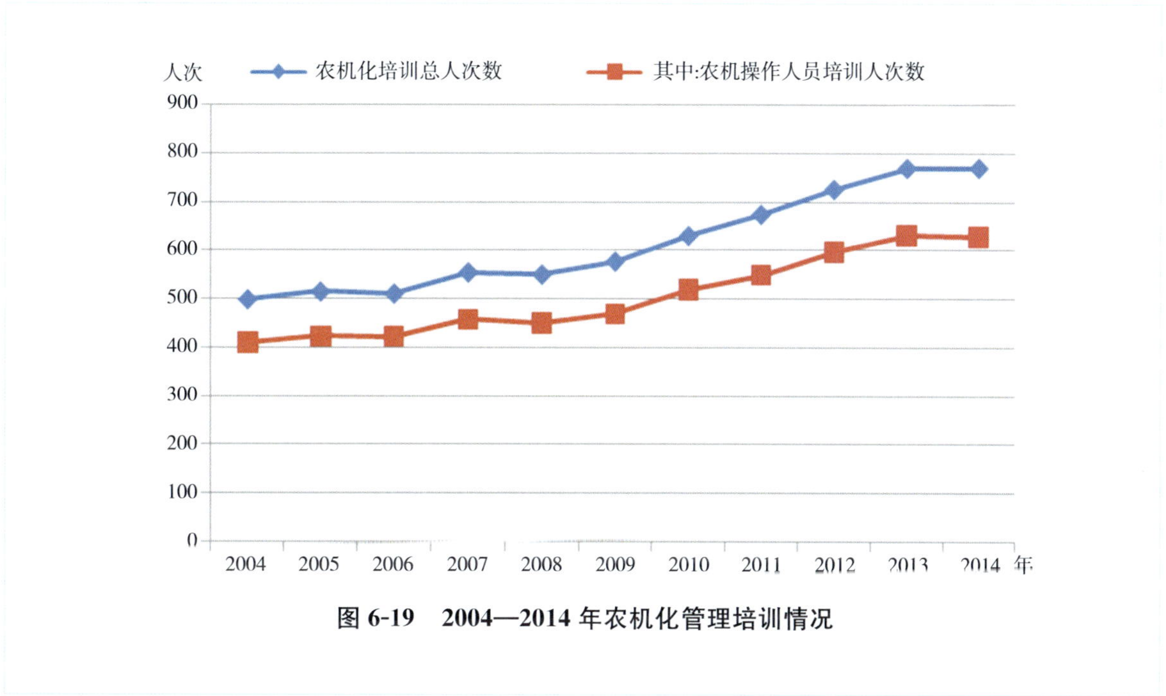

图6-19 2004—2014年农机化管理培训情况

全国农机化中专校等教育培训机构资源呈弱化趋势。截至2014年年底，全国有农机化教育培训的大中专校36所，县级农机化技术学校1 700所，农机化教育培训机构总量较2003年的2181所下降了20.0%，机构人员较2003年减少了9 000多人。2004年《拖拉机驾驶培训管理办法》出台，许多农机化技术学校和工商企业并校，或多向农业职业院校注册拖拉机驾驶培训学校，从事拖拉机驾驶证和联合收割机驾驶证等培训工作。截至2014年年底，全国拖拉机驾驶培训机构人员数较2008年增长了13.0%。

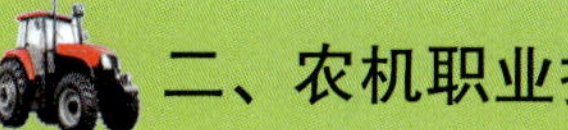 二、农机职业技能鉴定

以职业技能培训和鉴定为主要内容的

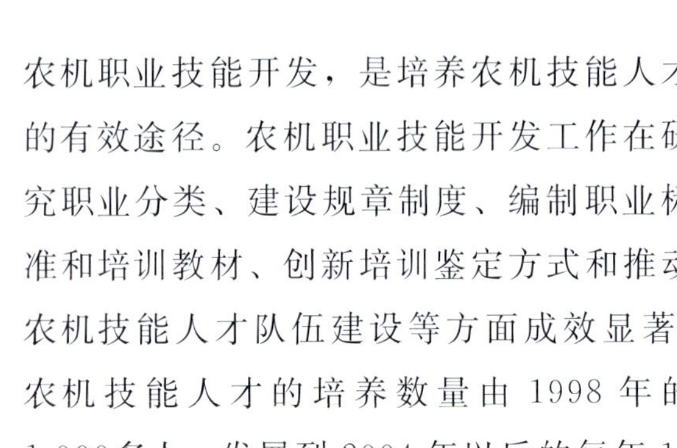

农机职业技能开发，是培养农机技能人才的有效途径。农机职业技能开发工作在研究职业分类、建设规章制度、编制职业标准和培训教材、创新培训鉴定方式和推动农机技能人才队伍建设等方面成效显著。农机技能人才的培养数量由1998年的1 000多人，发展到2004年以后的每年10万人次。2014年农机行业累计核发职业资格证书140万人次。

(一) 发展历程

农机职业技能开发源于20世纪80年代农机维修行业工人技术考核。90年代，随着国家推行职业技能鉴定和职业资格证书制度，工人技术考核工作向国家职业资格证书制度转轨。1996年农业部农业职业技能鉴定指导中心成立，1997年农业部农机行业职业技能鉴定指导站成立，并负责指导推动农机手、修理工等技能人才队伍建设。1998年5月，农业部印发《关于做好农机行业职业技能鉴定工作的通知》，实行农机行业工人技术考核与职业技能鉴定工作的考评机构、考评任务和资格证书“三个并轨”，同时明确了组织领导职责和工作程序。2000年5月，农业部印发了《农机修理工实行就业准入制度实施方案》，提出“新就业的农机维修工人，取得相应的职业资格证书后方可上岗”。2003年6月，印发《关于农机行业职业技能鉴定办证工作有关要求》的通知，将农机职业技能鉴定范围由农机修理工扩展到拖拉机驾驶员、车工等30多个职业（工种）。农机职业技能鉴定数量达7.5万人次，跃居农业各行业之首。2007—2011年，农业部分3批实施职业技能鉴定站能力建设项目，农机行业39家鉴定站获得培训鉴定设备投入达1 400万元。2012年，农业部农机化管理司印发《关于开展全国农机职业技能培训和鉴定示范基地创建活动的通知》，并公布了首批103家示范基地名单。2014年，农业部农机行业职业技能鉴定指导站发布农机职业技能培训通用教具选型结果，涉及农机实物、模型、模板、挂图和教学软件等5大类97个品种的教具。2008—2014年，农业部农机化管理司连续7年举办“政企联动”农机维修高技能人才及师资培训班，共举办培训班30期，培养高技能人才1 535人。

(二) 发展情况

1. 农机职业技能开发组织管理体系逐步健全 目前，全国各省（自治区、直辖市）按照“三个一”的要求，每省明确了一名分管领导、一个主管处室、一个农机技能培训鉴定机构。全国共建立39个农机行业职业技能鉴定站，覆盖29个省（自治区、直辖市）；有2/3的省份在市、县设立了工作站和培训鉴定基地，全国共有农机职业技能鉴定工作站、鉴定点或培训鉴定基地900多家。其中，经农业部认定发布的全国农机职业技能培训和鉴定示范基地193家，农机职业技能开发工作机构网络逐步健全。

2. 农机职业技能开发技术支持体系初具规模 农机职业技能开发离不开科学规范的职业标准、培训教材和鉴定试题库等技术基础。农机行业职业技能鉴定指导站先后开发了《农机修理工》《农机服务经纪人》《植保机械操作工》《装载机械操作工》《设施农机装备操作工》等21个国家职业标准，开发了《插秧机操作工》《喷油泵调修工》等14个职业技能鉴定试题库，开发了《农机合作社经理人》《挖掘机驾驶员》等 14 本职业技能培训鉴定专用教材，开发了《农机营销员》《农机使用操作》《农机维修》3 本新型职业农民培训大纲。

3. 农机职业技能开发工作队伍不断壮大

农机行业共组织举办近 50 期农机职业技能鉴定考评员培训班，有5 000多人取得了国家职业技能鉴定考评员、质量督导员资格。近 3 年内，全国有效的农机职业技能鉴定考评员约3 000人，质量督导员约 300 人。农机行业还拥有职业标准制（修）订、教材编写和试题库开发等技术专家 30 多名。

4. 农机人才培养模式不断创新　农机主管部门和培训鉴定机构将农机职业技能培训鉴定工作与农机购置补贴、驾驶员培训、维修网点管理、新技术推广、跨区作业和合作社发展指导等有机结合，农机技能人才培养范围已覆盖全国 30 个省（自治区、直辖市），职业和工种涉及农机驾驶操作、维修、经营服务、技术指导等 20 个。从图 6-20 看出，我国农机技能人才鉴定颁证数量整体上呈小幅度减少趋势，2014 年鉴定颁证总量为 99 837 个，较 2004 年减少了 2.7%。

从职业资格证书等级分布来看，主要以初级证书为主，占 75.4%，而高级技师、技师的比例仅为 0.02%和 0.06%（图 6-21）。

从地域分布看，江苏省和山东省登记颁发职业资格证书比例最高，达到了 25.0%，安徽省、河北省、河南省分别为 11.0%、5.0%和 4.0%。从农机培训鉴定工种人数看，拖拉机驾驶员最多，其次是联合收割机驾驶员、农机修理工、插秧机操作工等（图 6-22）。

图 6-20　2004—2014 年全国农机技能人才鉴定颁证总量

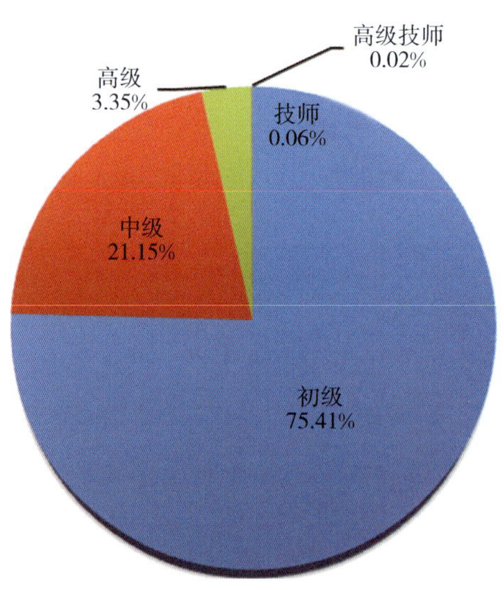

图 6-21　全国农机行业颁发职业资格证书登记分布比例

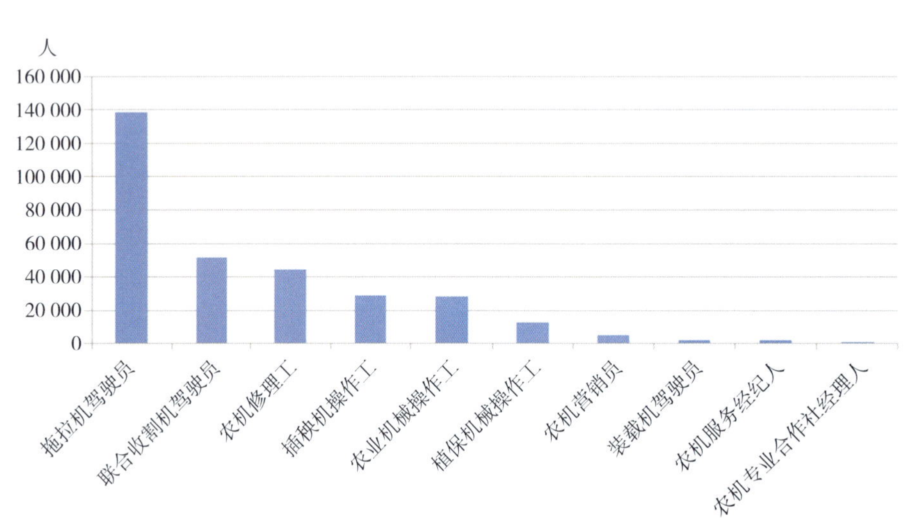

图 6-22　2012—2014 年培训鉴定量排在前 10 位的职业工种

本章统稿人：曹光乔

本章编写人：曹光乔、温芳、王扬光、吴萍、田金明、叶宗照

第七章　农机产品质量监督与安全生产

2004年以来，围绕农业生产发展、农村经济建设和农民增收的目标，各级农机化管理部门重视农机化标准工作，针对实际生产要求开展推广鉴定，加强农机质量监督；通过教育培训及示范推广等形式，促进先进适用农机化技术应用；根据农业生产要求和《道交法》赋予的权限，认真履行农机化安全监督管理职责。

第一节　农机化标准

《中华人民共和国农业机械化促进法》第十一条规定："国家加强农业机械化标准体系建设，制定和完善农业机械产品质量、维修质量和作业质量等标准。对农业机械产品涉及人身安全、农产品质量安全和环境保护的技术要求，应当按照有关法律、行政法规的规定制定强制执行的技术规范"。《农业机械安全监督管理条例》第六条规定"国家鼓励和支持开发、生产、推广、应用先进适用、安全可靠、节能环保的农业机械，建立健全农业机械安全技术标准和安全操作规程"，将农业机械化标准（以下简称农机化标准）建设纳入了法律法规框架。

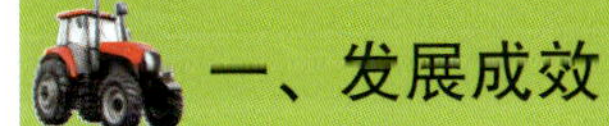

一、发展成效

截至2014年年底，现行有效农业机械化国家标准12项、农业行业标准280项、地方标准500余项，农机化标准建设取得了快速发展。

（一）农机化标准体系基本健全

2009年，发布了《农业机械化标准体系建设规划（2010—2015）》（农办机［2009］44号印发），农机化标准工作得到进一步加强，农机化标准体系基本建立起来，并不断完善。农机化标准体系由三个层次构。第一层次按性质分为基础标准、技术标准和管理标准三部分，三部分向下展开，形成第二层次。第三层次基础标准包括术语、分类、符号、信息、编码、绩效评价等；技术标准包括试验鉴定、技术推广、作业服务、安全运行、维修服务、节能减排、设施农业等；管理标准包括资质管理、安全管理、质量管理、统计管理等。第二层次细分形成第三层次。

在现行 280 项农机化农业行业标准中，有基础标准 11 项、技术标准 248 项、管理标准 21 项（表 7-1）。

表 7-1　农机化农业行业标准分类

标准类型	数量
术语、分类	3
信息、符号、编码	4
绩效评价	4
试验鉴定	140
认证服务	3
技术运用	12
作业服务	38
安全运行	11
维修服务	14
节能减排	7
设施工程	23
资质管理	3
安全管理	14
质量管理	1
统计管理	3

（二）农机化标准数量稳步增加

农机化标准的主体是农业行业标准，目前农机化农业行业标准平均每年立项 20 多项。2004—2014 年，共发布农业机械化国家标准和农业行业标准 253 项（图 7-1）。

（三）建立了一支农机化标准化队伍

目前，全国农业机械标准化技术委员会农机化分技术委员会有委员 35 人，涵盖了农机化教育、科研、生产、管理、鉴定、推广、监理、维修、合作社及行业协会等领域，具有比较广泛的代表性，且均具有副高级以上技术职称，建立了一支经验丰富、专业素质高的农机化标准化骨干队伍。近年来，举办了 10 多期农机化标准管理和编写培训研讨班，培训农机化标准起草人员 500 多人次，保障了农机化标准编写和审查工作质量稳步提高。

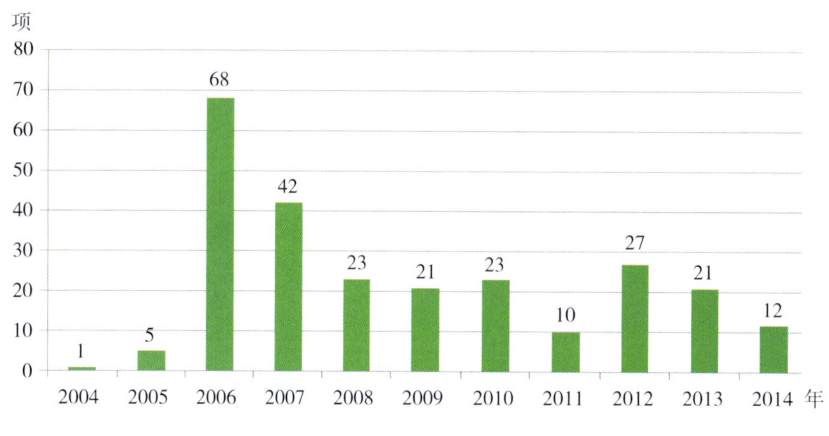

图 7-1　2004—2014 年发布的农机化标准

二、农机化标准发挥的重要作用

农机化标准是农业机械化安全发展的基础，是各级农业机械化主管部门依法行政的重要技术支撑，标准化工作推动了我国农业机械化安全发展、科学发展。

（一）保障了农业机械的安全使用

为保障农业机械的安全运行，制（修）订了一批重点农机产品运行安全技术条件、安全操作规程、安全技术要求和农机安全监理标准。GB 16151.1《农业机械运行安全技术条件第 1 部分拖拉机》、GB 16151.5《农业机械运行安全技术条件第 5 部分挂车》、GB 16151.12《农业机械运行安全技术条件第 12 部分谷物联合收割机》以及耕整机运行安全技术条件、机动插秧机运行安全技术条件、植保机械运行安全技术条件等农业行业标准的实施，提高了农机运行安全技术水平。拖拉机、谷物联合收割机、微耕机等安全操作规程的实施，提高了农机操作人员的安全生产意识，规范了农机手的安全使用行为，进一步保障了农机安全生产。

（二）支撑了农机化科学发展

近年来，制定实施了农业机械化水平评价、农业机械分类、农业机械质量调查技术规范、农业机械化统计指标及规范、农业机械试验鉴定术语、农机产品的先进性评价、适用性评价、可靠性评价及牌证管理等方面的基础标准和管理标准，对科学判断我国农机化发展阶段、规范实施重大强农惠农项目、规范农机化管理工作行为，贯彻法规要求，推进依法行政，促进农机化科学发展起到了重要的技术支撑作用。

（三）促进了农机化技术推广应用

为促进先进适用农业机械的推广应用，制定实施了重点农业机械产品质量评价技术规范标准，广泛用于农机试验鉴定机构和农机产品质量监督机构对产品的鉴定和质量评价，为农机试验鉴定工作提供了技术支撑，保障了国家支持推广的农业机械产品质量。围绕主要作物、关键环节、重点农时农业机械化技术推广，制定实施了一批农业机械化作业技术规范国家标准和农业行业标准，为重点农机化技术的推广应用提供了技术依据和基础前提。围绕农业生产急需的一些农业机械新产品示范推广，制定实施了一部分产品标准，规范了产品生产，促进了新技术推广应用。

（四）推动了农机社会化服务健康发展

围绕农机作业服务、维修服务的社会化和市场化发展，制定实施了一批重点农业机械的作业质量标准和修理质量标准，规定了不同农机产品的作业质量指标要求、修理技术要求及其相应的检测方法，为农机服务双方合同的签订和履行、农机服务质量纠纷仲裁提供了技术依据，满足了国家法律法规的要求，规范了农机维修市场，提高了农机作业质量，维护了农民的合法权益，推动了农机社会化服务的持续健康发展。

第二节 农机试验鉴定

农业机械试验鉴定（以下简称农机鉴定）是农业部和省级农业机械化行政主管部门管理的公益性事业，是农业机械化公共服务体系的重要组成部分，是农业机械化健康发展的重要技术支撑。农机鉴定是从满足农业生产和农民实际使用的要求而出发，重点对农业机械的适用性、安全性和可靠性等影响实际使用的质量特性进行评价的活动。农机鉴定分为推广鉴定、选型鉴定和专项鉴定 3 种类型。《中华人民共和国农业机械化促进法》颁布，标志农业机械鉴定工作进入依法鉴定的新阶段。

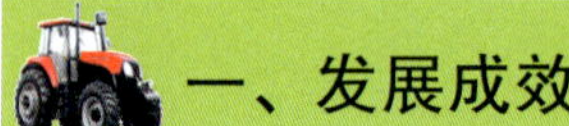

一、发展成效

（一）农机鉴定法规基本健全

《中华人民共和国农业机械化促进法》实施后，于 2005 年农业部第 54 号令发布实施了《农业机械试验鉴定办法》，对农机鉴定工作的原则、内容、方式和责任做出明确规定。之后，农业部相继制定了《农业机械推广鉴定实施办法》《农业机械推广鉴定证书和标志管理办法》《农业机械试验鉴定机构鉴定能力认定办法》《农业机械试验鉴定机构部级鉴定能力认定实施细则（试行）》《农业部农业机械试验鉴定大纲管理办法》等 5 个配套办法，农机鉴定法规体系基本健全。以上法律法规及配套规章，除部级鉴定能力认定实施细则外，均适用于部省两级农机推广鉴定。同时，各省（自治区、直辖市）相继制（修）订了农机化管理法规和管理办法，从制度层面进一步保障了农机鉴定工作规范化实施。

（二）农机鉴定技术体系基本完善

对农机产品的适用性、安全性、可靠性进行技术评价，是农机鉴定的重要特色。随着《农业机械适应性评价技术集成研究》等重大行业科技项目的实施，农机鉴定系统深入开展基础技术研究，有力推动了农机鉴定技术体系建设。目前已发布 5 个农业机械推广鉴定通则、81 个农业机械推广鉴定大纲。有部级推广鉴定大纲的农机产品，各省按照部级推广鉴定大纲开展省级推广鉴定工作，没有部级推广鉴定大纲的地方特色农机产品，各省按照省级推广鉴定大纲开展省级推广鉴定（表 7-2）。

表 7-2 现行有效部级农业机械推广鉴定通则和大纲（截至 2014 年年底）

序号	大纲编号	大纲名称	代替大纲
1	DG/T 001—2011	农业轮式和履带拖拉机	DG/T 001—2009
2	DG/T 002—2011	手扶拖拉机	DG/T 002—2009
3	DG/T 003—2011	农用柴油机	DG/T 003—2009
4	DG/T004—2012	耕整机	DG/T 004—2006
5	DG/T 005—2007	旋耕机	DG/T 005－2006

（续）

序号	大纲编号	大纲名称	代替大纲
6	DG/T006—2012	微耕机	DG/T 006—2006
7	DG/T 007—2006	播种机	
8	DG/T 008—2009	水稻插秧机	DG/T 008—2006
9	DG/T 009—2011	动力喷雾机	DG/T 009—2006
10	DG/T 010—2011	喷杆喷雾机	DG/T 010—2006
11	DG/T 011—2011	背负式喷雾喷粉机	DG/T 011—2006
12	DG/T 012—2006	手动喷雾器	
13	DG/T 013—2006	踏板式喷雾器	
14	DG/T 014—2009	谷物联合收割机	DG/T 014—2006
15	DG/T 015—2009	玉米收获机械	DG/T 015—2006
16	DG/T 016—2006	秸秆切碎还田机	
17	DG/T 017—2006	谷物干燥机	
18	DG/T 018—2006	种子加工成套设备	
19	DG/T 019—2011	农用螺旋榨油机	DG/T 019—2006
20	DG/T 020—2011	离心泵	DG/T 020—2006
21	DG/T 021—2011	潜水电泵	DG/T 021—2006
22	DG/T 022—2011	微型泵	DG/T 022—2006
23	DG/T 023—2011	饲料粉碎机	DG/T 023—2006
24	DG/T 024—2011	铡草机	DG/T 024—2006
25	DG/T025—2012	棉花收获机	DG/T 025—2006
26	DG/T026—2012	深松机	DG/T 026—2007
27	DG/T 027—2007	旋耕条播机	
28	DG/T 028—2007	免耕播种机	
28	DG/T 029—2011	风送式喷雾机	DG/T 029—2007
30	DG/T 030—2011	电动喷雾器	DG/T 030—2007
31	DG/T 031—2011	热烟雾机	DG/T 031—2007
32	DG/T 032—2007	植保机械用泵	
33	DG/T 033—2007	脱粒机	
34	DG/T 034—2007	种子清选机	
35	DG/T 035—2007	种子包衣机	

（续）

序号	大纲编号	大纲名称	代替大纲
36	DG/T 036—2011	碾米机	DG/T 036—2007
37	DG/T 037—2011	小型辊式磨粉机	DG/T 037—2007
38	DG/T 038—2011	小型面粉加工成套设备	DG/T 038—2007
39	DG/T 039—2007	薯类淀粉加工机械	
40	DG/T 040—2007	轻小型喷灌机	
41	DG/T 041—2011	割草机	DG/T 041—2007
42	DG/T 042—2011	搂草机	DG/T 042—2007
43	DG/T043—2012	打（压）捆机	DG/T 043—2007
44	DG/T 044—2011	饲料混合机	DG/T 044—2007
45	DG/T 045—2011	颗粒饲料压制机	DG/T 045—2007
46	DG/T 046—2011	饲料加工机组	DG/T 046—2007
47	DG/T 047—2007	通风机	
48	DG/T 048—2007	水果分级机械	
49	DG/T 049—2007	水果清洗打蜡机	
50	DG/T 050—2012	挤奶机械	DG/T 050—2009
51	DG/T 051—2012	贮奶（冷藏）罐	DG/T 051—2009
52	DG/T 052—2011	青饲料收获机	DG/T 052—2009
53	DG/T 053—2009	饲草揉碎机	
54	DG/T 054—2012	全混合日粮制备机	DG/T 054—2011
55	DG/T 055—2009	清粪机	
56	DG/T056—2012	卷帘机	DG/T 056—2009
57	DG/T 057—2011	油菜联合收获机	
58	DG/T 058—2011	碾米成套设备	
59	DG/T 059—2011	大型喷灌机	
60	DG/T 060—2011	箱式孵化机	
61	DG/T 061—2011	鸡用喂料机	
62	DG/T 062—2011	养鸡设备　蛋鸡鸡笼和笼架	
63	DG/T 063—2011	增氧机	
64	DG/T 064—2011	投饲（饵）机	
65	DG/T 065—2011	秸秆颗粒压制机	

（续）

序号	大纲编号	大纲名称	代替大纲
66	DG/T 066—2011	水下清淤机械	
67	DG/T 067—2011	水力挖塘机组	
68	DG/T 068—2011	渔业船舶舱底油污水分离设备	
69	DG/T 069—2011	渔业船舶绞钢机	
70	DG/T 070—2012	液压翻转犁	
71	DG/T 071—2012	双轴灭茬旋耕机	
72	DG/T 072—2012	田园管理机	
73	DG/T 073—2012	圆盘耙	
74	DG/T 074—2012	秧盘育秧播种机	
75	DG/T 075—2012	杀虫灯	
76	DG/T 076—2012	采茶机	
77	DG/T 077—2012	花生收获机械	
78	DG/T 078—2012	马铃薯收获机械	
79	DG/T 079—2012	茶叶滚筒杀青机	
80	DG/T 080—2012	茶叶揉捻机	
81	DG/T 081—2012	茶叶烘干机	
82	TZ 1—2011	农业机械推广鉴定大纲编写规则	TZ 1—2006
83	TZ 2—2006	使用说明书审查	
84	TZ 3—2006	三包凭证审查	
85	TZ 4—2011	生产条件审查	TZ 4—2006
86	TZ 5—2006	用户调查	

（三）农机鉴定能力显著提升

全国共有省级以上农业机械试验鉴定机构35个，地（市）级农业机械试验鉴定机构25个，已经基本形成了较完善的网络。省级以上农机试验鉴定机构职工总人数1 200多人，其中专业技术人员1 000余人，含正高级104人，副高级355人；固定资产近5亿元，仪器设备16 500余台套，总占地面积约84万米^2，其中试验室面积约12万米^2。农业部农业机械试验鉴定总站拥有试验场面积近3万米^2，试验室3 185米^2，仪器设备400余台（套）。全国部级推广鉴定能力达到70个农机品目；省级推广鉴定能力达到135个农机品目。2014年全国通过部级推广鉴定的项目2 283项（图7-2）。

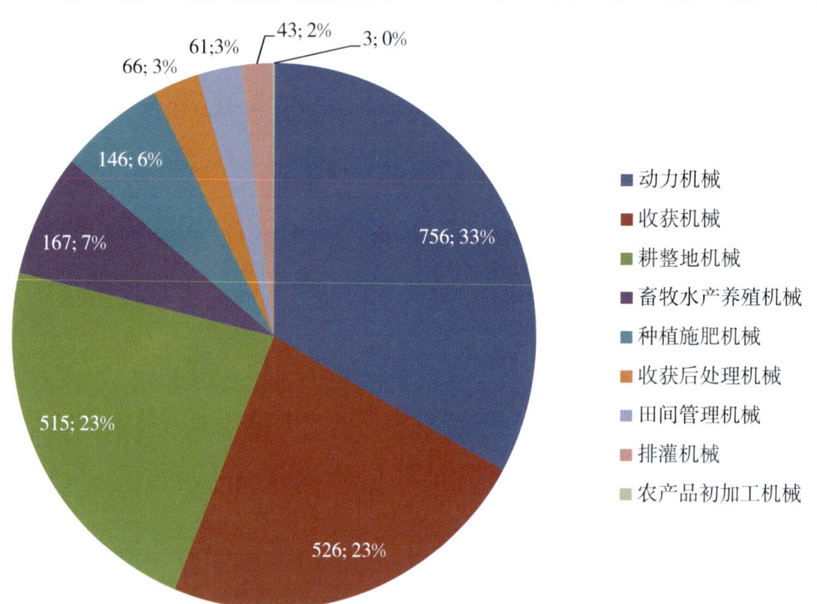

图 7-2　2014 年各类农业机械通过部级推广鉴定的比例

(四) 农机鉴定系统统筹发展

2006 年以来，先后组织开展了三批部级鉴定能力认定，使承担部级鉴定的机构数量增至 30 个。目前，部级推广鉴定任务，由 30 个鉴定机构承担，按照“统一受理申请、统一鉴定大纲、统一收费标准、统筹安排鉴定任务、统一发放证书标志”的“五统一”原则开展工作，不仅提高了部级推广鉴定工作的规范性、公正性和工作效率，增强了权威性，也促进了省级农业机械鉴定工作的健康发展；不仅实现了优质资源共享，也提高了行业的整体鉴定能力，构建了科学合理的农机试验鉴定体系，推动了整个系统的有序、均衡、协调发展。

二、农机鉴定发挥的作用

(一) 为农机化发展提供技术支撑

在国家大面积推广化肥深施、精量播种、谷物烘干、秸秆还田，以及保护性耕作、农业节本增效、水稻生产机械化等重大技术推广工作中，对推广的农机具进行严格的试验鉴定；针对特色、新型农机的快速发展，积极开展了挤奶机械、油菜收获机械和设施农业设备等选型鉴定，保证农机推广的科技含量与农艺规范准确到位。特别是国家购机补贴政策实施以来，农机试验鉴定结果作为制定《国家支持推广的农业机械产品目录》和实施购机补贴政策的前提条件之一，在很大程度上提升了补贴产品的总体质量，为购机补贴政策的有效实施发挥了重要的技术支撑作用。根据调查，实施补贴政策以来，农民对补贴产品的质量满意度逐年提高，投诉量逐年降低，补贴产品质量和服务质量逐年提升。

(二) 为农民选购农机产品提供重要依据

《农业机械推广鉴定证》是农业机械产品通过推广鉴定的标志，为农民选购农业机械提供参考。农机推广鉴定制度实施多年来，菱形证章已成为农业机械公司进货、农民选购农业机械的重要依据，对引导农业机械市场健康发展、保护农民利益发挥了重要作用。《农业机械推广鉴定证》不仅得到了国内广大农业机械用户和企业的认可，也具有了一定的国际知名度。美国、俄罗斯、越南等国家在进口我国拖拉机等农机产品时，要求有我国农业部认可的试验鉴定报告。2004—2014年，共有8 264个农业机械产品型号通过部级推广鉴定（图7-3）。

图7-3　2004—2014年通过部级推广鉴定的机型数量

（三）促进企业技术进步和产品质量提升

农业机械试验鉴定制度一方面督促企业提高产品性能和售后服务水平，促使企业执行现有国家强制性安全、环保标准，淘汰落后产品，促进企业技术进步；另一方面，帮助企业了解农民和农业生产对产品性能和适应性的实际反映，分析产品存在的问题，提出改进建议。特别是推广鉴定独具特色的试验内容以及检测与调查结合、管理与服务并举的实现方式，对企业改进产品质量、提高技术水平和提升市场竞争力发挥了重要作用。调查表明，实施推广鉴定制度以来，我国拖拉机可靠性、噪声水平明显改进，“三漏”问题在全国范围内基本解决，联合收割机质量也普遍提高。

第三节　农机质量认证

农机产品认证包括自愿性产品合格认证和强制性产品认证（以下简称3C认证）。自愿性产品认证领域为农用拖拉机、柴油机、植保机械、谷物联合收割机、农用潜水泵、割草机、青饲料切碎机、饲料粉碎机、便携式风力灭火机、旋耕刀等多类农机产品。3C认证领域为中小功率轮式拖拉机和植物保护机械。3C认证实施以来，起到了防止和打击假冒伪劣产品的生产销售，保护了农民利益，对促进农机化事业健康发展起到了积极作用。

一、基本情况

自1999年颁发第一张农机产品质量自愿

性合格认证证书起，特别是2002年实施植保机械3C认证后，农业机械产品认证走出国门，认证区域包括美国、德国、日本、马来西亚、丹麦等国家以及中国台湾、中国香港地区。截至2014年年底，农机自愿性产品合格认证和3C认证的获证企业477家，有效认证证书790张。其中3C认证获证企业、发证数量见表7-3。

表7-3　农机产品3C认证发展数字统计

单位：家，张

年份	获证企业数	证书数量	年份	获证企业数	证书数量
2002	9	9	2009	340	526
2003	103	105	2010	383	679
2004	199	205	2011	409	716
2005	235	237	2012	467	807
2006	254	263	2013	487	815
2007	319	383	2014	447	756
2008	335	498			

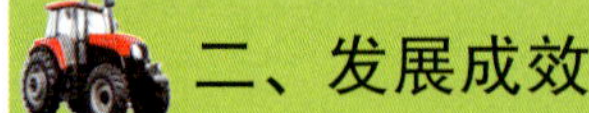

二、发展成效

（一）建立了中国农机产品认证制度

农机产品认证基本认证模式为“型式试验+企业质量保证能力和产品一致性检查+获证后监督/跟踪检查”。企业质量保证能力要求以ISO9001国际标准为基础建立，致力于促进认证企业建立现代质量管理体系，体现了农机产品认证与国际接轨的基本要求。型式试验和产品一致性检查以国家标准、行业标准为依据，突出了产品认证的基本特征和国家产品质量控制的具体要求，体现国家意志。获证后监督/跟踪检查是认证机构对获证产品及其生产企业实施的监督，督促生产企业确保质量保证能力、获证产品持续符合认证要求。特别是农机强制性产品认证在认证风险分析的基础上，从中国国情出发，建立了生产企业分类管理制度、认证企业技术负责人制度等，提高了认证制度的合理性和适应性。

（二）培养了一支专业审核员队伍

农机产品认证依托与农机行业相关的产品检验机构、科研院所等单位，吸收行业专家，经过10余年的农机产品认证实践，造就了一支熟练掌握国际质量体系管理知识、具有丰富现场审核/检查经验和农业机械专业知识、熟悉农机生产企业现状的专业审核员队伍。据统计，截至2013年年底，全国拥有审查员共66人，其中专、兼职体系认证审核员20人，高级审核员9人（专职6人，兼职审核员3人），审核员9人（专职6人，兼职审核员3人），实习审核员2人；有3C认证高级检查员27人，检查员39人；自愿性产品认证高级检查员14人，检查员37人。此外，针对农机企业质量管理体系现状，组织认证企业、检测机构培训班31次，培训人员3 000多人次，使许多认证企业自己拥有了合格的内审员。

（三）企业守法意识和质量管理能力明显增强

在开展植保机械3C认证以前，43.0%

的企业未进行工商注册，64.0%的企业未执行产品“三包”规定，51.0%的企业不清楚产品的国家强制性标准要求，75.0%的企业是无标生产，无任何产品生产的工艺，随意采购，简单装配，不进行任何检验，不到5.0%建立了比较完善的质量管理体系；中小功率轮式拖拉机生产企业近50.0%无标生产。通过开展农机产品质量认证工作，企业对产品安全质量的重要性的认识普遍提高，建立了符合ISO9000族标准要求的产品质量保证体系，基本掌握了质量管理的一般方法，明确了产品质量安全要求和关键生产环节的控制要求，依据标准的要求组织采购和生产制造，对包括产品设计、制造和服务的产品质量形成全过程实施有效控制。据北京东方凯姆质量认证中心调查，获得农机产品3C证书的企业，89.0%认为质量意识有很大提高，11.0%认为有所提高；79.0%认为人员素质有很大提高，21.0%认为有所提高。

（四）农机产品安全性显著提高，合格率不断提升

植保机械常用的喷杆、开关、药箱盖和气室等，得到了结构和材质等方面的改进，市场占有率曾经80.0%以上的密封性差的外置气室喷雾器，基本被内置气室喷雾器所代替，原来普遍存在的药液跑冒滴漏问题得到较好解决，药液密封性得到根本性好转，保护了农民使用安全。从2008年以来的植保机械国家监督抽查结果可以看出，植保机械产品质量正在稳步提高（图7-4）。

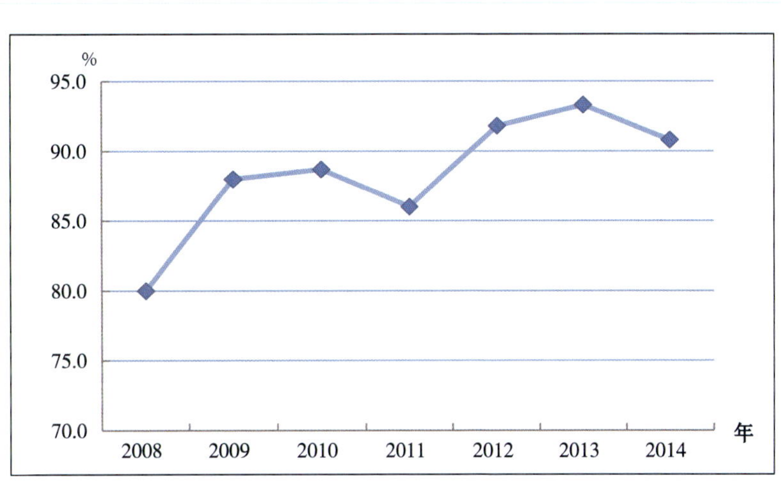

图7-4　2008—2014年植物保护机械国家抽查合格率

在中小功率轮式拖拉机方面，3C认证后的质量进步体现在，一是钢圈基本取代铸铁圈，强度大为提高，消除了铸铁圈破碎伤人的隐患。二是拖拉机噪声降低，减轻了噪声对农民机手的伤害。三是规范了产品标志、安全标识和说明书，指导使用者正确安全操作拖拉机。

（五）加速了落后产品的淘汰，促进行业进步

严格的农机产品认证，淘汰了部分不具备基本生产和质量保证条件的农机生产企业，小型拖拉机企业由认证前的120家减少到90多家。3C认证使企业扩大了视野，得到来自市场、政府、认证人员和检验机构等多方面

的信息，在市场需求拉动和农机购置补贴的推动下，密封性差的外置气室喷雾器基本被内置气室喷雾器所代替，传统的背负式喷雾喷粉机（器）减少，而背负式电动喷雾器、其他动力植保机械（包括大型植保机械、节能高效的植保机）获得了较大增长，推动了农田植保作业机械化水平。

第四节 农机安全监理

农机安全生产是国家安全生产13个重点行业和领域之一。长期以来，我国各级农机监理机构坚持依法监理，完善法规标准，优化监管环境，以创新监管机制提升监管能力，连续多年未发生重特大安全生产事故，有效保障了农民生命财产安全。

一、农机监理法规标准不断完善

2004年以来，积极推动农机安全监理法规标准建设，促进政策配套、标准完善，农机监理工作的法制环境不断优化。目前，初步形成了以《农业机械化促进法》（国家主席令563号）《农业机械安全监督管理条例》（国务院令563号）及其配套的4部规章和10个规范性文件为基础，以43件现行有效法规和70余部地方法规和规章、72项安全技术标准（其中，国家标准34项、行业标准33项、地方标准5项）为支撑的法规标准体系，为各级农机安全监理机构依法履行农业机械安全生产监管职责奠定了坚实的法规标准基础。

2009年颁布的《农业机械安全监督管理条例》（国务院第563号令）是农机安全监督管理领域的第一部行政法规。它全面总结了农机安全监理工作的成效和经验，建立健全了生产、销售、维修、使用操作、事故处理、监督管理的管理制度；明确了生产者的质量保证责任、销售者的质量控制责任，建立了缺陷产品召回制度；规定了维修企业设立条件、程序，规范了维修行为；强化了拖拉机、联合收割机使用操作的安全管理，对拖拉机、联合收割机实行牌照管理，对拖拉机、联合收割机的驾驶操作人员实行资质管理；要求对危及人身财产安全的进行免费实地安全检验，对在用特定种类实施安全鉴定和重点检查；建立了淘汰制度、危及人身财产安全的报废和回收制度；规范了事故处理程序和农机化主管部门等相关部门的监督与服务行为，明确了各方面的法律责任。

二、农机安全生产形势持续稳定趋好

在各级农机化主管部门和农机监理机构的共同努力下，农机安全生产形势持续稳定趋好，成为国家安全生产13个重点行业和领域中为数不多的连续多年未发生特大伤亡事故的领域，得到国务院安全委员会的表彰。《农业机械安全监督管理条例》颁布前后，农业机械安全生产事故统计口径发生了很大的变化，表7-4和表7-5显示了2009年该条例实施以后道路以外农机安全生产事故情况。

2009—2014年，在农业机械总动力增加

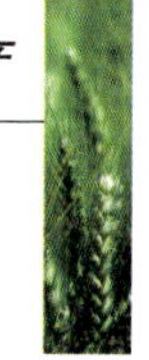

了23.5%的情况下，保持了全国等级以外道路特大和特别重大的农机事故零发生，重大事故每年不超过4次。但必须清醒地认识到，农业机械的持续增长，也为农机监理工作带来严峻挑战，突出表现为：一般伤亡事故增加较快，2014年较2009年增加了108.4%，导致的经济损失增加了98.1%；因农机生产事故致死和受伤人数，稍有不慎，就可能出现较大反弹。

表7-4　农机事故情况

单位：次

年份	农机事故次数	一般伤亡事故	重大伤亡事故	特大伤亡事故	特别重大伤亡事故
2009	836	835	1	0	0
2010	812	812	0	0	0
2011	933	932	1	0	0
2012	2 091	2 089	2	0	0
2013	1 733	1 730	3	0	0
2014	1 744	1 740	4	0	0

表7-5　农机事故损失情况

单位：人，万元

年份	死亡人数	受伤人数	直接经济损失
2009	262	603	732
2010	214	517	865
2011	171	473	821
2012	692	943	2 241
2013	432	631	1 712
2014	300	556	1 450

三、农机安全生产管理长效机制初步形成

2004年以来，我国农机装备总量和新农机手持续快速增加，国家对农机安全生产的要求不断提高，但农机安全监理机构和人员基本保持稳定；同时，农机安全生产又涉及农机制造、质检、销售、应用等多个部门和主体，农机监理机构“单打一”难以适应切实保护农机手的生命和财产安全的需要。为解决这些问题，各级农机监理机构坚持“安全第一、预防为主、综合治理”的方针和“管行业必须管安全、管业务必须管安全、管生产经营必须管安全”的原则，按照“党政同责、一岗双责、失职追责”的要求，不断创新农机安全监理工作机制，初步形成了具

有我国特色的“政府主导、农机主抓、部门协作、社会参与”的农机安全执法长效机制。其核心内容主要是：

1. 落实政府的主导作用，完善责任机制 主要是发挥政府的规划指导、行政推动作用，将农机重大事故和死亡人数指标分解纳入地方党委、政府的考核范围，形成一级抓一级、层层抓落实的农机安全监理工作责任体系，切实提高各级党委政府重视农机安全生产、狠抓农机安全生产的工作格局。到2014年年底，全国有28个省（自治区、直辖市）对农机安全生产事故控制指标进行了分解，其中21个省份分解落实到县级政府。

2. 落实监管责任，狠抓农机安全生产源头管理 各级农机监理机构依照法定职责，严格遵循农机安全监理工作规范，履行好牌证管理、安全检查、安全执法、实地检验、宣传培训等职责，努力做到安全生产隐患早发现、早整改。近几年，根据我国农机安全生产中的突出问题，各级农机监理机构按照“关口前移、重心下移”的要求，积极联合有关部门开展农机安全生产“打非治违”、农机安全生产大检查和农机安全生产隐患排查整治等活动；主动协调质检、工商、农机鉴定等部门，抓好对农业机械生产、销售、回收等环节的安全监管，防止存在安全隐患的农机产品流向市场；稳步推进“平安农机”创建活动、“安全生产月”“安全生产咨询日”等活动，强化农机安全生产政策和知识宣传，提高农机手的安全生产意识，普及农业机械机身反光标识等安全防护技术，最大限度地消除事故隐患，降低事故发生可能。

3. 强化部门协作，促进农机安全管理工作“横向到边” 农机部门积极与公安、安监、交通、质检、教育等部门沟通，建立多部门联合执法、联合宣传的工作机制，从农机生产、流通、质检环节开始抓降低安全生产隐患，在应用环节强化机手培训、提高机手安全生产水平，在事故处理环节提高效率，基本实现了农机安全监理工作面上全覆盖。浙江省有81个市、县建立了公安驻农业（农机）警务联络室，黑龙江省60.0%的市、县组建了乡镇交警中队，陕西省建立联合执法中队12个。

4. 积极发动群众完善管理末梢，推动农机安全监理工作“纵向到底” 在健全县级以上农机监理机构的同时，推动乡级以下农机监理人员队伍建设，积极吸纳农机合作社、农机大户人员参与村社农机安全监理工作，推进农业经营主体、农机户及驾驶人员的安全生产主体责任制落实，强化农机应用主体的法律责任和自我管控的能力，基本形成了县以上有机构、县以下有组织、有人员的6级农机安全监理监管网络体系。

四、农机安全监理机构在稳定中发展

农机安全监理机构承担着我国农业机械安全生产监督管理重要职责，是维护我国农业机械安全生产的重要力量。

1. 保持了农机安全监理队伍的基本稳定 截至2014年年底，全国共有县级以上农机安全监理机构2 853个，较2004年减少111个，县级以上农机安全监理人员31 367人，较2004年减少4 927人（图7-5至图7-7）。

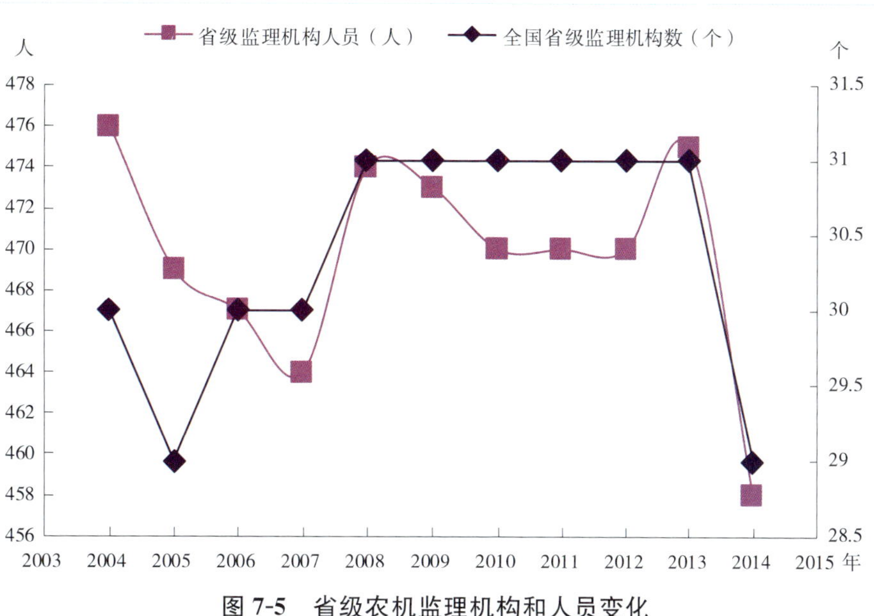

图 7-5　省级农机监理机构和人员变化

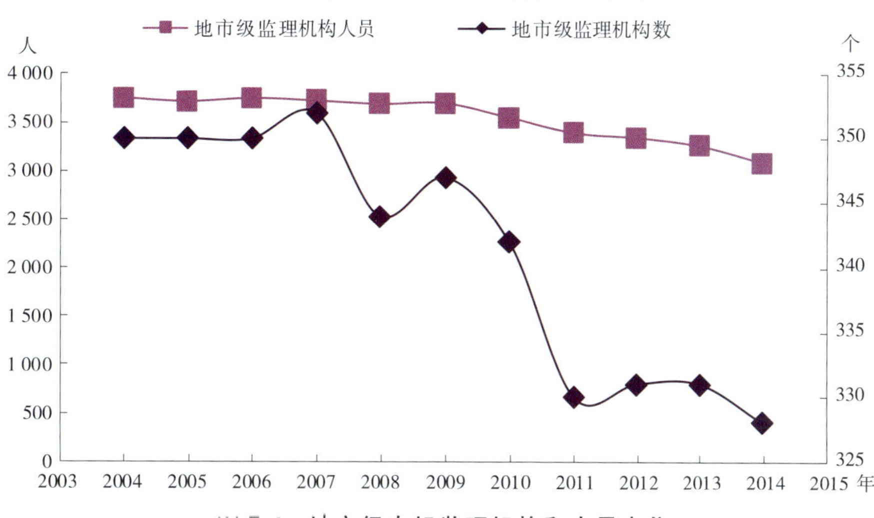

图 7-6　地市级农机监理机构和人员变化

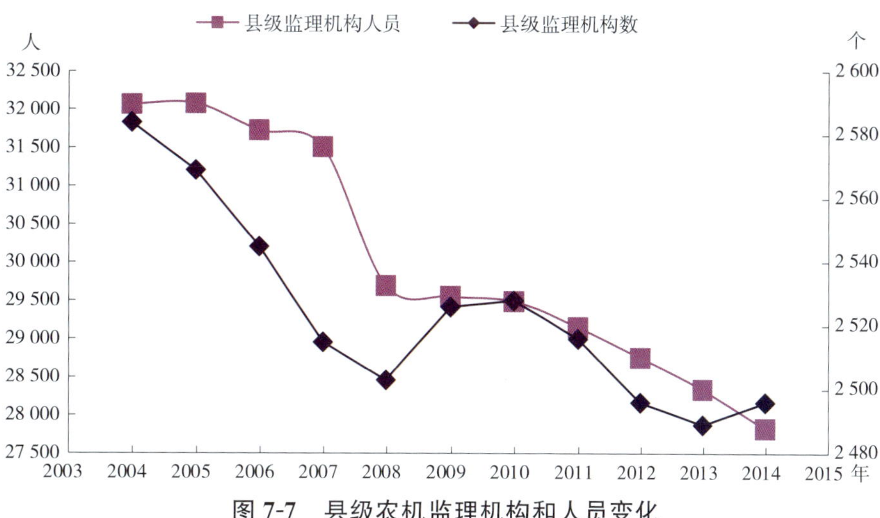

图 7-7　县级农机监理机构和人员变化

2. 监理机构的装备条件稳步改善 2009年以来，中央投入3 000万元为225个县级农机安全监理机构配备移动检测装备，地方财政投入累积超过3.2亿元，更新、增置各类检测装备962套、考试装备413套、监理车辆678辆，排查农机安全隐患、快速处理农机事故等服务能力明显提高。

3. 监理人员规范执法能力明显提高 近几年，全国每年培训农机监理工作人员6 000多人次，约占县级以上农机安全监理人员的18.8%。在农业部组织开展了的农机安全监理“为民服务创先争优”示范窗口创建活动中，涌现了216个全国示范窗口和405名示范岗位标兵，有效带动了农机监理机构规范服务、文明执法意识的提高。

4. 以服务促管理，转变监理方式 “十二五”期间，各地积极协调当地支持，开展农机免费年检、上门服务等工作，推动农机监理工作方式转变，有效提高了农机监理工作的效能。截至2013年年底，全国共有559个县推行农机免费管理，北京、上海、陕西、青海、宁夏、大连、青岛和宁波实现了免费管理全覆盖，共免费为25.1万台农机核发牌证，免除小型微型企业牌证收费1 093万；积极探索农机保险模式，各地2013年共争取地方财政投入5 919万元，对20.6万台农机给予保险补贴，北京、江苏、上海、大连补贴保费50%以上。以服务为导向的农机监理方式转变，不仅提高了农机监理工作的效能，促进了“三率”（农机检验率、上牌率和农机手持证率）提高，而且减轻了农民负担，提高了农民主动参加年检、改善农机安全生产条件的积极性。

小贴士

1993年，农业部农业机械试验鉴定总站向农业部提出组建“农机产品质量认证委员会”的建议。

1994年7月，农业部农机化司同意组建“中国农业机械质量认证委员会筹备小组”，并在鉴定总站设立了“农业机械质量认证委员会筹备办公室”。

1996年2月，国家质量技术监督局批准由农业部牵头组建中国农机产品质量认证机构。

1998年4月28日，中国农机产品质量认证管理委员会和中国农机产品质量认证中心在北京正式成立。

1999年3月，原国家技术监督局正式批准第一批实施质量认证的农机产品目录，可开展4类12种产品的安全认证，13类45种产品的合格认证。

2002年5月1日，国家开始对背负式植保机械实施强制性认证管理。

2003年10月26日，北京东方凯姆质量认证中心注册成立。

2006年，部分中小功率轮式拖拉机和所有植保机械都被纳入国家强制性认证制度管理范围。

本章统稿人：宋英

本章编写人：宋英、梅成建、毛振强、曲桂宝、赵野、王聪玲、白蒙亮

第八章　农机化新领域拓展与新技术应用

2004年以来，园艺、养殖、林果茶、设施农业、农产品初加工等领域机械化需求日益凸显，大量新技术、新材料、新应用推动着这些领域农机化快速发展。2011年全国试行畜牧业机械化水平评价指标体系，2013年试行林果业（果茶桑）、渔业、设施农业、农产品初加工机械化水平评价指标体系，标志着这些领域的农业机械化发展水平达到了新的高度。

第一节　蔬菜生产机械化新技术应用

一、多种国产农机装备满足大田蔬菜生产急需

2004—2014年，微耕机快速普及，基本解决了小地块菜地耕整地问题。在突破小粒种子精密排种器制造技术的基础上，集成机械化开沟、起垄、覆膜等组件，成功研制了适用于萝卜、胡萝卜、白菜、包菜等蔬菜的复式精密播种机械，有效解决了相关蔬菜种植机械化问题。蔬菜机械化育苗方面，成功研制了小型盘播种线，实现了苗盘装土、苗盘成型、精量播种、覆土一体化作业，提高了育苗播种效率和质量。蔬菜秧苗移栽方面，集成导管排苗、开沟（穴）、施肥等技术，成功研制了多种蔬菜移栽机，蔬菜移栽机械化问题初步解决。在大田蔬菜田间管理方面，多种支架式、风送式施药装备、高地隙拖拉机等装备开始广泛应用，突破了蔬菜生长后期田间管理的难题。蔬菜收获机械化技术发展较慢，但胡萝卜、白萝卜和大蒜等蔬菜的国产收获机械开始试点应用。

二、设施蔬菜生产装备建造能力稳步提升

真空防雾玻璃、防雾塑料薄膜、PC板、铝合金等新材料加速应用，有效提高了设施

的保温、透光、防雾、抗风、防冻能力和寿命。设施农业结构建造能力和质量明显提升，全国各类温室建造企业目前已超过500家，规模以上企业数量占比超过30.0%，初步形成了以设施建造企业为龙头，以材料和设备制造企业为支撑的发展格局。

我国自主研发的设施农业核心技术——环境控制系统得到普及应用，通过对各种温度、湿度、气体、光照、土壤温湿度传感技术、作物生长模型以及互联网、移动通讯、电子等技术的集成，设施控制的自动化、智能化水平明显提高，“网络种菜”“手机种菜”已被部分种菜大户熟练掌握。例如，北京市农林科学院开发的“温室娃娃”能够实时监测设施中空气温度、湿度、露点温度、光照强度、土壤温度等参数，可根据用户设置的参数超限信息，对有关设备进行远程操作，及时调整管理措施，改善设施内的状态。大棚卷帘机制造实现了国产化。

无土栽培和水肥一体化调控技术在设施蔬菜生产中得到广泛应用。国产耐酸、耐碱新材料应用于灌溉首部，集成灌溉首部控制系统和各种pH传感器、养分传感器、作物根系生长模型，实现了无土栽培设施的国产化。

实现了多种设施蔬菜耕整地和播种装备国产化，微耕机快速普及，起垄、播种、移栽机械小型化取得突破，等离子、脉冲等物理农业技术和小型蔬菜苗盘播种线应用于蔬菜种子处理、播种和育苗环节，推动设施蔬菜生产耕整地和种机械化水平不断提高。

小贴士

设施农业是采用人工技术手段，改变自然光温条件，创造优化动植物生长的环境因子，使之能够全天候生长的设施工程。设施农业是个新的生产技术体系，它的核心设施就是环境安全型温室、环境安全型畜禽舍、环境安全型菇房。关键技术是能够最大限度利用太阳能的覆盖材料，做到寒冷季节高透明高保温，夏季能够降温防晒，能够将太阳光无用光波转变为适应光合需要的光波，良好的防尘抗污功能等。它根据不同的种养品种需要设计成不同设施类型，同时选择适宜的品种和相应的栽培技术。

设施农业从种类上分，主要包括设施园艺和设施养殖两大部分。设施养殖主要有水产养殖和畜牧养殖两大类。

三、蔬菜生产机械化新技术应用成效显著

蔬菜生产机械化有效保证了蔬菜种植面积和产量的不断提高，与2004年相比，全国2014年第一产业从业人员减少了34.6%，但蔬菜种植面积和总产量分别增加了15.9%和38.0%，达到20 352.57千公顷和76 005.48万吨，单产提高了19.1%，达到每公顷37 344.41千克（图8-1）。2014年，全国塑料大棚、日光温室和连栋温室等设施面积达到205.8万公顷，其中日光温室面积69.7万公顷，塑料大棚132.1万公顷，连栋温室4.1万公顷。设施蔬菜总产量比2003年增加了35.0%（图8-2）。设施蔬菜面积和产量的快速增长，为稳定蔬菜价格、缓解蔬菜供应、

增加菜农收入做出了重要贡献（图 8-2）。

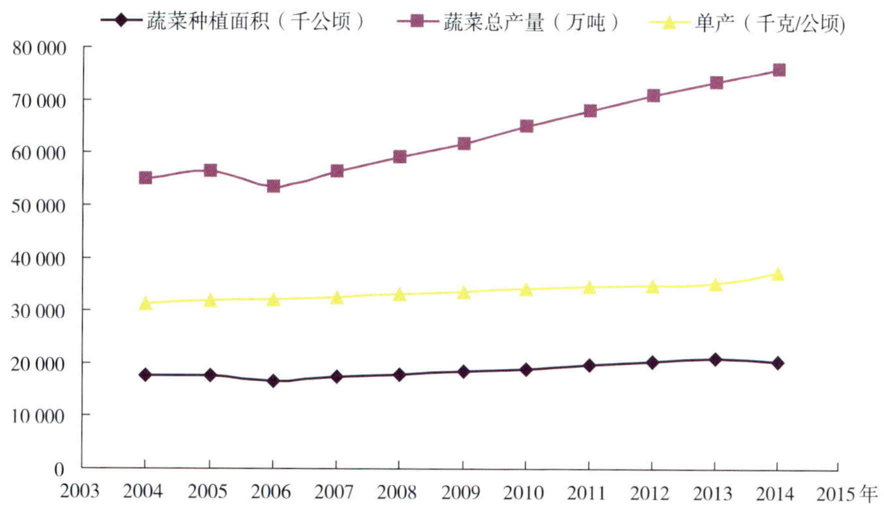

图 8-1　2004—2014 年我国蔬菜种植面积和产量

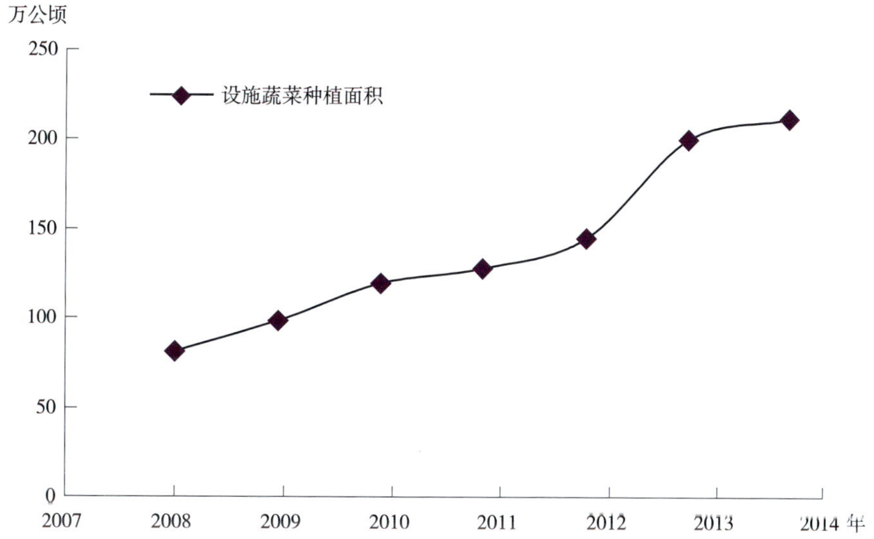

图 8-2　2008—2013 年我国设施栽培面积

第二节　养殖机械化新技术应用

2004—2014 年，我国养殖和设施养殖机械化新技术新装备研发、推广水平不断提高，初步形成了比较完善的机械化养殖机械装备系统，为相关农产品有效供应提供了有力的技术保障。

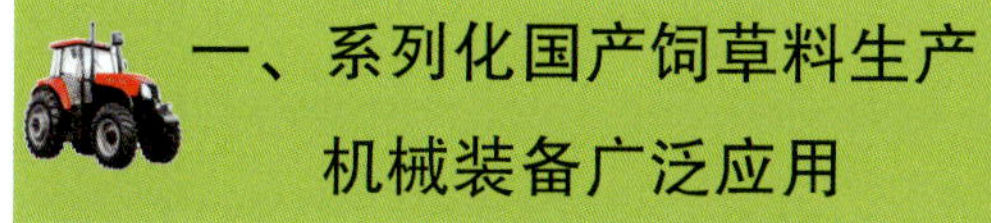

一、系列化国产饲草料生产机械装备广泛应用

2014 年，获得中央财政补贴的通用类农业机械目录中，有畜牧养殖机械 11 个品目、

1 054 个型号，与畜禽饲料收获有关的机械不少于 4 个品目、333 个型号（表 8-1），基本形成了品类丰富、覆盖养殖各环节、大中小型配套比较合理的养殖业农机装备。通过引进吸收国外先进技术装备和自主研发，以及采用新材料和集成电子、信息等技术，有关机械装备的性能进更加稳定，与国际先进机械差距逐步缩小。

表 8-1　与畜牧养殖有关的中央财政补贴通用类农机装备

类　型	品　目	型号数量（种）
畜牧养殖机械	孵化机	30
	畜禽粪便固液分离机	6
	挤奶机	284
	清粪机（车）	25
	揉丝机	89
	饲料粉碎机	63
	养殖饲喂设备	183
	贮奶罐	76
	增氧机	168
	铡草机	119
	冷藏罐	11
饲料收获机械	割草机	54
	捡拾压捆机	126
	青饲料收获机	123
	压捆机	30

在饲草生产机械化方面，通过改进搂草机的仿形性能和集成机械化打捆技术，国产搂草机实现了搂草、打捆复式作业；突破了宽幅割台制造技术，实现了玉米等青贮饲料收获、切段、集箱输送复式作业，生产效率大幅提高。突破了秸秆纵向切丝、揉丝技术，以玉米秸秆为原料的黄储饲料利用率由不足50.0%提高到 85.0%以上。大型饲草搅拌机械的应用，提高了饲草堆料、发酵的均匀性。采用新材料改进恢复老化草场生产力的切根机作业刀，无故障作业能力明显提升；通过集成切根机切根技术和播种技术，实现了老化草场切根和补种复式作业，有效提高了老化草场生产力恢复机械化作业能力。

在饲料生产机械化方面，微粉碎和超微粉碎、高精度微量配料等技术广泛应用，有效提高了饲料的配料精度和成分的一致性，全自动挤压膨化机、高温高压短时强制调制等技术应用于饲料制粒机，提高了饲料的熟化灭菌水平。国产 30 吨以上饲料成套设备在规模以上畜禽养殖企业得到应用，为饲料生产效率和质量提供了可靠保证。

二、养殖设施的集成化、智能化水平不断提高

国产畜禽舍环境智能控制系统研发取得突破性进展，可自主建造能够自动调节畜禽舍光照、自动清粪、自动捡拾畜禽产品的先进畜禽舍。养殖设施的集约化水平持续提高，6～8 层的禽类叠层笼养设施、2～3 层的猪舍等已经成为规模以上养殖企业采用的主流养殖设施。自动取饲系统、全混合日粮系统、自动饮水系统、全自动挤奶成套设备、快速冷藏成套设备等得到广泛应用，养殖和畜禽产品生产各环节基本实现了自动化。专用畜禽生长模型与各类传感器、自动控制系统、物联网技术集成，使专业化养殖设施建造成为可能，也为设施养殖产品实现全过程可追溯奠定了基础。水质检测系统与互联网技术集成应用于规模化养鱼场，实现了池塘水质检测和控制的自动化。遥控和水下成像技术应用于池塘饵料消耗情况的动态监测，有效提高了饵料利用率。

三、有效保障畜产品和水产品安全供应

2004 年以来，我国农业劳动力的逐年减少，但畜产品和水产品产量稳步提高，重要原因之一是养殖机械化技术的发展有效提高了劳动效率。2014 年，我国畜牧业、渔业机械拥有量分别较 2004 年增加了 93.1% 和 317.7%，达到 710.82 万台和 403.99 万台；饲草料加工机械较 2008 年增加了 609.3%，达到 609.25 万台（图 8-3）。

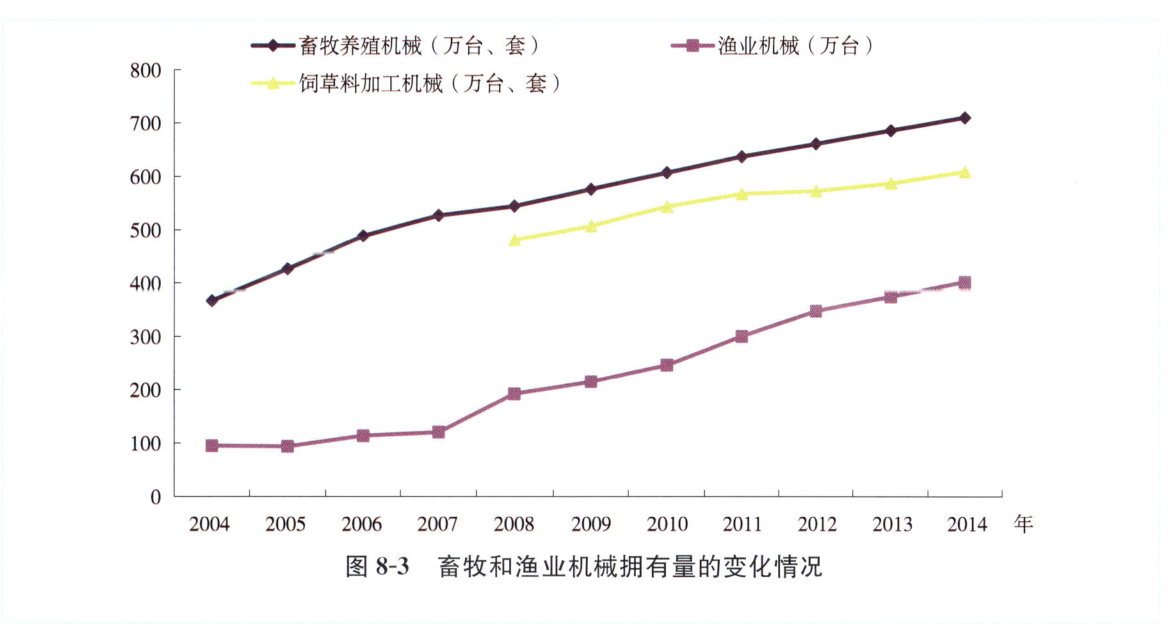

图 8-3　畜牧和渔业机械拥有量的变化情况

青贮秸秆饲料约占我国饲料总量的 45.0%，是我国的主要饲料资源，其加工收获机械由 2008 年的 1.91 万台（套）增加到 2014 年的 3.69 万台（套），青贮秸秆收获量由4 522万吨增加到9 073万吨，基本翻了一番（图 8-4）。

牧草收获机械拥有量由 2004 年的 5.81 万台增加到 2014 年的 17.14 万台，增加了 1.95 倍，为饲草料生产提供了有力支撑（图 8-5）。

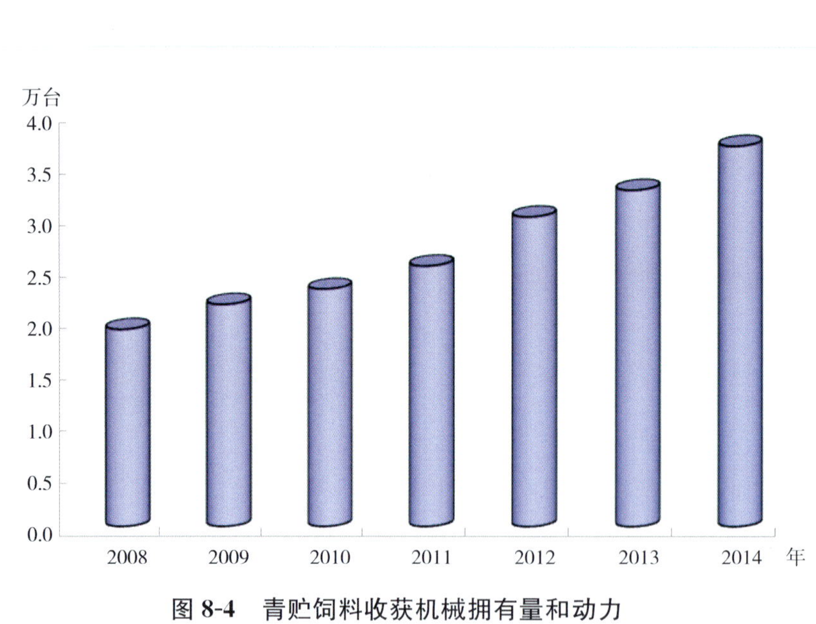

图 8-4　青贮饲料收获机械拥有量和动力

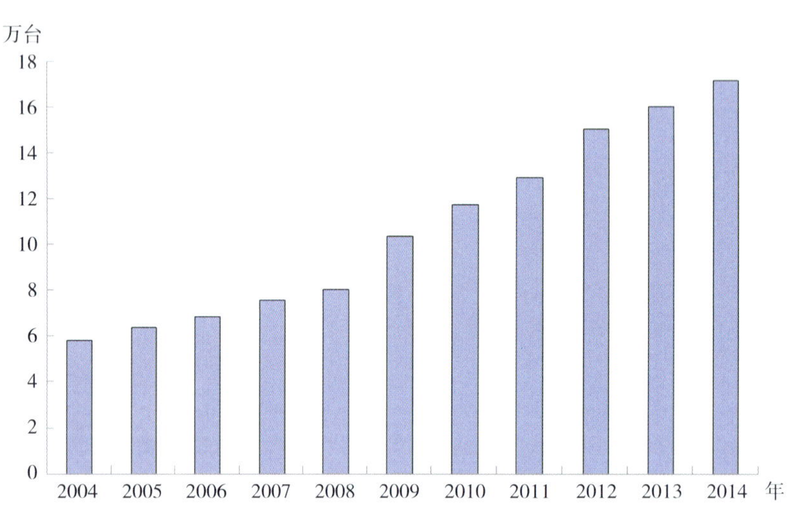

图 8-5　我国牧草收获机械保有量

第三节　林果茶生产机械化新技术应用

我国果园 12 371 千公顷、茶园 2 469 千公顷，水果和茶叶年产量分别达到 25 000 万吨和 190 万吨以上，均居世界第一位，但是果园茶园管理机械化起步晚、基础差。近年来，果园茶园管理机械化需求日益凸显，规范化种植逐渐受到重视，相关农机装备研发和应用不断取得突破。

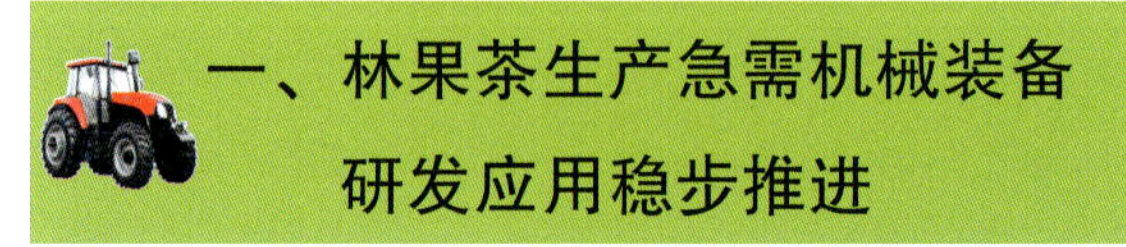

一、林果茶生产急需机械装备研发应用稳步推进

农业部在现代农业产业体系中设置了大宗水果和茶叶生产机械化专家岗位，2008 年以来，先后启动了果园小型实用新型机械设备研发与应用、山地橘园省力化栽培机械与

相配套栽培技术研究与示范等项目，部分急需的机械装备研发逐渐破题。“果园小型实用新型机械设备研发与应用”项目成功研制了果园行间碎草机、果园树盘碎草机、偏置式开沟机、偏置式搅拌回填一体机、偏置式开沟施肥搅拌回填一体机、偏置式振动深松化肥施肥机、往复式葡萄剪梢机、旋转式葡萄剪梢机、气力雾化风送式果园静电弥雾机、龙门架式喷雾机、埋藤防寒机、防寒土清除机、低地隙果园机械动力作业平台等系列装备。

目前，我国已经能够自主生产果茶园种植环节使用的系列耕整机、开沟机、起垄机、挖坑机、培土机，用于田间管理的多种动力喷杆式喷雾机、风送式喷雾机、深松机、施肥机、茶树修剪机也实现了国产化。在林果采摘收获环节，可用机具较少；采茶机具被大型茶园广泛应用于采摘中低档茶叶。

二、林果茶园规范化建设积极推进

近年来，林果茶园管理部门积极制定标准规范引导果茶园规范化建设，努力解决我国林果茶园小农户管理种植标准不统一、机械通行难等问题。农业部制定的《标准果园建设规范苹果》（NY/T 2136—2012）《观光果园设计规范》（DB13/T1604—2012）《苹果园肥水管理技术规程》（DB37/T2280—2013）《标准果园建设规范柑橘》（NY/T 2627—2014）《标准果园建设规范梨》（NY/T 2628—2014）《标准茶园建设规范》（NY/T 2172—2012）等标准规范，均把与机械化作业有关的种植密度（行距、株距）、园地规模、园地坡度、道路系统设置、排灌系统设置、辅助建筑物建设、电力配套等作为重要内容。例如，《标准果园建设规范　苹果》明确要求种植密度为：“乔化砧株行距 3～4m×5～6m”，以便机械在行中通过。《标准茶园建设规范》推荐了茶园应配备的机具类型。

为提高果茶园机械化作业质量，相关部门制定了《苹果风送式喷雾技术规程》（DB32/T2246—2012）《苹果园节水灌溉技术规程》（DB32/T1446—2011）《风送式果园喷雾机作业质量》（NY992/T2246—2006）《机采茶园管理技术规程》（DB32/T2064—2012）《山地茶园机械采摘技术规范》（DB34/T2202—2014）《茶园机械化生产技术规程》（DB51/T 1630—2013）等标准规范。

三、林果茶生产机械化仍有较大发展潜力

目前，我国林果茶机具装备数量增长较快，但机械化程度仍然较低。从图 8-6、图 8-7、图 8-8 可以看出，2004—2014 年，我国林果业机械拥有量和总动力分别增加了 9 倍和 3.87 倍，拥有量达到 42.72 万台，总动力达到 148.28 万千瓦；果树修剪机和挖坑机拥有量分别增加了 8.82 倍和 1.57 倍。茶叶修剪机和采摘机拥有量分别增加了 5.52 倍和 3.36 倍，达到 36.22 万台和 10.19 万台，发展的速度前所未有。但与我国12 371千公顷果园和2 469千公顷茶园相比，平均每千公顷果园的农机拥有量仅为 34.53 台，平均每千公顷茶园仅有 41.27 台茶叶采摘机，发展潜力巨大。

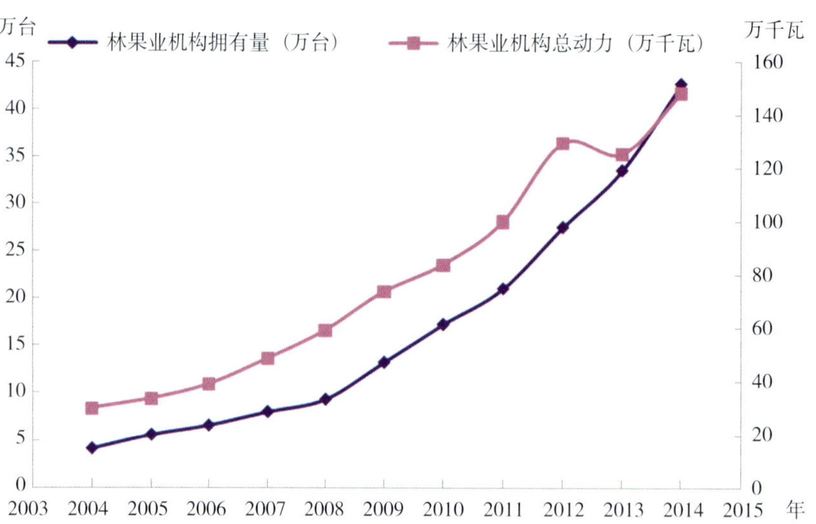

图 8-6　林果业机械装备拥有量和总动力变化

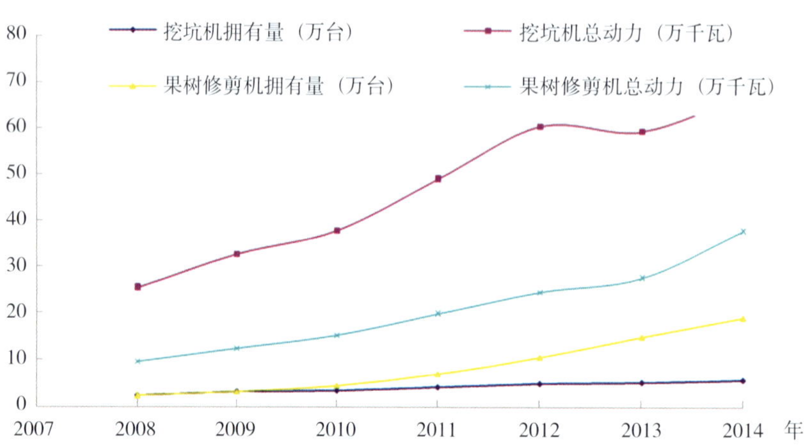

图 8-7　林果业挖坑及和果树修剪机拥有量和总动力变化

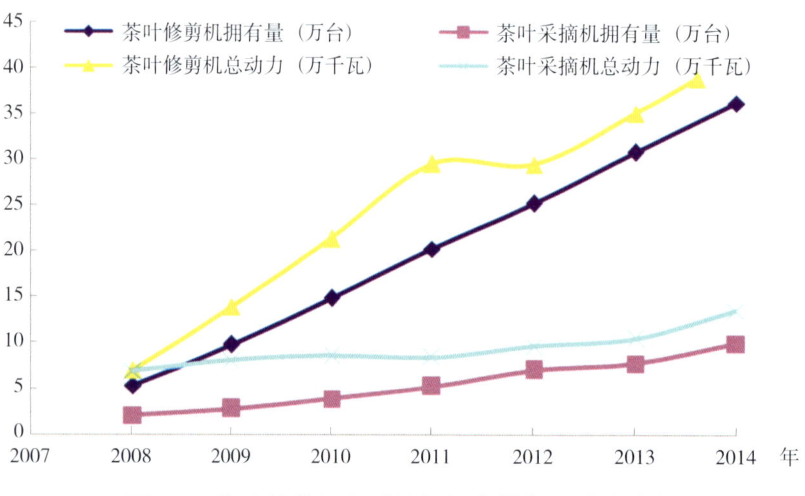

图 8-8　茶叶修剪机和采摘机拥有量与总动力变化

第四节　农产品收获后处理和初加工机械化新技术应用

我国农产品收获后处理和初加工机械化技术落后，处理和加工能力不足，加大有关技术装备的研发和推广力度，对确保颗粒归仓和增产增收具有重要意义。

一、技术集成创新多种农产品后处理和初加工技术

不断提升技术集成水平，实现了玉米、花生、青豆等农产品脱粒、剥壳（去皮）和清选复式作业。CCD技术被广泛应用于高档大米、花生、各种杂粮、茶叶等农产品的清选、加工装备，一批农产品初加工质量达到免洗（淘）食用标准。在果蔬机械化初加工方面，突破了果实成熟度色选CCD分级、气流去杂、震动去土、果实收集、枝叶果实自动分离等技术，并集成紫外线杀菌、臭氧杀菌、氯系列杀菌、电生功能水等杀菌技术，开发了多种果蔬采收、分级、清选机械设备，实现了清洗、分级、分选、打蜡复式作业。电生功能水清洁、蒸汽去皮、水力切削等技术应用于鲜活农产品初加工设备，进一步提高了微生物污染、农药残留、非菌细胞等有害物质的去除能力。农产品干燥机械化技术方面，分区温度控制技术有效提高了大型干燥机的温度控制水平，提高了机械化干燥谷物产品的商品率。高硬度耐磨金属材料被应用于茶叶杀青、揉捻、烘干设备，降低了茶叶加工过程中的重金属污染，提高了茶叶加工质量。低剂量辐射处理、减压、气调、临界低温高湿等物理保鲜、保质技术应用于农产品收获后处理，气调库广泛分布，提高了我国农产品规模化保鲜储藏能力。

小贴士

农产品收获后处理技术主要包括农产品的产地异物快速检测、分选、分级、质量检测、保鲜、清洁、脱水（干燥）、杀虫灭菌等。相关机械装备包括脱粒机械、清选机械、剥壳（去皮）机械、干燥机械、种子加工机械、仓储机械和其他收货后处理机械。

农产品初加工是指对农产品一次性的不涉及农产品内在成分改变的加工，即对收获的各种农产品（包括纺织纤维原料）进行去籽、净化、分类、晒干、剥皮、沤软或大批包装以提供初级市场的服务活动，以及其他农产品的初加工活动。包括轧棉花、羊毛去杂质、其他类似的纤维初加工等活动；其他与农产品收获有关的初加工服务活动，包括对农产品的净化、修整、晒干、剥皮、冷却或批量包装等加工处理等。相关机械装备包括碾米机械、磨粉（浆）机械、榨油机械、棉花加工机械、果蔬加工机械、茶叶加工机械、其他农产品加工机械。

二、技术集成创新提高农产品品质快速检测能力

计算机视觉、光谱分析、超声波、力学检测、无损检测、电子鼻、电子舌等多种技术及多传感器融合技术被应用于农产品品质检测，研发出多种便携式农产品品质快速检测设备，广泛应用于水果、蔬菜、肉、奶等产品的农（兽）药残留、微生物及生物霉素的快速检测，农产品质量隐患排查技术更加先进，农机装备应用领域进一步扩展。

三、农产品收获后处理和初加工装备技术发展潜力巨大

2014 年，我国农产品初加工机械化水平为 30.6%。其中脱出作业（包括脱粒、剥壳、去皮等）机械化水平为 42.0%，清选作业机械化水平为 25.6%，保质作业机械化水平为 22.9%。按农产品种类计算，粮食的机加工比例为 82.0%，其中粮食脱粒的机加工比例达到 81.0%，粮食烘干的机加工比例只有 14.7%。果蔬的机械加工比例最低只有 5.0%，远低于发达国家。我国每年因收获后处理和初加工能力不足导致的农产品产后损失近 2 000 亿元。因此，加大相关设备和技术的研发推广力度，对确保农产品颗粒归仓和农民增收增效具有重要意义。

第五节　精准农业技术应用

我国 20 世纪 90 年代开始研究精准农业技术，近 10 年来，开始小面积示范应用，取得了较好的成效。

一、基础研究推动精准农业机械装备逐渐成熟

2000 年，精准农业研究被列入国家“863”高技术计划，在上海、北京等地进行试验探索。中国科学院、中国农业科学院、中国农业大学等单位在国家项目的资助下，重点开展了水肥一体化精准管理、大范围病虫疫情监测研究；中国农业机械化科学研究院、北京市农林科学院、上海农业科学院、上海气象局等单位，成功研发出多种适应我国农业生产实际的精准农业机械装备，目前激光平地机、变量施肥、变量播种等精准农业装备得到大面积推广，北斗卫星数据、产量自动测定技术、物联网技术在稻麦联合收获机等机械上广泛应用，大面积自动测产、成图技术基本成熟。

小贴士

精准农业是综合运用 3S 技术和智能装备技术，实现农业投入品精准、定量、定位、适时使用和农业生产定量决策的农业生产操作系统，其核心思想是通过获取农田小区作物产量和影响作物生长的环境因素（如土壤结构、地形、植物营养、含水量、病虫草害等）的空间

和时间差异性信息，分析影响小区产量差异的原因，采取技术上可行、经济上有效的调控措施，区别对待，按需实施定位调控的“处方农作”。

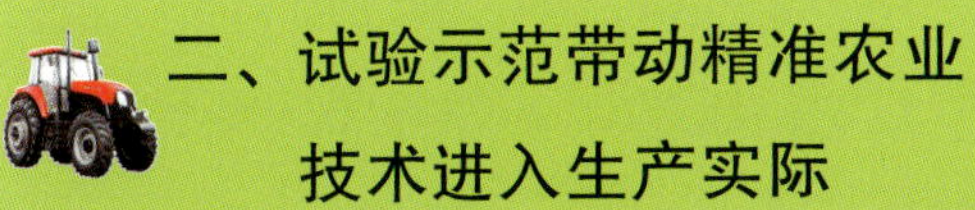

二、试验示范带动精准农业技术进入生产实际

2006 年 9 月，北京市大兴区开始示范推广精准农业，16 项获得国家专利的信息化技术在 150 公顷农田上应用；上海 2007 年启动精准农业技术的集成和应用试点，建设了 1 000多公顷农业物联网综合试验区，精准施肥、精准施药技将水稻田间病虫草诊断率提高到 90.0% 以上，减少化学农药用量 13.8%。2013 年 4 月，国务院确定黑龙江省先行开展现代农业综合配套改革试验，以卫星遥感、物联网技术为核心的精准农业逐渐成为黑土地发展现代农业的“掌舵人”，农垦友谊农场和红星农场大力开展基于 GPS 定位的数字化农机装备应用，实现了收获机产量监测、变量施肥、播种、喷药智能化作业和机具的自动驾驶，大幅提升了作业效率和质量。

三、精准农业技术试点应用效益明显

到 2014 年年底，精准农业先进技术已在国家 153 个现代农业示范区广泛运用。据初步统计，153 个示范区粮食总产 1 252 亿公顷，用占全国 13.0% 的耕地生产了全国 21.2%的粮食；农业科技进步贡献率平均为 58.5%，比全国平均水平高 4 个百分点。据 2012 年不完全统计，153 个示范区耕种收综合机械化水平 71%，比全国平均水平高 14 个百分点；参加农民专业合作社的农户比重达到 33.0%，比全国平均水平高 10 个百分点以上；农民人均纯收入 10 815 元，比全国平均水平高 35 个百分点以上。

第六节　农用航空技术应用

近几年，我国农用航空技术发展迅速，未来前景广阔，2014 年飞机作业面积仅占耕地面积的 3.0%。

一、农用航空发展应用的基础日益完善

近 10 年来，部分民营、商业化经营主体进入农业航空制造和作业领域，农用航空技术的经营主体多元化趋势明显。农业航空机型从单一的固定翼飞机发展至包含固定翼航空器、旋翼航空器、气球、飞艇等多种类型。2014 年，从事农业航空的有人飞机数量已超过300 架，大多数为中小机型或轻型飞机。农用航空设施逐步完善，到2013年，全国农用航空器的通用机场与临时起降点数量为399个，其中通用机场 70个，农用航空技术扩大应用的条件日益改善。

二、航空作业范围不断拓展、面积持续增加

农业航空作业项目不断增加，已拓展到

化学灭草、植物叶面施肥、喷施微量元素、促进作物早熟、防治各种农作物病虫害、草原灭蝗、森林灭虫、飞播造林、草原种草、水稻播种、人工增雨、森林灭虫、航空测绘、国土普查、新农村建设规划飞行、应急救援演练种等20个领域。截至2014年，固定翼飞机的作业面积已超过5 000万亩，东北地区年作业面积达到2 000万亩以上，其中黑龙江省农业航空作业面积达1 500万～1 800万亩，年飞行时间超过1万小时。但总体来看，我国飞机作业面积仅占耕地面积的3.0%，远低于发达国家水平。

三、农用遥控无人机应用潜力有待持续挖掘

遥控无人机近几年发展迅猛，成为农用航空领域发展的突出亮点。2008年国家“863”项目“水田无人机施药技术与装备研究”的实施，开启了遥控无人机在我国农业生产领域的应用。2013年之前农用无人机以演示推广为主，到2014年取得了突破性进展，作业对象覆盖水稻、玉米、棉花、小麦、甘蔗，以及坡地茶园、柑橘园和临海区域的红树林等，取得良好效果。目前，从事遥控飞行植保机生产与服务的企业超过200家，机植保作业面积已累计超过百万亩次。从我国农用无人机的结构上看，载重量10～15千克的电动多旋翼遥控无人机占60.0%以上，载重量15～40千克的单旋翼汽油动力无人机占20.0%～30.0%，电动单旋翼遥控飞行植保机占10.0%～20.0%，大型农用遥控无人机较少（图8-9）。

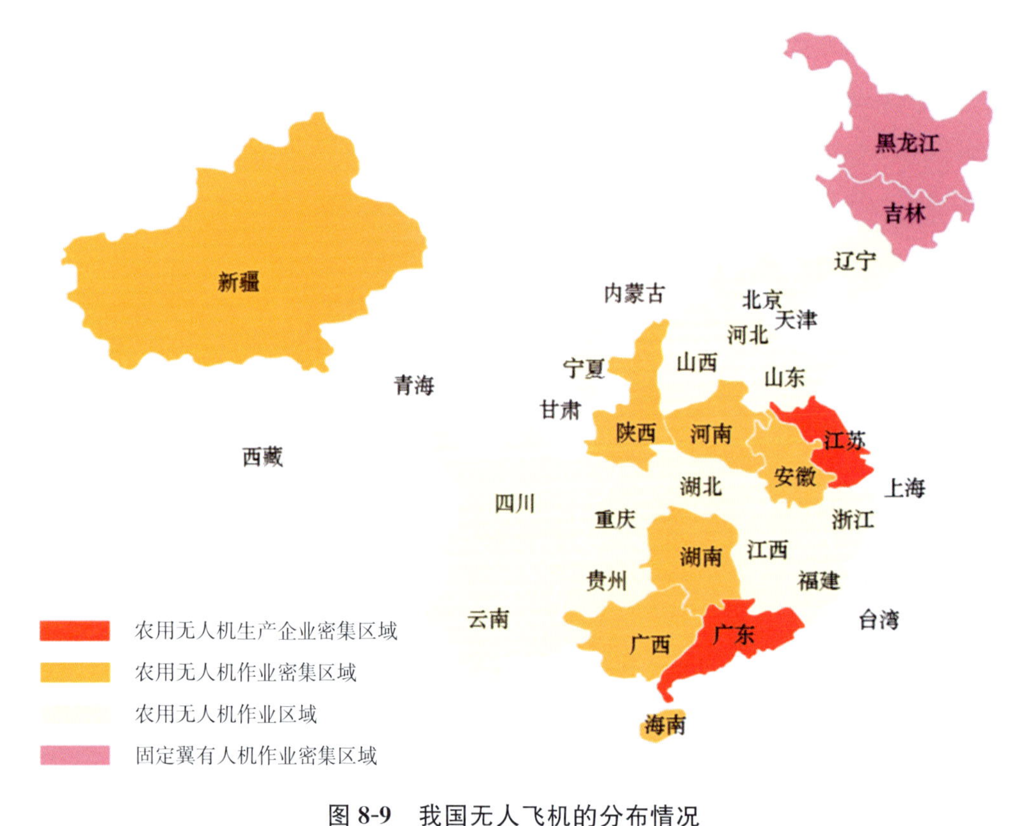

图8-9　我国无人飞机的分布情况

第七节　信息技术助力农机化发展质量提升

近年来，农机化信息化加速融合，尤其是农机管理信息化、农机作业社会化服务信息化、农机装备自动化和智能化发展迅速，农机企业抓住“互联网＋农机”机遇，发展电子商务和售后服务保障系统，取得了重要进展。

一、农机化公共信息服务能力明显改善

目前，全国所有省级和70.0%以上的地市级农机行政管理部门已建成了农机管理信息网站（或专属网页），初步形成了以农业部农业机械化管理司的中国农业机械化信息网为龙头，地方各级农机管理信息网为骨干的电子政务系统。2000年开通的中国农业机械化信息网是公众了解农机化管理和发展信息的主要平台。2006年，依托中国农业机械化信息网的全国农机化政务信息直报系统开通运行，实现了农业部农机化主管部门、各省（自治区、直辖市）农机化管理部门的互联互通，有效提高了全国农机化行政管理效率。

2005年以来，中国农业机械化质量网、中国农机推广网、中国农机安全监理信息网等农机化公共服务网站陆续开通运行，地方各级农机鉴定、农机推广和监理机构持续跟进。目前，初步形成了以这3个网站为核心，以各级农机质量信息网、农机推广网、农机监理网为支撑的农机公共服务系统。在“金农工程”等信息化项目的支持下，国家支持推广的农业机械产品目录申报系统、农业机械投诉信息管理系统、农机鉴定监管子系统、全国农机维修信息系统、农机安全监理信息系统、农机事故报送系统、农机化技术推广信息报送系统等多个业务应用系统投入运行，实现了国家补贴农机具、补贴额度等信息的公开查询，农机化公共信息服务能力明显改善。

二、促进了农机社会化服务的健康发展

2005年，依托中国农机化信息网的“农机跨区作业服务直通车”系统（简称“直通车”）投入运行。“直通车”不仅是一个政府公共信息服务平台，可以实现农机作业信息的直接传输、汇总，为管理部门及时准确提供农机作业动态信息，支撑管理部门更加科学地引导农机社会化服务，促进农机手提高生产效益，而且，该系统还提供了农机跨区作业服务信息的免费发布和查询功能，为农机手、农户和中介服务组织搭起了信息共享平台，促进农机作业服务供需双方的有效对接。

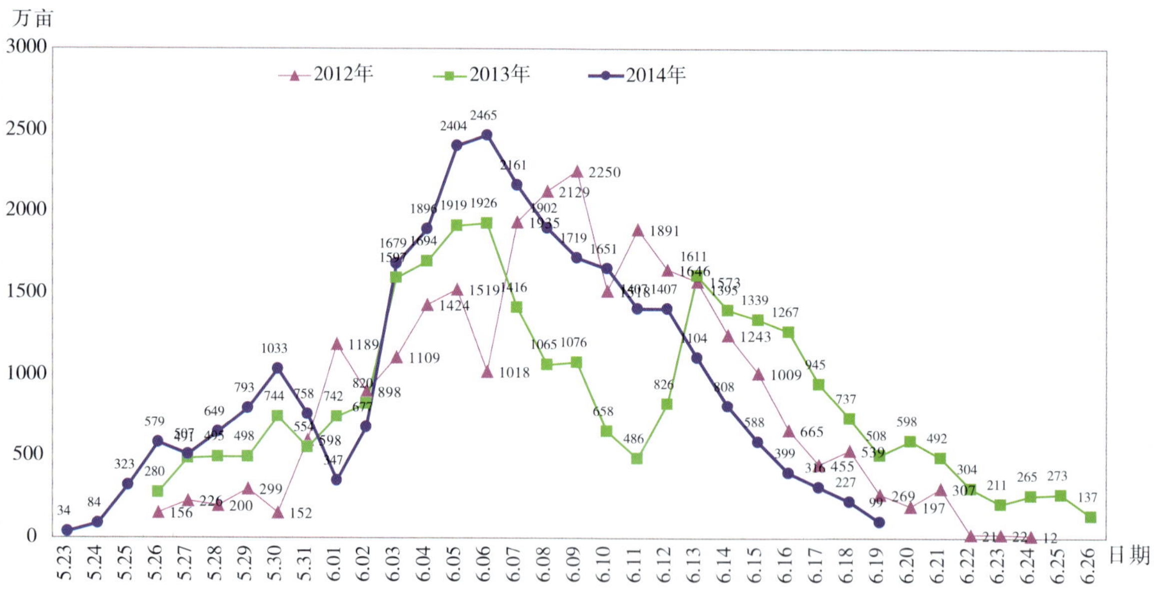

图 8-10　2012—2014 年“三夏”全国小麦机械收获进度

三、农机装备自动化和智能化水平明显提高

在农机装备制造领域，将信息技术应用于播种器的设计制造，监测落种器中种子的通过情况，发送播种器堵塞或缺种预警，使漏播率降低到 1.0%以下，提高播种质量。整机信息采集、智能化处理使故障诊断自动化成为可能。农机装备与遥感、GPS 定位等技术的结合，成功开发出自动驾驶的拖拉机、联合收割机样。影像识别和精确对靶技术应用于施药机械装备，提高了农药的使用效果，降低了农药使用量，有关装备已进入应用试验阶段。在设施农业领域，将自动控制技术与信息技术、农机化技术有机结合，开发了可远程控制的自动灌溉控制系统、自动卷膜和补光控制系统、遥控自走式水雾烟雾施药系统、自动控制声波助长设备、自动节水流量监测设备、温室温湿度监测设备等信息化设施农业装备，在生产中得到广泛应用（图 8-11）。

四、“互联网＋”推动农机企业售后服务更加丰富高效

农机企业的售后服务保障信息系统，以企业的电子商务云平台为依托，以安装在农机上的 GPS、客户（农机手）的移动终端和互联网数据传输为通讯保障，以各地农机经销商或代理商等组织为零部件中转站，实现农机作业状态、位置的持续跟踪，为农机故障维修的及时处理提供了可靠信息保障。个别电子商务和售后服务保障信息系统性能先进的企业，可以依据掌握的农机作业状态与农机空间分布信息，为农机手提供潜在服务对象的分布服务，指导农机手快速、准确找到客户。“互联网＋农机”扩展了企业电子商务平台的性能，提高了企业的售后服务水平（图 8-12）。

图 8-11　现代设施农业信息化应用系统

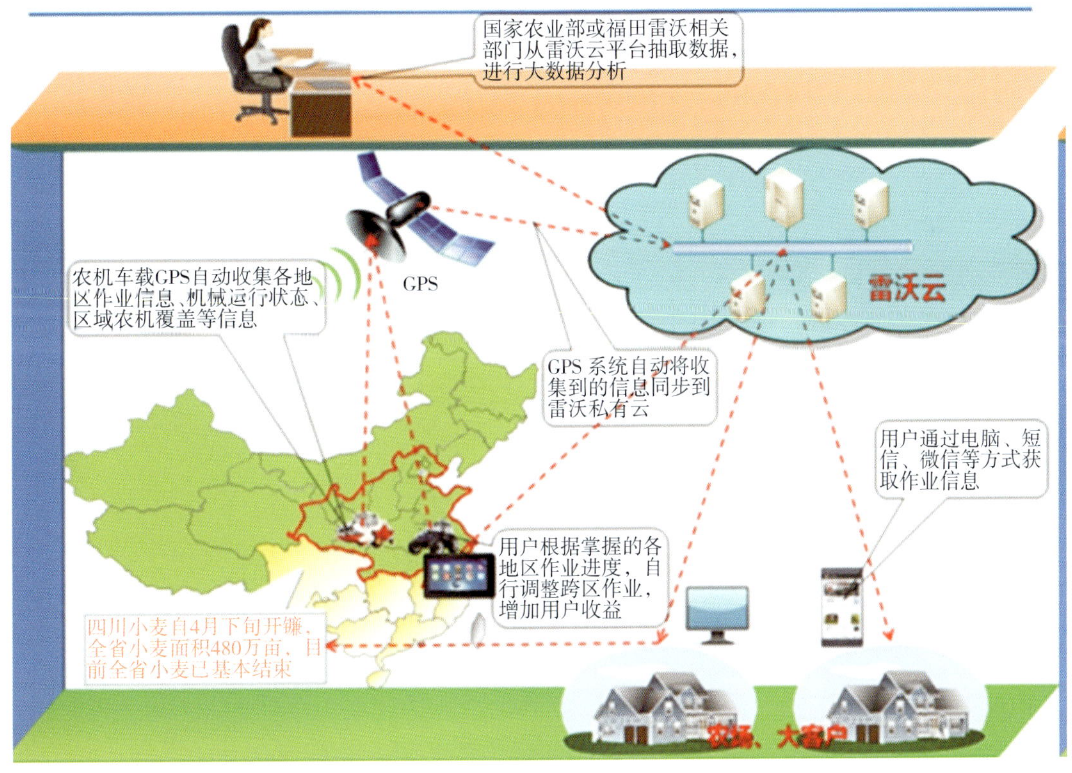

图 8-12　福田雷沃国际重工股份有限公司三夏服务信息化指挥系统

小贴士

"互联网+"是创新2.0下的互联网发展新形态、新业态，是知识社会创新2.0推动下的互联网形态演进及其催生的经济社会发展新形态。通俗来说，"互联网+"就是"互联网+各个传统行业"，但这并不是简单的两者相加，而是利用信息通信技术以及互联网平台，让互联网与传统行业进行深度融合，创造新的发展业态。它代表一种新的社会形态，即充分发挥互联网在社会资源配置中的优化和集成作用，将互联网的创新成果深度融合于经济、社会各领域之中，提升全社会的创新力和生产力，形成更广泛的以互联网为基础设施和实现工具的经济发展新形态。

本章统稿人：毛振强
本章编写人：毛振强、张跃峰、薛新宇、
宋英、吴海华、刘清、韩雪、曹洪玮

附录　农业机械化行业社团组织介绍

行业协会是参与经济建设与社会管理的重要力量，是发展市场经济、构建和谐社会的重要载体。在农机化发展事业过程中，各行业协会的主要职责是：按照建立完善社会主义市场经济体制和科学发展观的要求，贯彻执行国家发展农机化的方针政策，积极加强行业自律，维护行业和会员的合法权益；组织各种机具展览、演示，推进新产品和技术的应用；召开各类论坛、技术讲座，引导推动会员开展农机化研究；组织对外交流，提升农机化科技含量和应用水平。

一、中国农业机械化协会

中国农业机械化协会（CAMA）是全国行业性、非营利性的社会组织。其前身是1993年成立的“中国农机鉴定检测协会”。归口管理单位为农业部农业机械化管理司，挂靠单位为农业部农业机械试验鉴定总站。

2009年1月，经农业部和民政部批准，中国农机鉴定检测协会正式更名为中国农业机械化协会（以下简称协会）。2010年2月24日，协会的会员代表大会和成立大会在北京召开，农业部副部长张桃林当选为协会会长，农业部农业机械化管理司原巡视员马世青当选为常务副会长，农业部农业机械试验鉴定总站站长、书记刘敏当选为副会长兼秘书长（法人代表），常设机构为秘书处。目前协会下设农机鉴定检测、农机专业服务组织、农机科技、农用航空和设施农业五个分会。

更名后的中国农业机械化协会，由原来单一的专业性社团组织变为涵盖农业机械化行业的综合性社团组织。会员单位也由“农业机械鉴定检测机构、有关农业机械产品质量的管理机构和农业机械生产企业”拓展为“农业机械化教育、科研、鉴定、认证、推广、监理、维修、社会化服务等方面的机构和个人”为主体。协会的会员主要是从事与农机化教育、科研、鉴定、认证、推广、监理、维修、社会化服务等有关方面企事业单位、社会团体及个人等。

协会是农业部主管的农业机械化方面唯一一家社会组织，根据协会的性质和工作任务，协会的宗旨为：贯彻执行国家发展农业机械化的方针、政策，加强行业自律，维护行业和会员的合法权益，反映会员的意见、愿望和要求。通过为政府、为会员提供双向服务，协助政府部门开展有关行业服务工作，成为联系政府与农业机械化行业和农机使用者的桥梁和纽带。主要业务是宣传贯彻国家发展农机化和推进现代农业的方针政策和法律法规，协助政府部门完善行业自律；受政府部门委托，开展行业调查研究，向政府相关部门提出有关行业发展的政策意见和建议；组织行业技术培训、专业技能教育；经授权或依据市场和行业需要，举办技术展览展示、农机现场演示活动；参与本行业标准的制定、修订工作；协调本行业与相关产业的关系，反映会员的愿望和要求，维护会员的合法权益；开展国际技术交流与合作等。

协会成立以来，致力于促进农业机械化事业和现代农业的发展，准确把握协会在行业中的角色定位，制订协会的发展战略和工作方向，明确协会承担的社会使命和责任，承担行业组织、指导、协调、服务、维权、监督等职责，坚持办会宗旨，在不断完善自身基础建设的同时，在行业积极开展各类活动，努力推动行业健康、规范、有序的发展。

二、中国农业机械工业协会

中国农业机械工业协会（英文简称CAAMM），成立于1991年5月。按照民政部的批复，协会是由在中国境内注册的从事农业机械整机、零部件制造、科研机构、企事业单位和社会团体，在平等自愿基础上依法组成的自律性、非营利性的全国性社会团体，具有社团法人资格。

中国农业机械工业协会最高权力机构是会员代表大会，实行理事会制，理事会由会员代表大会民主选举产生，一届任期五年，现为第五届理事会，会长为陈志，此前，鲁中民、高元恩曾先后担任理事长。中国农业机械工业协会下设19个分支机构，其中有3个专业委员会。依据《中国农业机械工业协会章程》，常设机构为秘书处，在理事会领导下开展工作，秘书处设在北京，内设办公室、行业工作部和综合业务部3个部门。

在主管部门的领导下，协会充分发挥了政府和行业之间的“桥梁”和“纽带”作用。协会的主要职能有：一是协助政府制定和实施行业发展规划、产业政策、行政法规和有关法律。二是监督对农机产品和服务质量、竞争手段、经营作风进行严格监督，维护行业信誉，鼓励公平竞争。三是对农机工业的基本情况进行统计、分析、并发布信息。四是开展对农机工业国内外发展情况的基础调查。五是信息服务、教育与培训服务、智力引进、咨询服务、举办展览、组织会议等。五是国际交流的窗口，协会与德国、意大利、俄罗斯、日本、韩国等10多个国家的农机社团组织有着密切往来、进行交流合作。

三、中国农业机械流通协会

中国农业机械流通协会，简称CAMDA，

成立于1991年5月。主管单位是国务院国有资产监督管理委员会，由中国物流与采购联合会代管，受国家商务部、农业部、工业和信息化部、国家发展改革委员会业务指导。

中国农业机械流通协会是以农机流通企业为主体，以农机制造企业为基础，涵盖农机流通、制造、科研院校，以及有关社会团体等自愿组成的全国性行业组织，成员单位不受隶属关系和所有制的限制，是不以营利为目的的社会团体法人。现有1 100余家直接会员单位，2 600多家间接会员单位及其20 000多个销售服务网点。

中国农业机械流通协会及其前身中国农业机械总公司，在计划经济时期是国家有关部委的农机销售局，作为国家部委的职能部门负责管理全国农机公司系统的经营业务，同时归口管理农机生产企业的销售业务。随着政府机构改革以及国家对农机经营业务的调整，中国农机总公司的归口主管部门多次发生变动：1961年，根据中共中央批示，由商业部划归农业机械部；1962年国家计委发文，归口农业部；1965年经中共中央、国务院批准，归口第八机械工业部，成立销售管理局；1970年归属第一机械工业部；1973年由一机部划归农林部，成立农机供应公司；1979年再次归属农业机械部，并于次年成立中国农业机械化服务总公司，属事业单位；1982年归口机械工业部，1984年转为企业，但受部委托仍肩负行业管理的职能；1987年归口国家机械工业委员会，同年更名为中国农业机械总公司；1988年归属物资部和机械电子工业部双重领导，以物资部为主；1993年归属国内贸易部和机械工业部双重领导，以国内贸易部为主；1998年归口国家国内贸易局领导。为更好地为行业服务，把农机公司系统的行业管理和农机生产企业的销售业务管理职责从中国农机总公司分离出来，经当时的国家物资部批准，民政部核准，于1991年正式成立中国农业机械流通协会。目前协会已是第六届，第一届理事长为吴奎良，第二届理事长吴奎良、崔本中，第三、四届理事长崔本中，第五届理事长崔本中、毛洪，第六届理事长毛洪。

协会主要职能是协助政府有关部门制定农机流通行业发展规划、行业标准、推进农机现代流通体系建设；组织开展行业优质服务活动，推进行业服务水平能力提升；组织开展流通企业信用评级，推进行业信用体系建设；发布农机市场景气指数，开展信息咨询服务；组织开展农机流通人才培训；组织开展国际交流与合作；牵头举办中国国际农业机械展览会等。

四、中国农业机械学会

中国农业机械学会成立于1963年3月，是中国科学技术协会所属全国学会，是我国农业机械和工程领域科技工作者及相关单位自愿组成的全国性、非营利性社会团体，挂靠在中国农业机械化科学研究院。

学会常设办事机构包括秘书处、办公室、国际部、会员部和《农业机械学报》编辑部。目前，拥有个人会员12 510人，团体会员131个。现为第十届理事会，有理事176人、常务理事59人。在我国31个省、自治区、直辖市均设有农业机械学会。

中国农业机械学会下属分支机构22个，包括农业机械化、拖拉机、排灌机械、畜牧机械、耕作机械、收获加工机械、材料与制造技术、基础技术、农机维修、农机市场、地面机器系统、农垦农机化、标准化、能源动力、农机监理、农副产品加工机械、机械化养猪工程、现代物理农业工程等专业分会，以及教育、青年、编辑、普及等工作委员会。中国农业机械学会活动具有学术性、应用性、公益性、服务性、广泛性等特色。

协会每年度举行若干次全国性多种形式的专题交流活动，各分支机构也分别举行1～2次规模不等的学术交流活动；每双年举办大型综合性学术年会。每4年组织全国会员代表大会，完成理事会换届工作。每年召开2次常务理事会议、1次理事会议、1次分支机构秘书长和地方学会秘书长联席工作会议。

2003年建立学术年会制度。1989年加入国际农业与生物系统工程学会（CIGR），先后与欧洲、美洲、亚洲等许多国家的农业机械学会、农业工程师学会等学术团体建立并保持良好的合作联系。每四年开展学会“中国农业机械发展贡献奖”的评选表彰工作，已开展5届。设立由知名企业冠名的“中国农业机械学会青年科技奖”，每两年开展评选表彰工作，现已开展4届。2013年设立了“中国农业机械学会中国农业机械发展终身荣誉奖”。协会主办的学术期刊《农业机械学报》1957年创刊，是我国农业工程领域最早创办的学术期刊，中文核心期刊，国家期刊方阵双效期刊，中国科协精品科技期刊。协会还参与主办《排灌机械工程学报》和《拖拉机与农用运输车》等期刊。

 五、中国农业工程学会

1948年1月15日我国赴美国学习农业工程专业的19名留学生在美国加利福尼亚州STOCKTON城召开了“中国农业工程师学会”首次筹备会。由于历史原因，1979年中国农业工程学会在浙江省杭州市召开了第一次全国代表大会，正式成立。

中国农业工程学会是中国科学技术协会所属的全国一级学会，是国际农业工程学会（CIGR）的国家会员。作为学术性、综合性和社会公益性科技社团，中国农业工程学会通过组织各项活动广泛团结、组织农业工程科技工作者，促进农业工程科技创新与繁荣发展，加强农业工程的普及与推广，加快科技人才的成长和提高，成为党和政府联系农业工程科技工作者的桥梁和纽带，是国家发展农业和农业工程科学技术事业的参谋和助手，是促进农业和农村经济发展的重要社会力量。

中国农业工程学会最高权力机构是会员代表大会，实行理事会制，理事会由会员代表大会民主选举产生，一届任期4年。朱荣、刘江、洪绂曾、刘成果、徐文海、汪懋华都曾先后担任学会理事长，朱明为第九届理事会现任理事长。学会下设25个分支机构，包含5个工作委员会及20个专业委员会。全国有23个省、自治区、直辖市设立了农业工程学会，拥有近万名会员。依据《中国农业工程学会章程》，常设机构为秘书处，在理事会领导下开展工作，秘书处设在北京，挂靠农

业部规划设计研究院，现任秘书长为管小冬。

学会的主要工作有：一是围绕农业工程学科建设，整合优质学术资源，通过举办学会会议、编辑出版期刊、发挥科技评价及奖励等职能，激发农业工程科技工作者创造活力，服务创新发展。二是连接政府、企业、学界及公众，通过决策咨询、科学普及、继续教育等工作，助推农业工程科技成果转化，发挥科技社团社会服务主体作用，助力社会和经济发展。三是通过探索培育人才培养凝聚新举措，科学道德宣讲、维护科技工作者合法权益等工作，激发农业工程科技工作者创新创业创优热情，打造“科技工作者之家”，服务农业工程科技工作者；四是加强思想引领，发挥民间科技外交作用，提升服务自我发展能力，增加农业工程科技工作者国际知名度和话语权，在国际舞台上展示中国农业工程发展成就，交流成果，传播中国声音。

参 考 文 献

白人朴 . 2014. 立法促进意义大，惠农强农谱新篇［N］. 中国农机化导报 .

曹光乔，吴萍 . 2013. 全国农机专业合作社发展报告（2012）［M］. 北京：中国农业科学技术出版社 .

付胜利 . 2012. 我国畜牧业机械化现状及发展趋势［J］. 农村牧区机械化（3）：26-28.

负责人 . 2009. 国务院法制办负责人就《农业机械安全监督管理条例》答记者问［EB/OL］. http：//news. xinhuanet. com/politics/2009-09/24/content _ 12108002. htm.

黄一心，徐晧，刘晃 . 2015. 我国渔业装备科技发展研究［J］. 渔业现代化（4）：68-74.

蒋亦元，汪懋华 . 2008. 中国农业机械化发展战略研究——区域农业机械化卷（下）［M］. 北京：中国农业出版社 .

刘明祖 . 2004. 关于《中华人民共和国农业机械化促进法（草案）》的说明［EB/OL］. http：//www. npc. gov. cn/wxzl/gongbao/2004-08/03/content _ 5332207. htm.

李斯华 . 2012. 发展农机社会化服务推进农业现代化进程［J］. 中国农业信息（18）：3-6.

李易，王桂显，黄健 . 2012. “三维一体”的农机维修服务体系［J］. 农机使用与维修（5）：9-10.

农业部农业机械化管理司 . 2011. 中国农业机械化科技发展报告（2009—2010）［M］. 北京：中国农业科学技术出版社 .

农业部农业机械化管理司 . 2011. 农业机械化法律法规政策汇编［M］. 北京：中国农业科学技术出版社 .

宋宜清 . 2007. 中国农业机械化的现状与发展趋势［J］. 农业与技术（6）：25-28.

沈国舫，汪懋华 . 2008. 中国农业机械化发展战略研究——综合卷［M］. 北京：中国农业出版社 .

王超安，王传明 . 2012. 我国耕整地机械发展现状及未来趋势分析［J］. 农机质量与监督（8）：27-29.

王桂秋 . 2009. 论农机服务组织在农业机械化发展中的作用［J］. 农业科技与装备（3）：152-153.

王国跃，宋维龙 . 2008. 国内外畜牧机械化发展的现状及趋势研究［J］. 农机化研究（5）：233-235，239.

王玉荣 . 2014. 农机企业零部件发展战略［C］. 中国农业机械工业协会，2014 中国农机零部件峰会资料 .

王忠和，王忠财 . 2015. 关于发展果业机械化的问题［J］烟台果树（1）：4-6.

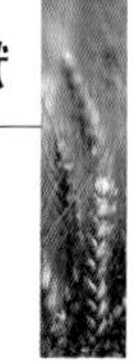

汪懋华．2008．中国农业机械化发展战略研究——区域农业机械化卷（上）［M］．北京：中国农业出版社．

徐顺年，苏泽民．2011．江苏省农业机械化发展战略研究［M］．南京：河海大学出版社．

易中懿，张宗毅，曹光乔．2011．中国农业机械化区域发展战略研究［M］．北京：中国农业科学技术出版社．

中国国家统计局．2014．中国统计年鉴（2004—2014）［M］．北京：中国统计出版社，2014．

张宝文．2015．张宝文在《促进法》实施十周年座谈会上的讲话［R/OL］．http://www.amic.agri.gov.cn/nxtwebfreamwork/ztzl/njhzjf/detail.jsp?articleId=ff80808148f7f98e01497d998b197587&lanmu_id=402880052552f1cc0125573c1285001b.

张建军，严森．2010．国内外农业机械化发展现状及趋势［J］．农业机械（20）：2-4．

张普照．2012．林业机械化的发展与展望［J］．农村实用科技信息（3）：61．

张穹，张桃林．2010．农业机械安全监督管理条例释义［M］．北京：中国法制出版社．

赵桂龙．2006．农机社会化服务体系的基本框架和运行机制研究［D］．南京：南京农业大学．

图书在版编目（CIP）数据

中国农业机械化发展报告：2004—2014/中国农业机械化协会编．—北京：中国农业出版社，2015.10

ISBN 978-7-109-21070-7

Ⅰ.①中… Ⅱ.①中… Ⅲ.①农业机械化－研究报告－中国－2004—2014 Ⅳ.①F323.3

中国版本图书馆 CIP 数据核字（2015）第 261223 号

中国农业出版社出版

（北京市朝阳区麦子店街 18 号楼）

（邮政编码 100125）

责任编辑　殷　华

中国农业出版社印刷厂印刷　　新华书店北京发行所发行

2015 年 12 月第 1 版　　2015 年 12 月北京第 1 次印刷

开本：889mm×1194mm 1/16　　印张：11.75

字数：190 千字

定价：88.00 元

（凡本版图书出现印刷、装订错误，请向出版社发行部调换）